[德] 康德◎著
李秋零◎编译

康德书信百封

Kant

上海人民出版社

编译者序言

    《康德书信百封》于 1992 年由上海人民出版社出版。关于版本的依据以及编译的原则和体例,当时的"编译后记"写道:

    迄今,已发现的康德书信大约有 300 余封。这本《康德书信百封》主要是从科学院版(第 2 版)《康德全集》第 10—13 卷,即第二部分:"书信往来"(*Kant's Gesammelte Schriften*, *Herausgegeben von der Königlichen Preußischen Akademie der Wissenschafte*, Bd X — XIII, 2 Abteilung: Briefwechsel, Berlin und Leupzig 1922)选出,并根据该版本翻译的。除此之外,编译过程中还参考了下列书目:

    1. J.蔡贝编选的《康德书信集》(*Immanuel Kant*: *Briefe Herausgegeben und Eingeleitet von Jürgen Zehbe*, Göttingen 1970)。本书中第 1 封、第 50 封即由此选译出。

    2. K.福兰德编的《康德其人及其事业》(*Immanuel Kant*: *Der Mann und das Werk*, von Karl Vorländer, Hamburg 1977)。

    3. R.艾斯勒的《康德辞典》(*Kant-Lexikon*, von Rudolf Eisler, Hildesheim 1961)。

4.阿尔森·古留加的《康德传》,中译本,商务印书馆
1981年版。

另外,本书中有8封信曾由我的导师苗力田先生译出,作为
附录载于庞景仁先生翻译的康德《形而上学导论》(商务印书馆
1978年版)之后,这里借鉴了先生原文的译文。

康德书信是康德哲学思想体系的一个重要组成部分。它们
不仅包含了康德对自己思想体系的许多重要的说明和解释,形成
了康德哲学著作的一个重要补充,而且以动态的方式再现了康德
哲学思想形成的过程。同时,它们也是康德生活与事业的忠实见
证人。如何使这有限的百封书信成功地体现康德的思想和生平,
是一项要求颇高的任务。在编选方面,编译者所遵循的原则就
是:一方面要尽可能挑选对研究康德思想和生平最有价值的书
信,另一方面也要照顾到康德生平各个时期的连续性,避免出现
空白现象。为此,在体例上采取了编年史的方法,即按年代先后
排列。

《康德书信百封》的编译,是我尚在德国读书的时候,苗力田
先生给我布置的一项任务,在我回国两年之后才告完成。同时,
它也是我的第一部译作,是我真正意义上的处女作(尽管在出版
上它迟于我的其他作品)。可想而知,作为我这个"后生"的学术
带路人,苗力田先生为这本书要付出了多少心血。当时,先生在
百忙中详细审阅了全部译稿,并作了校对。在编选、翻译方面,先
生都提出了极其珍贵的意见。此书得以完成,自然也是先生心血
的结晶。

这里需要补充的是:1.苗力田先生译出并作为附录载于庞景
仁先生翻译的康德《形而上学导论》之后的康德书信共有9封,当
时我只准备采纳8封,先生欣然同意。但我本欲原文照搬,却被
先生否定,理由很简单:先生认为,我既然留学德国有年,在德文

的理解上应当超过他,必须重译。但这一重译,不免也失去了先生的一些文采。2.在原稿的封面上,我曾写上了"苗力田校"的字样,但被先生抹去,理由为:老师为学生改稿乃天经地义,不必署名。我提出"署名以示负责"。先生答曰:即使不署名,老师也要为学生的作品负责。这项原则,也是我今日的治学之道。3.苗力田先生已于2000年5月与世长辞,此书的再版,就只能是对先生的纪念了。

《康德书信百封》出版至今,已13年。出版后,此书得到了一些学界前辈和同仁的较高评价,各种学术文献亦曾广泛引用。但出版日久,市面上早已见不到了。不断有认识的、不认识的朋友来信、来电索书,令我难以应对。就连我自己保存的一本,也未能保得住,最终被一位好友强行索去。我把这都看作对本书的不同方式的肯定。现在,上海人民出版社决定再版这本书,也可以说是遂了众多读者和我的一个心愿。此次再版,编选方面没有任何改动,但由于我现在正在主编《康德著作全集》,其中康德著作的一些篇名和一些概念的译法发生了变化,值此再版之际加以改动,以求统一,也更方便读者的使用。

李秋零

2005年8月25日

目　录

1. 致莱昂哈德·欧拉(1749 年 8 月 23 日)·······················1

2. 致阿尔·布莱希特·冯·哈勒(1749 年 8 月 23 日)········3

3. 致国王弗里德利希二世(1756 年 4 月 8 日)·················5

4. 致大学校长和评议会(1758 年 12 月 11 日)·················7

5. 致约翰·戈特黑尔夫·林德耐(1759 年 10 月 28 日)······10

6. 致约翰·亨利希·萨姆埃尔·弗尔门(1763 年 6 月
　　28 日)··14

7. 致莎洛特·冯·克诺布洛赫小姐(1763 年 8 月 10 日)
　　···16

8. 致约翰·亨利希·兰贝特(1765 年 12 月 31 日)···········22

9. 致莫色斯·门德尔松(1766 年 4 月 8 日)··················26

10. 致约翰·戈特弗里德·赫尔德(1768 年 5 月 9 日)·······31

11. 致约翰·亨利希·兰贝特(1770 年 9 月 2 日)···········34

12. 致马库斯·赫茨(1771 年 6 月 7 日)····················38

13. 致马库斯·赫茨(1772 年 2 月 21 日)···················41

14. 致马库斯·赫茨(1773 年底) ··49

15. 致约翰·卡斯帕尔·拉法特(1775 年 4 月 28 日) ·········53

16. 致克里斯蒂安·亨利希·沃尔克(1776 年 3 月 28 日) ·······58

17. 致马库斯·赫茨(1776 年 11 月 24 日) ·······················62

18. 致马库斯·赫茨(1777 年 8 月 20 日) ·························65

19. 致约阿希姆·亨利希·卡姆佩(1777 年 10 月 31 日)
··69

20. 致马库斯·赫茨(1778 年 4 月初) ·····························72

21. 致威廉·克利希顿(1778 年 7 月 29 日) ····················75

22. 致克里斯蒂安·亨利希·沃尔克(1778 年 8 月 4 日)
··78

23. 致马库斯·赫茨(1778 年 8 月 28 日) ·······················81

24. 致马库斯·赫茨(1778 年 10 月 20 日) ·····················83

25. 致马库斯·赫茨(1778 年 12 月 15 日) ·····················85

26. 致马库斯·赫茨(1779 年 1 月) ································87

27. 致约翰·雅可布·恩格尔(1779 年 7 月 4 日) ···············89

28. 致马库斯·赫茨(1781 年 5 月 1 日) ·························91

29. 致马库斯·赫茨[手稿](1781 年 5 月 11 日后) ············93

30. 致约翰·埃利希·比斯特尔(1781 年 6 月 8 日) ···········96

31. 致约翰·贝尔诺利(1781 年 11 月 16 日) ··················100

32. 致克里斯蒂安·伽尔韦(1783 年 8 月 7 日) ···············103

33. 致莫色斯·门德尔松(1783 年 8 月 16 日) ·················110

34. 致约翰·舒尔茨(1783 年 8 月 26 日) ······················115

35. 致约翰·舒尔茨(1784 年 2 月 17 日) ······················118

36. 致克里斯蒂安·戈特弗里德·许茨(1785 年 9 月
13 日) ···121

37. 致克里斯蒂安·戈特弗里德·许茨(1785 年 11 月底)
··123

38. 致约翰·贝林(1786 年 4 月 7 日)------------125

39. 致克里斯蒂安·戈特弗里德·许茨(1787 年 6 月
  25 日)------------------------------128

40. 致路德维希·亨利希·雅可布(1787 年 9 月 11 日)----130

41. 致卡尔·莱昂哈德·莱因霍尔德(1787 年 12 月
  28 日、31 日)--------------------132

42. 致卡尔·莱昂哈德·莱因霍尔德(1788 年 3 月 7 日)------136

43. 致约翰·舒尔茨(1788 年 11 月 25 日)----------139

44. 致亨利希·容-施蒂林(1789 年 3 月 1 日之后)----------143

45. 致卡尔·莱昂哈德·莱因霍尔德(1789 年 5 月 12 日)
  --------------------------------146

46. 致卡尔·莱昂哈德·莱因霍尔德(1789 年 5 月 19 日)
  --------------------------------154

47. 致马库斯·赫茨(1789 年 5 月 26 日)------------163

48. 致弗里德利希·亨利希·雅可比(1789 年 8 月 30 日)
  --------------------------------170

49. 致路德维希·恩斯特·鲍罗夫斯基(1790 年 3 月
  6 日—22 日)----------------------174

50. 致约翰·戈特弗里德·卡尔·克里斯蒂安·基塞
  维特尔(1790 年 3 月 25 日)--------------177

51. 致弗兰措斯·特奥多尔·德·拉伽尔德(1790 年 3 月
  25 日)--------------------------179

52. 致约翰·戈特弗里德·卡尔·克里斯蒂安·基塞
  维特尔(1790 年 4 月 20 日)--------------182

53. 致约翰·弗里德利希·布卢门巴赫(1790 年 8 月 5 日)
  --------------------------------185

54. 致奥古斯特·威廉·雷贝格(1790 年 9 月 25 日之前)
  --------------------------------187

55. 致克里斯多夫·弗里德利希·赫尔瓦格(1791 年 1 月 3 日)……………………………………………………191

56. 致雅可布·西吉斯蒙德·贝克(1791 年 5 月 9 日)……195

57. 致卡尔·莱昂哈德·莱因霍尔德(1791 年 9 月 21 日)………………………………………………………198

58. 致雅可布·西吉斯蒙德·贝克(1791 年 9 月 27 日)……201

59. 致雅可布·西吉斯蒙德·贝克(1791 年 11 月 2 日)……205

60. 致雅可布·西吉斯蒙德·贝克(1792 年 1 月 20 日)……208

61. 致约翰·哥特利布·费希特(1792 年 2 月 2 日)………212

62. 致克里斯蒂安·哥特利布·赛勒(1792 年 2 月 24 日)………………………………………………………215

63. 致马丽娅·冯·赫伯特小姐(1792 年春)……………217

64. 致雅可布·西吉斯蒙德·贝克(1792 年 7 月 3 日)……221

65. 致约翰·埃利希·比斯特尔(1792 年 7 月 30 日)……224

66. 致神学院(1792 年 8 月底)………………………………226

67. 致雅可布·西吉斯蒙德·贝克(1792 年 10 月 16 日)………………………………………………………228

68. 致雅可布·西吉斯蒙德·贝克(1972 年 12 月 4 日)……231

69. 致约翰·本亚明·艾哈德(1792 年 12 月 21 日)………235

70. 致卡尔·施柏纳(1793 年 3 月 22 日)…………………238

71. 致阿伯拉罕·戈特黑尔夫·凯斯特纳(1793 年 5 月)………………………………………………………240

72. 致卡尔·弗里德利希·司徒林(1793 年 5 月 4 日)……242

73. 致约翰·哥特利布·费希特(1793 年 5 月 12 日)………245

74. 致格奥尔格·亨利希·路德维希·尼科罗维(1793 年 8 月 16 日)……………………………………………247

75. 致卡尔·莱昂哈德·莱因霍尔德(1794 年 3 月 28 日)………………………………………………………250

76. 致约翰·埃利希·比斯特尔(1794 年 5 月 18 日)·········253

77. 致雅可布·西吉斯蒙德·贝克(1794 年 7 月 1 日)······255

78. 致约阿希姆·亨利希·卡姆佩(1794 年 7 月 16 日)····257

79. 致国王弗里德利希·威廉二世(草稿)(1794 年 10 月
    12 日后)······································259

80. 致弗兰措斯·特奥多尔·德·拉伽尔德(1794 年
    11 月 24 日)······································262

81. 致卡尔·弗里德利希·司徒林(1794 年 12 月 4 日)····264

82. 致迪特利希·路德维希·古斯塔夫·卡斯滕(1795 年
    3 月 16 日)······································267

83. 致弗里德利希·席勒(1795 年 3 月 30 日)·········269

84. 致约翰·戈特弗里德·卡尔·克里斯蒂安·基塞
    维特尔(1795 年 10 月 15 日)·····················271

85. 致克里斯多夫·威廉·胡弗兰德(1797 年 4 月 19 日)
    ··273

86. 致克里斯蒂安·戈特弗里德·许茨(1797 年 7 月
    10 日)···275

87. 致雅可布·林德布罗姆(1797 年 10 月 13 日)···········278

88. 致约翰·亨利希·蒂夫特隆克(1797 年 10 月 13 日)
    ··280

89. 致约翰·哥特利布·费希特(1797 年 12 月)·········282

90. 致约翰·亨利希·蒂夫特隆克(1797 年 12 月 11 日)
    ··284

91. 致约翰·亨利希·蒂夫特隆克(1798 年 4 月 5 日)······288

92. 致弗里德利希·尼科罗维(1798 年 5 月 9 日)···········291

93. 致格奥尔格·克里斯多夫·利希滕贝格(1798 年 7 月
    1 日)··293

94. 致克里斯蒂安·伽尔韦(1798 年 9 月 21 日)·············295

95. 致约翰·戈特弗里德·卡尔·克里斯蒂安·基塞
  维特尔(1798 年 10 月 19 日)··298

96. 关于与费希特知识学关系的声明(1799 年 8 月 7 日)
  ··300

97. 致约翰·本亚明·艾哈德(1799 年 12 月 20 日)········303

98. 致卡尔·戈特弗里德·哈根(1800 年 4 月 2 日)·········305

99. 致约翰·戈特弗里德·卡尔·克里斯蒂安·基塞
  维特尔(1800 年 7 月 8 日)··307

100. 致卡尔·克里斯多夫·许恩(1802 年 4 月 28 日)·······309

附录

关于一种出自世界公民意图的普遍历史的观念··············311
回答一个问题:什么是启蒙?··328
重新提出的问题:人类是否在不断地向善进步?·············335

1 | 致莱昂哈德·欧拉[1]

1749 年 8 月 23 日

高贵的先生

博学而著名的教授先生

极尊敬的先生：

　　鉴于阁下您的重大成就,世人对您负有普遍的义务。这种义务可以解释我的冒昧行为,即把拙著《关于活力的真正测算的思想》进呈于您,以求明断。我自不量力地妄想考察自然力量的真正尺度,以求发现莱布尼茨先生和笛卡尔先生的辩护士们的可嘉努力之中的真理价值,而且斗胆把这一作品呈送给您这样的人物明断。因为您具有决定性的洞察力,能够在这些拙劣的文章中,看出最终完全调和如此伟大的学者们之间争吵的最初努力。世人把阁下看作具有超群能力的人,能够在力学最棘手的地方把人类知性从长期的迷乱和怀疑中解脱出来。正是这些,促使我恭请您对这些粗浅的想法作出恰当的、精确的判断。我还将荣幸地给阁下寄去这一作品的短小附录,这篇附录也将尽早发表。在其中,我将作出一些必要的说明,阐述一些我在这一作品本身中因不愿过度打断体系的联系而未能顺便说出的、但与此相关的思

1

想。从现在起,我将留意这部拙作,也许它能为我带来荣幸,使我得到您或公开、或极其珍贵的判断。给您增添了麻烦,为此我深感愧疚。向您致以深切的敬意。

> 阁下您顺从的仆人伊·康德
> 1749 年 8 月 23 日
> 于普鲁士因斯特堡后的尤德申村

[1] 欧拉(Leonhard Eulor, 1707—1783),德国数学家,物理学家,柏林科学院数学部负责人。该信原载欧拉的《致一位德国公主的信》,莱比锡 1968 年版。现根据 J.蔡贝(Jürgen Zehbe)编的《康德书信集》(哥廷根 1970 年版)第 13 页译出。

2 | [1]致阿尔·布莱希特·冯·哈勒[2]

1749 年 8 月 23 日

先生：

我荣幸地给您寄去一本《关于活力的真正测算的思想》。由于您的主题很重要，所以我冒昧地恳请您公布这篇论文，把它刊登在合适的地方，使其规格不致与其享有的荣誉不匹配，以鼓励世人对其中提出的理由作出精确的、无偏见的研究。在自然学说中，如此多的东西取决于对力的真正测算，这项重大的事业要求仿佛故意在此沉睡的德国人，尽最大的努力对此作出最终的裁定。

这部小册子的印刷，尽管根据其标题的预告，在 1746 年就已经开始，但直到今年才告结束。其所以如此拖延，既是因为经常出现各种阻碍，也是因为我不在跟前。

我还准备写出这些想法的续篇，它将包括对这些想法的确证以及其他一些同样以此为目的的考虑。一旦这个续篇出版，我将同样荣幸地寄给您。

先生您的顺从的仆人伊·康德
1749 年 8 月 23 日
于尤德申村

[1] 从这封信起,本选集书信皆选自普鲁士王家科学院出版的《康德全集》
(*Kant's gesammelte Schriften*, Berlin und Leipzig, 1922)的第 10—12 卷。

[2] 原收信人不明,《康德全集》编者推测为《哥廷根学报》当时的负责人哈勒(Albrecht von Haller, 1708—1777)。

3 | 致国王弗里德利希二世

1756 年 4 月 8 日

至尊至强的国王
至善的国王陛下：

　　我一向尽心竭力，期望能尽量称职地在陛下您的大学里为您效劳。怀着这样的意图，我选择哲学诸学科作为我研究的主要领域。所以，就像对待哲学的其他所有部分一样，我也从不放过时间和机会，全副精力地改善逻辑学和形而上学。关于我自己的实用性研究，我已发表了一些微不足道的成果[1]，不知我能否期望获得这样的幸运，使它们能向国王陛下您证明，我的研究并非完全徒劳无益。此外，我还尽力遵从国王陛下您的无上命令，提交了两篇有关形而上学内容的论文[2]，复活节过后不久，第三篇[3]将会随之问世。

　　我渴望能够首先在某一个哲学学科授课。这种渴望促使我极其恭顺地恳请国王陛下，请您恩赐我这个大学的逻辑学和形而上学的编外教授职位。由于善良的克努真[4]教授的去世，这个职位已经有了空缺。

　　我将在任何时候都加倍努力，尽力为这些学科作出贡献。臣

5

不胜恭顺之至。

　　您的顺从的奴仆伊曼努尔·康德

1756 年 4 月 8 日
于哥尼斯贝格

[1] 在此之前,康德发表了以下的作品:《地球绕轴自转问题研究》《地球是否已经
　　衰老》《关于活力的真正测算的思想》《一般自然史与天体理论》《地震中诸多
　　值得注意的事件的历史和自然描述》。
[2] 指《论火》《形而上学认识各首要原则的新说明》。
[3] 指《物理单子论》。
[4] 克努真(Martin Knutzen,1713—1751),德国哲学家,康德的老师。康德试图
　　接替克努真职位的努力并没有成功,这个职位在克努真死后一直空着。

4 | 致大学校长和评议会[1]

1758 年 12 月 11 日

本地高等学府的

校长阁下

杰出的秘书长先生

极为尊敬的、极其卓越的评议会诸位先生：

由于极为尊敬的神学博士和教授、前任逻辑学和形而上学编内教授基波克[2]先生不幸去世，本地大学的上述职位产生了空缺。在多年来的学术生涯中，尤其是自从我在这个大学里担任讲师职务以来，出于我对这一部分世界智慧向来怀有的偏爱，我一直渴望能在这些学科授课。至于我在这个领域有过多大程度的作为，恭请极为尊敬的评议会对此作出极有见地的、恰如其分的判断。每个学期我都在私人讲座，而且经常在小型辅导班上讲授上述两门课程。在我的两篇有关形而上学题材的论文中，以及在学报上发表的四篇哲学论文、三份提纲和其他三篇文章中，我还可以为我的研究提供佐证。[3]

同时，我将尽我所能，力求满足其他一切有关的要求。我恭敬地请求极其尊敬的大学评议会，请允许我担任这个空缺的教授

7

职位。[4]请惠赐与我友好的协助，向您表示极大的忠诚。

> 您顺从的仆人伊曼努尔·康德
> 1758 年 12 月 11 日
> 于哥尼斯贝格

[1] 次日和三日后，康德还分别给该校哲学院和当时哥尼斯贝格所属的俄国女皇伊丽莎白写了内容大致相同的信。但许多学者对后一封信表示怀疑，因为它既不是根据原件，也不是根据一个可靠的手抄本，而是根据哥尼斯贝格一家书店收藏的一个无名氏手抄本发表的。现将该信附录于下：

> 至尊至强的女皇陛下
> 全体俄罗斯人的独裁女皇
> 至善的女皇陛下、伟大的夫人：
>
> 　　由于善良的基波克博士和教授的不幸去世，他曾经担任过的哥尼斯贝格大学逻辑学和形而上学编内教授职位产生了空缺。这些学科一直是我的研究最重视的领域。
>
> 　　自我在这所大学担任讲师职务以来的这些年里，每学期我都在私人讲座上讲授这两门课程。我曾发表了两篇有关这两门学科的论文。此外，在《哥尼斯贝格学报》上发表的四篇论文、三份提纲和其他三篇哲学文章，都可以为我的研究提供一些佐证。
>
> 　　我希望能够自夸说，我已经具备了在这些学科中为大学服务的资格。这种希望，尤其是女皇陛下您认为这些学科值得蒙受您至高的庇护和仁慈的关照，这种至善的意向鼓励我提出这一极恭顺的请求，敬祈女皇陛下恩赐我这一空缺的编内教授职位。我相信，关于担任此项职务所需的能力，大学评议会已为我恭顺的申请附上了善意的证明。臣不胜恭顺之至。
>
> > 女皇陛下您最忠实的奴仆
> > 伊曼努尔·康德
> > 1758 年 12 月 14 日
> > 于哥尼斯贝格

[2] 基波克(Johann David Kypke, 1692—1758)，哥尼斯贝格大学逻辑学、形而上学、神学编内教授。

[3] 三份提纲为:《为阐释风的理论所作的新说明》《自然地理学课程纲要与预告》《运动和静止的新学术概念》。其他请参见第 3 封信注[1],注[2],注[3]。

[4] 这个职位最后落入康德的竞争对手布克(Friedrich Johann Buck, 1722—1786)手中。

5 | 致约翰·戈特黑尔 夫·林德耐[1]

1759 年 10 月 28 日

高贵的先生

极为尊敬的硕士先生：

借助贝伦斯[2]先生的好意，我向阁下您致以最衷心的感谢，感谢您对我多次表示友好关注。能与贝伦斯先生这样一位可敬可爱的朋友结识，真是一件幸事。我想，这应该归功于那个想法，按照您那一贯的友好方式，大概您已经事先代我把那个想法告诉了他，对此我愈加感谢。我认为，推荐从里加派来此地的大学生是我的责任。我理应说明和介绍他们的品行。关于施瓦茨[3]先生和威尔姆森[4]先生，我会以对您对我都适宜的方式做这件事。因为这两位先生始终如一地保持了开始时的勤奋精神，而这种精神通常是难以持久的，这就使我预料他们将会取得很好的成绩。霍尔斯特[5]先生因为平时乐于助人，所以很招人喜爱。但我希望，关于他我还可以称赞地说，就他在此地逗留的首要目的来说，他也能够同样地勤奋，从而博得人们的真正敬重。我不知道，什么样的小小诱惑或者不必要的时间紧缩就会把他弄走。不过，我

10

认为,如果人们觉得他也同样乐意生活在我们这个施瓦茨先生已经生活于其中的社会是件好事的话,是会有益于消除这些障碍的。因为他若天天在这里向我作解释,遁词不久就会用光的。

能够从每一个人那里得知,阁下您已经懂得把自己的成就放在一个人们能够估评它、酬报它的场所里展示出来,这确实使我感到非常高兴。同样使我非常高兴的是,得知您对那些围绕着喝彩之声的可鄙竞争以及庸俗的谄媚之技置之不理。这类东西都是那些自高自大、败事有余的小能人们强加给那些愿意赢得,而不是骗得酬报的人们的。至于我,则是每天坐在讲台的铁砧前,以同样的节律,抡着重复讲课的重锤。有时,不知在什么地方有更高贵的爱好刺激着我,想要我超出这个狭隘的领域,但贫困却立即发出暴躁的声音,向我发动现实地进攻,常常威逼我毫不迟疑地又退回到艰苦的工作中去。intentat angues atque intonat ove(他威吓着蛇,发出雷鸣般的吼叫)[6]。

尽管如此,为了我栖身的地方和我允许自己享有的小康前景,我最终还是满足于人们鼓励我的掌声,满足于我从中得到的收益,并且幻想着自己的生活。

这里的学术界最近冒出一个暴发户。魏曼[7]先生试图用一篇写得相当混乱晦涩的论文,还是他那个《论乐观主义》,来庆贺他登上黑尔夫丁[8]的小丑也同样占有的舞台。由于他那种尽人皆知的骄矜态度,我拒绝参加他的答辩。但是,在一份提纲中,我为乐观主义作了简短的辩护。当时我根本没有考虑魏曼,而是针对克鲁秀斯[9]的。在他答辩的次日,这份提纲已经让人散发出去。贝伦斯先生会把它连同另一些小文章一起交给您。尽管我并没有涉及魏曼先生,但他依然大动肝火。到了星期日,他发表了一个印张,其中针对我的所谓攻击,为他自己作了辩解。我手头现在还没有这个印张,以后会给您寄去的。其中完全是一派骄矜、歪曲,以及诸如此类的东西。

学术界对此自会作出公断。而且，同一个独眼巨人[10]斗拳也是一种明显的不体面行为。甚至仅仅为了省下在他的辩解出笼时就已被人忘却的一个印张，也要求我采取最体面的方式，即用沉默来回答。这就是我们的大事。使我们这些小人物感到惊奇的是，外面已经不再谈论这件事了。

弗赖塔格[11]先生、基波克[12]教授和但·丰克[13]教授衷心问候所有与他们熟识和交好的人。祝您万事如意，向您致以真诚的敬意。

> 阁下您忠顺的仆人康德
> 1759 年 10 月 28 日
> 于哥尼斯贝格

[1] 林德纳(Johann Gotthilf Lindner, 1729—1776)，里加教会学校校长，后任哥尼斯贝格大学诗艺学教授。

[2] 贝伦斯(Johann Christoph Berens, 1729—1792)，里加商人，康德的朋友。

[3] 施瓦茨(Adam Heinrich Schwartz, 1740—1800)，哥尼斯贝格大学学生，后为里加市长。

[4] 威尔姆森(Hermann Carl Willemsen)，哥尼斯贝格大学学生。

[5] 霍尔斯特(Samuel von Holst, 1740—1809)，哥尼斯贝格大学学生。

[6] 此句引自维吉尔(Virgil，前 70—前 19)长诗《依尼依特》。蛇在古代既是罪恶和危险的象征，但也被尊崇为独创精神，这里当是在后一种意义上使用的。

[7] 魏曼(Daniel Weymann, 1732—1795)，哥尼斯贝格大学哲学硕士，后为小学校长。

[8] 黑尔夫丁(Johann Peter Hilferding)，剧院经理。

[9] 克鲁秀斯(Christian August Crusins, 1712—1775)，莱比锡大学哲学、神学教授。

[10] 独眼巨人是希腊神话中的怪物，是愚昧和残暴的象征。

[11] 弗赖塔格(Theodor Michael Freytag, 1725—1790)，康德自幼至大学的同学，后成为牧师。

[12] 基波克(Georg David Kypke, 1724—1779),已故基波克教授(参见第4封信注[2])之子,哥尼斯贝格大学东方语言学教授。

[13] 但·丰克(Johann Daniel Funk, 1721—1764),哥尼斯贝格大学法学教授。

6 | 致约翰·亨利希·萨姆埃尔·弗尔门[1]

1763 年 6 月 28 日

高贵的、博学的教授先生
极为尊敬的先生：

　　我高兴地从《柏林日报》上读到，我的文章[2]在王家科学院会议上被宣布为极其接近于获奖的作品。这篇文章用的箴言verum animo satis haec etc（真理充满了心灵，它们……）出自卢克莱修的长诗，它是由商人亚伯拉罕·哥特利布·费克呈送阁下的，您于1762年10月31日在柏林亲笔签发的收据我已收到。

　　由于我耽搁的时间太久，几乎没有剩下多少时间，以便对一个对象不加以特别的整理就提出若干重要的论据。因此，这篇文章越不是由于其表述和修辞的严谨而获得如此友好的判断，我就对此越加敏感。事实上，多年以来我就在反复思考这个题目。现在可以自夸地说，我已经很接近目标了。

　　因此，我不揣冒昧，恭顺地向阁下询问，这篇文章是否将同获奖作品一起，同时由王家科学院发表。在这种情况下，若附上一个重大的扩充和某个杰出协会的更详细的说明，是否会令人生

14

厌。我想这样做，不是出自任何虚荣心，而是觉得这是激发学者们的注意力，使他们去检验一种方法的最佳途径。如果在某种程度上借重一个著名学者协会的声望，把这种方法推荐给人们加以研究的话，我相信，仅仅这种方法就可以为抽象哲学带来一个幸运的结果。

我的请求如蒙允准，则请阁下规定出我寄发这些附件的最后期限。我相信自己将荣幸地接到阁下的来信，我的冒昧也不会受到阁下的责怪。荣幸地向您致以崇高的敬意。

> 哥尼斯贝格大学讲师
> 阁下您顺从的仆人伊曼努尔·康德
> 1763 年 6 月 28 日
> 于哥尼斯贝格

[1] 弗尔门(Johann Heinrich Samuel Formey, 1711—1797)，当时柏林王家科学院的责任秘书。

[2] 指《关于自然神学和道德的原则之明晰性的研究》。

7 | 致莎洛特·冯·克诺布洛赫小姐[1]

1763[2]年8月10日

倘若我不是认为有必要事先就这件事获得更周密的信息的话，就不会这样长时间地放弃顺从一位女士的指令，提供她所要求的报告这样一种荣耀和快乐了。更何况这位女士还是女性之冠。我准备叙述的内容完全与众不同，那些有可能典雅地跻身于美的殿堂的东西，必然是平淡无奇的。如果阅读这些东西时，某种庄严的气氛使有权利欣赏这整个作品的纯洁少女陶醉的笑容一时消逝，如果我不能保证，尽管这样的景象会引起旧教育所造成的那种战栗，但明智的女士在阅读这些东西时，却不会因为没有产生正确地运用想象力就能够提供的惬意感而感到失望，我是应该负有责任的。贤惠的小姐，请您允许我说明在这件事情上采取这种方法的理由，因为好像一种普遍的幻觉已经使我作好准备，去寻求，而且是不加仔细的检验就欣然采取一种引人入胜的叙述方式。

不知是否有人能够在我身上察觉到某种爱好新奇的气质或者是轻信的弱点的痕迹。但是可以肯定，对于灵的世界的现象和

16

活动的故事,尽管我知道许多具有可能性的东西,然而,我却总是很注意遵从健康理性的法则,转向否定的一边。这倒不是因为我自认为发现了这些事情的不可能性(因为,关于一个精灵的本性,我们又能够知道多少呢?),而是因为总的来说,它们并没有得到足够的证明。此外还因为,就这类现象既不可理解又同样无用来说,许多人都感到困难。但另一方面,还有揭穿谎言和轻信受骗的困难。各种困难花样繁多,以致我这个从不喜欢自找麻烦的人,也不愿意由于这样做,而使自己在教堂墓地或者在黑暗中时感到恐惧。这就是在知道斯维登波格[3]先生的故事之前,我长期所持的态度。

这个消息我是从一个丹麦军官那里听到的,他是我的朋友,也是我当年的学生。在奥地利驻哥本哈根公使迪特利希施泰因的宴会上,他曾当着别的客人念过一封信。这封信是梅克伦堡驻斯德哥尔摩公使冯·吕措夫写来的,当时奥地利公使刚刚收到。据说,冯·吕措夫在信中告诉公使,他在荷兰驻瑞典女王那里的公使团中,亲耳听到了这个关于冯·斯维登波格先生的奇特故事。贤惠的小姐,这个故事您一定已经听说了。我对这样一个消息的可信度表示怀疑,因为很难设想,一个公使会对另一个公使,把有关他所驻节的宫廷女王的某件事情公诸于众。如果说这件事情是假的,他又自称与一个庞大的使团同时在场。现在,为了不至于用一个新的偏见来盲目地指责这个现象和幻觉的偏见性,我认为,更详细地了解一下这个故事是明智的。我给上述那位哥本哈根军官去了信,向他提出各种各样问题。他回信说,他曾为此再次造访了迪特利希施泰因伯爵。事情的确是如此。施莱格尔[4]教授也向他证实,认为这件事是无可置疑的。由于当时他要离开那里,前往圣格曼将军麾下的军队服役,他建议我自己给冯·斯维登波格本人去信,以便了解更详细的情况。之后,我给这个怪人去了信,信是由斯德哥尔摩一位英国商人转交的,据说,冯·斯维登波格先生友好地收下了信,并许诺作出答复。但我至今也没有收到回信。在这期间,我结识了一位出色的人物,他是英国人,今年夏天,他就是在这里度过的。凭借我们共同建立起来的友谊,我委托他去斯德哥尔摩旅行时,更详细地调查一下冯·斯维登波格先生的惊人天赋。据我这位朋友的第一封来信说,根据斯德哥尔摩颇有声望人士的说法,已提到的那个故事与我以前跟您讲的完全一样。当时,他并未见到冯·斯维登波格先生,但是,尽管他很难使自己相信,关于这位先生与那个不可见的精灵世界的交往,这个城市最明智的人们所说的一切都是真的,他仍然希望见到这位先生。他的第二封来信完全是另一种说法。他不仅见到了冯·斯维登波格先生,而且是在他的家中造访了他。对这整桩如此奇特的事情,我的这位朋友感到异常惊奇。斯维登波格是一个明智的、讨人喜欢的、坦率的人,他是一位学者。我多次提到的这位朋友答应我,近日把斯维登波格的著作给我寄一些来。斯维登波格毫不掩饰地对我这位朋友说,上帝赋予他奇特的素质,使他能够任意同逝者的灵魂交往。他援引了一些众所周知的例证。当提及我的信时,他回答说,他愉快地收到了信。倘若不是打算把这整桩奇特的事情公诸于世,他就已经回信了。他将于今年 5 月去伦敦,在那里将他的书交付出版,据说,给我的回信就放在所有文章的后面。

　　贤惠的小姐,为了给您提供一些例证,谨请您顺便听听下面这两件事。在这里,所有还活着的读者均可作证。而且,告诉我这件事情的那个人,还可以在原地直接检验这件事。

　　已故荷兰驻斯德哥尔摩公使的遗孀玛达姆·哈特维勒[5],在她丈夫去世一段时间以后,遇到金匠克劳恩向她讨债,说她丈夫曾让人在他那里打造过银餐具。尽管这位孀妇相信,凭她死去的丈夫之办事精细和有条不紊,是不会没付这笔账的,可是她拿不出付款收据来。由于这套餐具价值很可观,忧愁中,她把冯·

斯维登波格请到家中。在一番辩白之后,她向斯维登波格说明,如果他真的具有人们盛传的那种特殊才能,能同逝者的灵魂谈话,那就请他大发慈悲,询问一下她的丈夫,银餐具这笔账究竟是怎么回事。斯维登波格毫无难色地答应了她的请求。三天之后,这位女士在家里举办了一次茶会。冯·斯维登波格先生也出席了聚会,他以自己那冷静的方式告诉这位女士,他已经会见过她的丈夫。那笔账在她丈夫去世前7个月已经付讫,收据就在楼上房间的一个柜子里。这位女士回答说,这个柜子已完全腾空,翻遍了所有纸张,也没有找到这个收据。斯维登波格说,她的丈夫告诉他,拉出左边的一个抽屉,就会露出一块木板,把它推开,可以找到一个暗藏的抽屉,里边放着他密藏着的荷兰往来信件,从中就可找到那张收据。按照这番说明,那位女士在所有参加聚会的人员陪同下,走进楼上的房间。他们打开柜子,完全按照斯维登波格的描述操作,找到了她丝毫不知的那个抽屉,并在里面找到了所说的文件,这使所有在场的人都大吃一惊。

但是,我觉得在所有事例中,下面这件事最具有说服力,确实可以使一切可能的怀疑失去借口。那是在1756年,冯·斯维登波格于9月末的星期六下午4时从英国回来,在哥德堡登陆。威廉·卡斯特尔先生请他作客,举行了一次有15个人参加的聚会。晚上6点钟,冯·斯维登波格出去了一下,又脸色苍白、惊慌失措地回到聚会厅。他说,现在斯德哥尔摩南玛姆城区发生了一起严重的火灾(哥德堡距斯德哥尔摩有50多英里之遥),火势正向四周蔓延。他显得烦躁不安,不断地走出门去。他说,他的一位朋友的房子已经化为灰烬,他自己的房子也面临危险。8点钟,他又一次走出去,回来之后高兴地说:"谢天谢地,大火被扑灭了,当时离我的房子只有3家了。"这个消息轰动了全城,尤其是轰动了那个晚会。当晚,人们把这件事禀告了首相。第2天

19

是星期日，首相召见了斯维登波格，向他询问这件事情。斯维登波格详细地描述了火灾情况，怎样起火，怎样被扑灭，持续了多长时间等等。当天这个消息就传遍了全城。由于首相的重视，这个消息就引起了更大的轰动，因为许多人在为他们的朋友或者财产担忧。星期一晚上，大火发生时由斯德哥尔摩商会派出的一个信使来到哥德堡，带回来的信件对火灾的描述与以上所说完全相同。星期二早上，一位王室信使给首相带来了关于火灾、火灾所造成的损失、所延及的房屋等等的报告。报告对火灾的描述与斯维登波格当时提供的消息毫无区别，大火正是在8点钟扑灭的。

人们能说些什么来否认这些事情的可信程度呢？写信告诉我这些事情的那位朋友，不仅在斯德哥尔摩，而且两个月前在哥德堡亲自调查了这一切。在哥德堡，他熟悉了那些极漂亮的房子，完全认识了整个城市。从1756年到现在，时间还不算长，那件事情的大多数目击者还生活在这个城市里。同时，他还向我介绍了一些斯维登波格先生与其他灵魂发生联系的方式，以及斯维登波格先生关于逝者灵魂状态的想法，这些都是斯维登波格先生自己说的。他给这位先生描绘的这个肖像画很奇特，但我没时间再描述它了。我非常希望能亲自向这个奇特的人提几个问题，因为我的朋友并没有很好地掌握为使事情真相大白而查问事情的关键的那种方法。我殷切地盼望着斯维登波格将要在伦敦出版的那本书。我已采取了一切必要的措施，以便这本书一出版就能弄到手。

这就是我目前为满足您高贵的求知欲所能够奉告的一切。贤惠的小姐，我不知道您是否要求了解，我对这种卑俗的事物持有什么见解。我的天赋要比属于我的小小学衔大得多，它能够澄清那很难令人信服的东西。然而，无论我的判断是什么意思，您的指令都使我有义务告诉您这些东西。因为您还要长时间住在乡下,所以我无法面陈,只能书面相告了。我担心自己已经滥用了给您写信的权利,用这支殷勤却又笨拙的笔同您谈的时间确实太长了。向您致以深切的敬意。

伊·康德

[1] 莎洛特·冯·克诺布洛赫小姐(Charlotte von Knobloch, 1740—1804),普鲁士将军、舒尔凯姆领主卡尔·哥特弗雷德·冯·克诺布洛赫(Karl Gottfried von Knobloch)之女。

[2] 原信仅注明日期为 8 月 10 日,何年写作不明。康德的学生,康德传记作者,由康德推荐曾在克诺布洛赫家中作过家庭教师的鲍罗夫斯基(Ludwig Ernst Borowski, 1740—1832)认为此信写于 1758 年,但《康德全集》编者经过多方考证,认为此信只能写于 1763 年,此处从后一种说法。

[3] 斯维登波格(Emanuel Swedenborg, 1689—1772),瑞士神秘主义者,神智学家。

[4] 施莱格尔(Johann Heinrich, Schlegel, 1726—1780),历史学家,哥本哈根大学哲学教授。

[5] 哈特维勒(Harteville),经《康德全集》编者考证,应为玛特维勒(Marteville)之误。

8 致约翰·亨利 希·兰贝特[1]

1765 年 12 月 31 日

先生:

　　您的来信赐我以荣耀,再也没有比它更能使我感到愉快和满意的了,因为我把您看作德国首屈一指的天才人物,这只不过是表达了我坦率的看法。您有能力对我主要从事的那种研究作出一些重大的、持久的改善。我没有及时给您应有的答复,请您不要把这归咎于我的拖沓。因为我把您的建议告诉了康特尔[2]先生,他请我把回信推迟,直到他能够亲自给您去信,向您公布他对此事的充分决定。他很懂得同您这样的名家保持联系的重要性,很乐意承担商议中的出版事宜,只是请求推迟一些,因为到复活节博览会之前的这段时间,对他来说太短了,而他的其他出版机构这次也都已完全排满了。他与过去的店伙哈特克诺赫合作,目前,此人在里加管理他的业务。康特尔先生向我保证,不久,他将就所说的这件事给您去信,向您作出解释。

　　从您那儿发现您的方法和我的方法能够圆满一致,这真使我高兴不已。我多次在您的著述中感觉到这种一致,它使我对您的

22

著述更增加了信赖感。这种一致可以说是一个合乎逻辑的佐证，它证明，这些思想是以人类普遍理性的试金石为标准的。您建议我们互相通报论纲，对此我非常欣赏。因为我认为，这个提议颇为我增光，所以，我是决不拒绝它的。我认为自己不会弄错，可以信赖这些认识，我相信，在长期的努力之后，我也能够获得这些认识。之所以这样说，是因为在先生您那里可以发现的那种天赋，即把对整体的宏观把握同一种非常的机敏具体结合起来的天赋，是普遍具有的。倘若您同意把您的力量与我的微薄努力结合起来，那么，无论对我，还是对世人来说，都可以从中得到重大的教益。

多年来，我的哲学思考曾转向一切可能的方面。我经历了各种各样的变化，在这期间，我随时都以这种方法寻找失误或者认识的根源。最后，我终于确信了那种为了避免认识的幻象就必须遵循的方法。认识的幻象使人们随时相信已经作出了抉择，却又时时望而却步，由此还产生了所谓的哲学家们毁灭性的分歧，因为根本不存在使他们的努力统一起来的标准。从此以后，无论从被给予的材料中得出的知识具有多大程度的确定性，我总是从我面临的每一个研究任务的本性中，发现为了解决一个特殊的问题所必须知道的东西。这样，尽管作出的判断常常比以往更加受到限制，但却更加确定，更加可靠。所有这些努力，主要都是为了寻求形而上学乃至整个哲学的独特方法。先生，在此我可以告诉您，由于康特尔先生从我这儿得知，我可能要用这个书名为下届复活节博览会写一本书，他就以书商的那种行事方式，毫不犹豫地让人把这个书名登在莱比锡博览会的书目上，虽然书名有点弄错了。我和我的初衷依然相距甚远，我把这个作品看作所有这些计划的主要目标，原想把它再放一放。原因在于，我在写作它的进程中察觉到，为了说明关于错误方法的原理，我一点也不缺少判断失误的例证，但却非常缺乏能够使我具体地指出那种独特方法的例证。因此,为了不至于背上一个新的哲学方案制造商的名声,我不得不先抛出一些较小的作品,对我来说,它们的材料是现成的,其中第一批将是《世俗自然智慧的形而上学原理》和《世俗实践智慧的形而上学原理》。这样,主要的著作就不至于因为详尽而又不充分的例证而被过度拉长。

此刻,在结束这封信的时候,我感到无比喜悦。今后,我将荣幸地把与我的目的有关的一些事情告诉您,请先生不吝赐教。对我来说,您的判断是极其重要的。

先生,您完全有理由抱怨那些调皮鬼们的不断嬉闹和拙劣的著述家们令人疲倦的饶舌。他们袭用时髦的语言,除了谈论过鉴赏力之外,本身却无任何鉴赏力可言。不过,我觉得这正是适用于错误哲学的无痛致死术。因为这样的话,错误哲学是在呆笨的百音盒发声器中缓缓地死去的。假如它以深刻而又错误的沉思、以严格的方法为装饰品进入坟墓,情况只能更糟。在真正的世界智慧复兴之前,旧的世界智慧自行毁灭是非常必要的。而且,就像每当一个新的东西产生之前,总要先发生一种最完美的解体即腐败一样,在一个仍然不乏优秀人物的时代,学问的危机使我产生了最好的希望:长期以来为人们所希冀的科学大革命已经为期不远了。

雷卡尔德[3]教授的友好来访,以及他带来的您那可敬的来信,都使我感到非常高兴。他在这里颇受欢迎,对他的评价普遍很高。当然这也是他理应得到的,尽管很少有人能对他的全部成就作出恰当的评价。他嘱我代为问候您。向您致以深切的敬意。

先生您顺从的仆人伊曼努尔·康德

1765 年 12 月 31 日

于哥尼斯贝格

又及:在我结束这封信的时候,康特尔先生送来了他答应写给您的信,现一并给您寄去。

[1] 兰贝特(Johann Heinrich Lambert, 1723—1777),德国哲学家,在数学、物理学、天文学等领域均颇有造诣,建立了光度学理论。
[2] 康特尔(Johann Jacob Kanter, 1738—1786),哥尼斯贝格出版商。
[3] 雷卡尔德(Gotthilf Christian Reccard, 1735—1798),哥尼斯贝格大学神学教授。

9 | 致莫色斯·门德尔松[1]

1766 年 4 月 8 日

先生：

承蒙您的关照，转交了我寄去的文章，对此我表示衷心的感谢。我十分乐意随时为您效劳，以回报您的友谊。

您对拙文[2]的语气感到惊讶，我认为，这恰好证明了您对我正直性格的好评。甚至您对我这种性格模棱两可的表现深感不满，我也觉得是可贵可亲的。事实上，您将永远不会有机会来改变对我性格的这种看法了。因为在我经过了大半生，学会了避开和蔑视那些腐蚀性格的东西之后，无论出现什么失误，即使这些失误是坚定的决心并非每次都能避免的，我也肯定不会沾染上变化无常、弄虚作假的癖性。自我认同产生于对正直信念的意识，失去这种自我认同是最大的不幸。这种不幸虽然在我身上有发生的可能，但我完全可以肯定，它永远不会在我身上发生。尽管我对自己思索的许多东西怀有最清晰的信念和极度的满意，却永远没有勇气说出来，但是，我永远不会说出我没有思索过的东西。

不知您在读这篇写得相当混乱的文章时，是否会察觉到，我在写作时怀着一种不愉快的心情。因为我曾经好奇地通过那些

26

有机会亲自认识斯维登波格的人，通过信件往来，最后还通过搞到此人的著作来了解他的幻觉，从而引起了人们的注意。人们估计，我对所有这些轶事持有某种见解。我发觉，在对这种所谓的见解作出某种结论之前，面对这些无休无止的询问，我休想安下心来。

实际上，我很难想出某种办法，既能表达出我的思想，又不至于遭受人们的嘲笑。因此，我觉得，最明智的办法莫过于抢在别人之前，先自己嘲笑自己。在这种情况下，由于我的情绪状态确实是荒诞的，所以，我的行为方式依然是完全正当的。不仅在叙述方面，我不得不对这种故事抱有一点诚意，而且在理性根据方面，我也不得不作出一些推测。尽管那些无稽之谈使这种叙述变得一文不值，凭空虚构和无法理解的概念对理性根据来说亦是如此，但我仍不改变自己的态度。

就我关于一般形而上学的价值所发表的意见来说，也许有时措辞不够慎重，失去约束，但我毫不讳言，现在流行的这类知识自吹自擂，态度傲慢，对此我非常反感，甚至还怀有一点憎恨。因为我完全相信，人们选择的道路简直是南辕北辙，时兴的方法必然会使错觉和失误无限增多。我们梦寐以求的科学却结出了这些令人诅咒的成果，即使完全清除掉这些自负的知识，也不会比这种科学本身更加有害。

客观地说，我还远远没有发展到那种地步，居然把形而上学本身看作渺小的或者多余的。一段时间以来，我相信已经认识到形而上学的本性及其在人类认识中的独特地位。在这之后，我深信，甚至人类真正的、持久的幸福也取决于形而上学。这样的褒语，除了您之外，任何人都会觉得这是异想天开，是肆无忌惮。先生，像您这样的天才人物，应该在这门科学中开辟一个新的纪元，应该重新确定下一根准绳，并以名家手笔为这个总是纯粹靠碰运气来发展的学科描绘出一幅蓝图。

然而，就可以用这种方式公诸于众的知识储备来说，我认为，在这个问题上，再也没有比剥去它的独断主义外衣、怀疑地考察既定的知识更加明智的了。这不是轻率的多变，而是长期研究的结果。这种运用尽管是否定性的［stultitia caruisse（弃绝愚行）］，但却是为肯定的运用作准备。因为健康的、但缺乏教育的知性，为了从单纯质朴达到认识只需要一个 organon（工具），然而，一个堕落的头脑要从虚假认识达到认识，却需要一个 catarcticon（新的开端）。如果可以谈一谈我自己在这方面的努力，我相信，在我还没有写出这方面的任何作品之前，我就已经在这一学科中获得了许多重要的见解。这些见解确立了这一学科的方法，不仅具有广阔的前景，而且在实用中也可以用作真正的标准。逐渐地，我打算在其他事务允许的情况下，把我这些研究交给公众评判，尤其是请您评判。如果您乐意在这方面把您的努力与我的努力结合起来（同时，我也把这种结合理解为您帮助我发现自己的失误），将能为科学的发展作出重大的贡献。

得知草率的拙作荣幸地引起您对这个问题进行周详的考察，并没有使我感到丝毫的快乐。只有当它也能够使其他人对此进行更深入的研究时，我才会认为，它是充分有益的。我相信，人们的研究是不会错过这个问题的，它与这方面的所有考虑都有关系。而且，假如我不是把论文一个印张一个印张地先后付印，我就可以把这个问题描述得更加清楚。我并不能总是预见到，为了更好地理解后面的东西，什么应该先发表，某些说明在什么地方因为处于不适宜的位置上，而必须被删去。据我看来，一切问题都取决于寻求解决下面这个问题的材料，即**何以灵魂在世界上不仅对于物质界来说，而且对于这一类的其他事物来说都是现存的？** 因此，人们应当在这样一个实体身上，找到外部效应的力量和接受外部作用的感受性，其中，与人的躯体的统一只是一种特殊的方式。我们不能利用任何经验，在各种关系中去认识这样一个主体,这些关系仅仅适用于揭示这个主体的外在力量和能力。因为与躯体的和谐仅仅揭示了灵魂(思维和意欲)的**内在**状态与我们躯体质料的**外在**状态之间的相互关系,却没有由此而揭示一种**外在**活动与另一种**外在**活动之间的关系,因而根本不适宜于解决这个问题。所以人们要问:是否本来就有可能通过先天理性判断发现精神实体的这些力量呢?这种研究又归于另一种研究:通过理性推论,是否能够发现一种原始的力量,即原因与结果的最初基本关系呢?由于我确信,这是不可能的,所以,结论就是:如果这些力量不是在经验中给予我的,那么,它们就只能是虚构出来的。但是,这种虚构[fictio heuristica, hypothesis(启迪学的虚构,即假说)]从来不能提供可能性的任何证明。而且,可思性(其假象之所以产生,还因为不能说明它的任何不可能性)是一个纯粹的幻象,就像如果有人抨击斯维登波格的梦幻的可能性,我就敢于为他的梦幻辩护一样。关于精神界现实的道德影响与万有引力具有相似性的研究,本来就不是我的一个认真的看法。它只是一个例证,证明人们在缺乏资料的哲学虚构中,究竟能畅通无阻地走出多远;在完成这一任务的过程中,发现解决问题的必要条件又是多么急需;以及是否缺乏为此必需的资料等等。尽管如此,如果我们仍然把从正直的精神和神圣的目的出发的证据长期束之高阁,如果我们询问,从我们的经验中,是否可能有朝一日得出一种关于灵魂本性的知识,这种知识不仅与质料相联系,而且与某种类的本质相联系,足以从中认识到灵魂在宇宙中现存的方式,那么,就可以说明,**生育**(在形而上学的知性中)、**生命和死亡**是否就是某种我们通过理性将来能够认识的东西。这个问题的关键就在于确定,是否真的存在着某种界限,这种界限不是由理性的局限性,而是由经验的局限性规定的,在经验中,包含着为理性所提供的资料。不过,我要就此停笔了。衷心地感谢您的友谊。请代我向苏尔策[3]教授先生致以特别的敬意,并转达我的愿望,希望能荣幸地读到他亲切的来信。向您致以最深切的敬意。

先生您顺从的仆人伊·康德

1766 年 4 月 8 日

于哥尼斯贝格

[1] 门德尔松(Moses Mendelssohn, 1729—1786),德国哲学家,自然神论者,德国启蒙运动代表人物之一。
[2] 指《一位视灵者的梦》。
[3] 苏尔策(Johann Georg Sulzer, 1720—1779),德国美学家。

10 | 致约翰·戈特弗里德·赫尔德^[1]

1768^[2]年5月9日

高贵的

极为尊敬的先生：

我愿借这个机会向您表示我的敬意和友谊，由于我在写信时经常疏忽这一点，可能会使这种敬意和友谊显得很可疑。我为您最近的作品^[3]在社会上获得了非同一般的反响而感到高兴，这种高兴还包含某种虚荣心，尽管这些作品完全出自您自己之手，而您在我这里所得到的那些指导也无功可居。倘若批判不是在自身包含着使天才变得胆怯起来的弊病，倘若判断的精巧不使自我认同变得十分困难，我就会期望，根据我从您那里得到的那个小作品^[4]，可以预料您终将成为那种诗艺的大师。诗艺是智慧的典雅，在这个领域里，还只有波普^[5]令人钦佩。在您过去施展才能的过程中，当才华横溢的头脑不再为青年人情感的热烈冲动所驱使，而是去寻求安宁时，我非常高兴看到的，正是神秘主义者的梦想的对立面。这种安宁是温存的，但又是感情丰富的，仿佛是哲学家的沉思的生活。根据我对您的认识，我满怀信心地期待

31

着您的天才得到充分发挥的这个时期，或者说，期待着您的天才在这个时期所拥有的一种心灵状态，在所有的心灵状态中，唯有这种状态对世界最有益。在这方面，蒙田[6]的地位最低，而据我所知，休谟[7]的地位最高。

就我个人而言，由于我无所眷恋，对自己的或者别人的意见都深感无所谓，时常把整个大厦翻转过来，从各种角度进行考察，以便最终找到一个由以出发可以真实地描绘这座大厦的角度，所以，自从我们分手以来，在许多问题上，我都给其他见解以一定的地位。我的注意力主要集中在认识人类的能力和爱好的真正规定性和局限性之上，我相信，在涉及道德的地方，我终于取得了相当的成功。目前，我正在研究道德形而上学。在这个领域，我相信自己能够提出显明的、蕴意丰富的基本原理和能够说明问题的方法。按照这些原理和方法，那些尽管非常可行，但在大多数情况下却毫无成效的努力，如果它们想提供什么教益的话，就必须以这种知识方式建立起来。我希望，如果我那变化不定的健康状况允许，就在今年完成这项工作。

请您向贝伦斯先生转达我衷心的问候，代我向他保证，尽管我们从未通信，但我却是非常忠实于我们之间的友谊的。格曼[8]先生将要到您那里去。他是一个极有教养而且非常勤奋的人，肯定会博得您的好感的。他去那里，将会使里加学校得到一个出色的职员。向您致以真诚的敬意。

您的忠诚的朋友和仆人　伊·康德

1767 年 5 月 9 日

于哥尼斯贝格

[1] 赫尔德(Johann Gottfried Herder, 1744—1803)，德国哲学家，文艺理论家，康德的学生，后成为康德的论敌，是德国古典文学时期的先驱和"狂飙与突进"

运动的理论指导者和首创人。

[2] 原信所注日期为 1767 年。但《康德全集》编者认为这显然是康德的一个失误。据考证，格曼是 1768 年才去里加的。

[3] 指赫尔德的《关于近代德国文学的断片》(1767 年)

[4] 赫尔德有一次把康德关于时间和永恒的讲课改写成一首长诗,颇得康德赏识,此处即指该诗。

[5] 波普(Alexander Pope, 1688—1744),英国诗人,是康德最喜爱的诗人之一。

[6] 蒙田(Michel Eyquem de Montaigne, 1533—1592),文艺复兴时期法国思想家,主张怀疑论。

[7] 休谟(David Hume, 1711—1776),英国哲学家,主张不可知论。

[8] 格曼(Albrecht Germann), 1763 年在哥尼斯贝格大学注册入学,1768 年始在里加教会学校任校长助理。

11 | 致约翰·亨利希·兰贝特

1770 年 9 月 2 日

高贵的先生

至堪敬慕的教授先生：

借此机会，由我论文答辩的辩护人，一位能干的犹太大学生[1]，把我的答辩论文[2]呈送给您，以求尽可能地消除因我长期没有回复您的珍贵来信[3]而可能引起的误解。这种可能的误解使我深感不安。不是别的，正是在您这封来信中感受到的震动重要性，导致我长时间地推迟遵从您的提议给您回信。由于我对那门当时您也注目的科学已经研究多年，以求找到它的本性，尽可能地发现它的常驻不变的、清晰的规律，因此，我一心希望能够有一个人，这个人具有明显的洞察力和普遍的见解，而且，我可以经常把这个人的思维方法看作与我的思维方法完全一致的，这个人应当努力通过综合的检验和研究，为一个稳固的大厦草拟出蓝图，除此之外，我别无它求。我至少也应该为这门科学的形象提供一个清晰的草图和关于这门科学的独特方法的某种思想，不能比这更少了。为了实现这个计划，我沉入了对我来说是全新的研

34

究之中。由于繁重的学校工作,我不得不一次次地推迟这项研究。大约一年以来,我可以自夸地说,已经达到了那个概念,今后,我不用再费心改变这个概念,而只需要对它进行扩展。通过这个概念,任何种类的形而上学问题都可以按照完全可靠的、简单的标准加以检验,并且可以有把握地确定,它们在多大程度上是可以解决或者不可以解决的。

这门科学的草图包含了它的本性、它的一切判断的最初源泉和方法,按照这种方法,人们就可以很容易地向前推进。我可以把它压缩到相当小的篇幅,即压缩在很少几封信中,然后请您不吝赐教,详细地加以判断。我期望,这将会产生一个出色的结果,因此特别请您允准。不过,在一个如此重要的计划中,如果能够提出某种完善的、持久的东西来,那么,耗费一点时间也根本算不得损失。因此,我必须请求您,始终如一地坚持这个美好的意愿,并参与这项研究;还希望您答应我,为了进行这些研究,在此期间再腾出一些时间来。为了从折磨了我整整一个夏天的不适中得以恢复,并且也为了处理一些琐事,我打算到今年冬天,再把我关于纯粹道德的世界智慧的研究列入日程,并且加以完成。在这里,找不到任何经验的原则,似乎可以说它是道德形而上学。鉴于形而上学的形式已经改变,这项研究将在许多问题上为那些极重要的意图开辟道路。此外我觉得,鉴于目前选定的实践科学原则非常糟,这项研究也同样是十分必要的。在我完成这项工作之后,倘若我能带着形而上学方面的论文前往您那里的话,我将依据您过去的允准,把它呈送给您。我保证,决不使用任何您认为不完美的清晰性的命题。因为,如果一个命题不能得到您的赞同,那就没有达到使这门科学排除一切怀疑,建立在毫无争议的规则之上的目的。因为我还打算给我的论文加上几个印张,以便提交给下届博览会,其中我想改正自己急于求成的错误,更好地规定自己的思想,所以在这之前,您对我的论文中的一些主要问题的有见地的判断都将使我感到愉快,受到教益。第一部分和第四部分可以看作微不足道的而忽略不计,但在第二、第三和第五部分中,尽管由于小疾,写得连我自己也不满意,但是,我认为它们还是包含了一个值得仔细地、详尽地阐述的题材。感性的普遍法则在形而上学中不适宜地扮演了一个重要的角色。然而,形而上学的关键,却仅仅在于纯粹理性的概念和基本原理。看来,一门完全独特的、尽管是纯粹否定性的科学(一般现象学)必须走在形而上学前面,这门科学规定了感性原则的效力和范围,以便它们不至于像至今一直在发生的那样,搅浑了关于纯粹理性的对象的判断。因为就经验认识以及感官的全部对象来说,空间、时间和公理在考察所有处于这种关系之中的事物时,都是很现实的,确实包含了一切现象和经验判断的条件。但是,如果某物根本不是被视为感官的对象,而是由于一个普遍的、纯粹的理性概念而被看作一个物或者一个一般的实体等等,那么,倘若人们把它们归属在所谓的感性基本概念之下,就会产生非常错误的见解。我还觉得,也许我通过这些尽管还很不完善的尝试,能够幸运地争取到您的赞同,使得这样一个预备学科不必经过太大的努力,就能轻易地获得适宜的详尽性和明晰性,这个预备学科将使真正的形而上学避免感性存在物的混入。

请您继续保持我们的友谊,参与我这些尽管很微不足道的研究。如蒙允准,我还想代给您送信的马库斯·赫茨请求,请您允许他有时就他的学习向您请教。我可以向您介绍说,赫茨是一个有教养的、勤奋的、能干的年轻人,他将会遵从和采纳任何好的建议。向您致以崇高的敬意。

您的顺仆 伊·康德

1770 年 9 月 2 日

于哥尼斯贝格

[1] 即马库斯·赫茨(Marcus Here, 1747—1803),康德的学生和朋友,自 1786 年始任哲学教授。

[2] 即康德的《论可感世界和理知世界的形式及其原则》。

[3] 即兰贝特 1766 年 2 月 3 日致康德的信。兰贝特在该信中阐述了他对哲学的方法、形式与质料的相互关系等问题的看法。

12 | 致马库斯·赫茨

1771年6月7日

尊贵的朋友：

我在通信往来中表现得有点粗心大意，对此您有什么意见吗？您的良师益友门德尔松先生和兰贝特教授先生又有什么意见？这些正直的人一定认为，我这个人很没礼貌，对他们在给我的来信中所付出的精力，给予了很差劲的回报。如果他们决定，再也不让我的信引诱他们耗费这种精力了，我当然也不能责怪他们。不过，如果一个人自己感受到的内在困难，也能被别人清楚地看到的话，我希望，他们千万不要把我迟迟不写信的原因看作缺乏敬意。请您帮助我，解除这些令人尊敬的人们对此怀有的疑虑，或者在他们产生这种疑虑之前，就代我解释清楚。因为直到如今，导致我迟迟不写信的障碍依然存在。我有一个坏习惯，总觉得赶下一次邮班比赶这一次更合适。即使不说这一点，迟迟不写信的原因至少还有两个。这两位学者写给我的信，使我沉入了一系列研究之中。对于有道理的异议，我并不是仅仅考虑怎样去反驳它们，而是在反思中，随时把它们编织在我自己的判断之中，并且使它们有权利推翻我先前臆想的一切意见，即使这些意见是我过去所喜爱的。这一点,他们是知道的。我总是希望,能够通过从他人的立场出发,无偏见地考察我自己的判断,从而创造出某种比我原来的判断更好的东西。此外,甚至人们对我的这种见解缺乏信念,在我看来也是一个证明,它说明我的理论至少欠缺明晰性,欠缺某种本质性的东西。长期的经验使我懂得,在我们所计划的题材中,认识根本不可能勉强得出,也不可能通过努力来加速实现,它需要一个相当长的时间。因为人们有可能跳跃性地、在各种各样的关系和广泛的联系中考察同一个概念,在这里,主要是怀疑主义精神在发挥作用,它要试一试,构想出来的东西是否能够经得住最尖刻的怀疑。由此出发,我利用了因未写信给自己空出的这段时间,而甘冒被别人指责为失礼的危险,实际上我很尊重这两位学者的判断。他们知道,确定地、清晰地认识到建立在人类心灵力量(不仅有感性的力量,而且还有知性的力量)的主观原则之上的东西与涉及对象的东西之间的区别,在整个世界智慧中,甚至对于人类最重大的目的,具有多么大的影响。如果人们不为建立体系的欲望所着迷,那么,人们对同一基本规则的广泛运用所进行的研究就可以互相印证。因此,我目前正在详细地撰写一部作品,标题是《感性和理性的界限》。它包括了为感性世界规定的基本概念和法则的关系,以及对鉴赏力学说、形而上学和道德的本性的构思。整个冬天,我翻阅了所有的资料,对它们进行了筛选、权衡、组合。不过,这个计划只是在不久前才全部实现。

我迟迟不写信的第二个原因,讲给您听一定比讲给一个医生听更加有效。由于我的健康状况明显恶化,因此,我绝对有必要保护好自己的身体,使它逐渐地恢复。为此,在一段时间内,我中断了一切繁重的研究工作,仅仅利用情绪比较好的一些时间,把其他时间都用于进行舒适惬意、轻松愉快的活动。这样,再加上自去年10月以来,我每天都服用金鸡纳树皮,用我的熟人们的话来说,我的健康状况已经明显有所改善。我毫不怀疑,按照医学的基本原理,您是不会完全不赞同我的疏忽的。

得悉您正准备把一篇关于思辨科学本性的文章[1]交付印刷,我非常高兴。我热切地盼望看到这篇文章。过去,我也曾想过写这样一篇文章,因此,我很想能在您的文章中得到各种启示,以便利用。您第一次公开发表的论文,很可能会赢得公众的赞扬,我为此而感到欣喜。虽然这种欣喜丝毫也没有隐含着某种虚荣心,但却包含着对无私地、友好地分享欢乐的强烈兴趣。康特尔先生已经把我的论文寄往各地,他寄得相当晚,而且数量也很少,甚至他也没有把这篇论文登录在博览会的图书目录中。在我计划对这个问题进行更完善的阐述之后,我已不愿对这篇论文作任何改动。进一步的问题我将在下一部作品中阐述。尽管在这篇论文中包含了一些特殊的思想,这些思想我很难再有某种机会加以阐述,但是,由于一些错误,这篇论文本身好像已经不值得再版了。因此,使我恼火的是,这部作品不得不如此迅速地蒙受人类的一切辛劳必将蒙受的命运,即被人遗忘。

倘若您尽管很少得到回信,但仍能勉强自己给我写信,那么,请您来信对金鸡纳树皮加以详细的说明,这将对我的春季疗程有很大的帮助。请代我向门德尔松先生和兰贝特先生致以歉意,并向他们保证,我是非常忠实于他们的。我想,如果我的胃逐渐地能够履行它的义务,那么,我的手也就不会再玩忽职守了。祝您的一切计划顺利成功。

您的正直的知心朋友伊曼努尔·康德

1771 年 6 月 7 日

于哥尼斯贝格

[1] 指赫茨的《思辨的世俗智慧》。

13 | 致马库斯·赫茨

1772 年 2 月 21 日

高贵的先生

珍贵的朋友：

如果您由于迟迟不见我的回信而感到愠怒，那么，您在这件事情上虽然没有冤枉我，但是，倘若您从中得出了不愉快的结论，我还是请您以您自己对我的思维方式的认识为根据吧。我不想再作任何申辩了，只想简单地给您谈一谈我的思想活动的方式，正是这些思想活动，使我甚至在闲暇之时也把写信这件事向后推迟。自您离开哥尼斯贝格之后，在工作和我不得不作的休息之间的间隙里，我再次检查了我们所讨论过的研究计划，为的是使它与整个哲学以及其他知识相和谐，并且掌握它的范围和界限。对于把道德以及由此产生的道德基本原则中的感性与理智区分开来这个问题，以前我已经进行过相当多的研究。至于感受性、鉴赏和判断力的原则，以及它们的结果即称心、美和善，很久以来，我已经构思得相当满意了。现在，我正着手把这个计划写成一部作品，标题为《感性和理性的界限》。我想把它分作两个部分，即一个理论部分和一个实践部分。理论部分又可以分作两章：1.现

41

象学一般;2.形而上学,而且仅仅依据它自己的本性和方法。实践部分也分作两章:1.感受性、鉴赏和感性欲望的普遍原则;2.德性的最初动机。当我对理论部分的整个篇幅以及各部分的相互关系加以详细思索时,我发现自己还欠缺某种本质性的东西。在长期以来的形而上学研究中,我和其他人一样忽视了这种东西,但实际上这种东西构成了揭示这整个秘密的钥匙,这个秘密就是至今仍把自身藏匿起来的形而上学。于是我反躬自问,我们的所谓表象与对象的关系是建立在什么基础之上的?如果表象仅仅包含了主体被对象刺激的方式,那么,就很容易看出,对于对象来说,表象[1]作为一个结果是与它的原因一致的。我们心灵的这种规定性能够**表象**某种东西,即能够拥有一个对象。因此,**被动的**或者感性的表象与对象有一种概念的关系,由我们心灵的本性产生的基本原理对一切物(就这些物是感官的对象来说)有一种概念的有效性。同样,如果我们的所谓表象对于**客体**来说是**能动的**,也就是说,如果就像人们把神性的知识说成是事物的原型那样,对象是通过表象而被创造出来的,那么,表象与客体的一致也就可以理解了。于是,无论是 intellectus archetypi(原型的理智),还是 intellectus ectypi(派生的理智),其可能性都至少是可以理解的。原型理智的直观是事物自身建立于其上的基础,而派生的理智则从对事物的感性直观中汲取来进行逻辑处理的**材料**。然而,既不能说我们的知性通过它的表象是对象的原因(除了在有关善良目的的道德中),也不能说对象是知性表象的原因[in sensu reali(在现实的感知中)]。因此,纯粹知性概念必然不能从感官的感觉中概括出来,也不能表述由感官进行表象活动的感受性。纯粹知性概念的根源在于心灵的本性,但这样说,既不是指心灵受到客体的作用,也不是指心灵创造了客体自身。在论文中,我仅仅满足于否定性地表述了理智表象的本性,即说明理智表象并不是由对象所引起的变化。但是,我却从不谈论一个没有以某种方式受到对象的刺激,但又与对象发生关系的表象如何可能这个问题。我说过,感性的表象是按照物的表现来表象物的,而理智的表象则是按照物的存在来表象物的。但是,如果这些物不是按照它们刺激我们的方式被给与我们的,如果这种理智表象是建立在我们的内部活动之上的,那么,这些物究竟是怎样被给与我们的? 理智表象与并非由自己产生的对象之间具有的一致又来自何处? 纯粹理性关于这些对象的公理又来自何处? 既然这些公理与对象的一致并不借助于经验,那么,这种一致又来自何处? 在数学中,这样说还是可以的,因为只要我们多次设想一致,从而能够产生出对数量的表象,客体对我们来说就能够是数量,并且被表象为数量。因此,数量的概念是能动的,我们可以制定出数量的先天基本原理。然而,在质的关系中,我的知性是怎样完全先天地自己构造物的概念,而事物又与这些概念必然一致呢? 我的知性是怎样构思出关于事物可能性的现实基本原理,而经验必定忠实地与这些基本原理保持一致,但这些基本原理又不依赖于经验呢? 对于我们的知性能力来说,它与物本身的这种一致的根源何在,这一问题一直还处在晦暗之中。

柏拉图假设了一个过去对神的精神直观,以此作为纯粹的知性概念和基本原理的本源。马勒伯朗士[2] 则假设了一个对这种原初存在物进行的持续不断的直观。就最初的道德法则来说,各种各样的道德主义者[3] 所假设的正是这种东西。克鲁秀斯则假定了某些植入的判断规则和概念,上帝为了使它们与物互相谐合,而按照它们必然存在的方式,把它们植入人的心灵之内。人们可以称前几种体系为 influxum hyperphysicum(超自然的影响),称后一种体系为 harmoniam praestabilitam intellectualem(理智的前定谐合)。不过,在规定认识的起源和有效性时,这种救急神[4] 是人们所能选定的最荒唐不过的东西。除了在我们知识的推理序列中造成迷惑人心的循环论证外,它还具有另一种弊

43

病，即助长某些怪念头、某些或庄重或苦思冥想的虚构。

我就是这样探索理智认识的本源的。不认识到这种本源，就不能规定出形而上学的本性和界限。因此，我把这门科学分作本质上互不相同的各个部分，并且试图把先验哲学，即把完全纯粹理性的所有概念归结为一定数量的范畴。不过，这里并不是像亚里士多德那样，按照他发现范畴的方式，把范畴纯粹偶然地并列在他的 10 praedicamenten（十范畴）之中，而是按照这些范畴通过少数几个知性基本法则，从自身出发把自己划分为等级的方式进行排列。关于这种一直深入到最终目的的研究的整个序列，我在这里暂不详细解说。就我意图的本质内容来说，可以说已经成功了。现在，我已经能够写出一部《纯粹理性批判》了。如果纯粹理性完全是理智的，那么，这本书就既包括了理性认识的本性，也包括了实践认识的本性。关于这本书，我想先写出第一部分，它包括形而上学的本源、方法及其界限，然后再写德性的纯粹原则。第一部分大约可以在 3 个月内出版。

在进行这样一种如此精雕细刻的心灵活动的时候，最有害的事情，莫过于紧张地从事这个领域之外的反思了。在平静的或者顺利的时刻，心灵必须随时不断地向任何一种可能出现的偶尔察觉敞开自身。但是，它也不能总是太紧张。刺激和消遣必然能够维护心灵力量的可塑性和灵活性，这样，人们就能够不断地从另一些方面来观察对象，并且把自己的视野从微观的考察扩展到普遍的展望，以便采取一切可能的观察角度，这些不同的观察角度可以交互证实他人的最佳判断。尊贵的朋友，除了上述原因之外，再也没有其他原因使我推迟回答您那令我十分愉快的来信了。言而无物地给您写信，似乎并不是您所要求的事情。

至于您那个小作品，我认为写得很内行，确实是深思熟虑的结果，在许多地方超出了我对它的期待。但是，由于前面所说的原因，在此我就不**详细地**谈了。不过，我的朋友，就各门科学的状况来说，在有教养的读者中间，这样一种研究活动是会引起以下结果的：我把这个计划看作是我最重要的工作，目前，它已完成大半。但由于我身体不适，这个计划的实施面临着被打断的危险。但是，每当我为此而感到担忧时，这样一种研究活动依然使我得到了安慰，无论它们得以出版，还是永远默默无闻，对于公众的利益来说，它们终归是徒劳无功。因为要想打动读者，使读者在作品中努力反思，需要一位德高望重、能言善辩的作家。

我曾在《布雷斯劳报》上，不久前又在《哥廷根报》上读到对您文章的评论。如果读书界这样评价一篇文章的精神和主要意图的话，那么，一切努力都是白费。如果那位评论家肯花费一点气力，认识到这些努力中的本质性东西，那么，对于作者来说，指责本身比草率的评价所包含的褒词要更令人愉快一些。哥廷根的评论家纠缠在思想的一些应用上，而这些应用本来都是偶然的。关于这些应用，我从那时起自己已经作了一些改动。不过，主要意图却由此获得了更多的收益。为了引导作者重新检验自己的学说，门德尔松或者兰贝特的一封信，要比十个这种文笔轻浮的评价更加有用。正直的牧师舒尔茨[5]是我在这个地方所认识的最有哲学头脑的人物，他充分认识到了这种思想的意图。我希望他也能研究一下您的作品。在他的评判中，出现了两处误解，即他对他所面对的这个思想的错误解释。第一处是：他认为，空间不是感性显象的纯形式，而很可能是一个真正的理智直观，因而是某种客观的东西。明确的答案是：如果我们把空间的表象完全分解开来，那么，在这中间，我们既不能设想一个物的表象（除非这些物存在于空间之中），也不能设想一个现实的联系（没有物，这种联系本来就不能出现），也就是说，既不能设想任何结果，也不能设想任何关系来作为根据，因此，我们也就不具有关于某事物的任何表象，所以空间也就不是什么客观的东西。正因为这些，空间被视为非客观的，因而也被看作非理智的。第二个误解使他提出了一个异议，对这个异议，我颇费了一番思索。因为这个异议好像是人们对这个思想所提出的最重要的异议，它必然很自然地获得所有人的赞同，而且，兰贝特先生也曾向我提出过同样的异议。这个异议的内容是：变化是某种现实的东西（根据内感官的证明），而变化只有以时间为前提才是可能的，因此，时间就是依附于自在之物本身规定之上的某种现实的东西。为什么（我对自己说）人们不进行一个与这个论证平行的推理呢？例如：物体只有以空间为条件才是可能的，因此，空间是内在于物本身的某种客观的、实在的东西。原因就在于人们意识到，关于外在的物，不能从表象的现实性推论出对象的现实性。但是，在内感官那里，思维或者思想的实存或者我的自身等等，都是一回事。克服这种困难的钥匙就在于此。毋庸置疑，我不应该设想我自己在时间形式下的状况，因此，内感性的形式也不给我提供变化的显象。我并不否认，物体是某种现实的东西，尽管我把这一点仅仅理解为某种现实的东西与显象相一致。同样，我也不否认，变化是某种现实的东西。我甚至也不能说，内在的显象是变化着的。因为，倘若这种变化并没有显现给我的内感官，我何以会考察到这种变化呢？如果有人说：由此可以推出这样的结论，即世界上的一切都是客观的、本来就是不变的。我将回答说，它们既不是变化的，也不是不变的。就像鲍姆嘉登[6]在《形而上学》第18节所说的那样，绝对不可能的东西既不是假定可能的，也不是假定不可能的，因为它绝对不可能在任何条件下被考察。此外，世界万物是客观的，或者说，它们本身既不是以同样的状态存在于不同的时间之中，也不是以不同的状态存在着。因为在这种知性中，它们根本不能在时间中被表象。不过，说到这里也就够了。好像用纯粹否定性的定理，人们就争取不到支持似的。人们必须进行建设，以取代自己拆除的东西。或者说，如果人们把虚构的东西清除掉了，那么，至少就要独断地解释纯粹的知性认识，并且勾画出它的界限。这就是我目前所从事的工作,也是我在变化无常的体质允许进行反思活动的间隙里,之所以常常收回答复您的友好来信的计划,沉湎于我的思想偏好之中的原因。因此,就我来说,请您放弃对我进行再报复的权利,以免由于您认为我疏于作答而不给我来信,使我悬念。就像您在任何时候都可以确信我对您的持久好感和友谊一样,我也考虑到了您对我的持久好感和友谊。如果您对简短的回信也能感到满意的话,那么,以后是不会让您由于久久不见回信而感到惦念的。在我们之间,必须保证一种互相之间的真诚理解,用以代替例行公事。为了表示您真诚地原谅了我,我希望,最近就能够收到您的来信,因为您的来信总能使我感到非常愉快。请让您的来信满载各种信息,处于科学之城的您,是不会匮乏各种信息的。请原谅我冒昧地提出了这种要求。代我问候门德尔松先生、兰贝特先生和苏尔策先生。由于同样的原因,请代我向这几位先生请求原谅,您永远是我的朋友。

您的伊·康德

1772 年 2 月 21 日

于哥尼斯贝格

[1] 康德原文中使用的代词是 er,应是指"对象",显然不通。里尔(A.Riehl)认为康德在这里写错了,正确的应是 es,即指"主体"。而卡西勒(E.Cassiver)则认为正确的应是 sie,即指"表象",今从后者。

[2] 马勒伯朗士(Nicolas Malebranche, 1638—1715),法国哲学家,主张一切认识来源于神。

[3] 《康德全集》编者认为此处指的是英国的一些道德哲学家。

[4] 救急神(Deus ex Machine),原指古希腊罗马戏剧中借助舞台机关出现,解决剧情冲突的神,此处指的是上述哲学家从外部引入某种东西来解决认识问题。

47

[5] 舒尔茨(Johann Schultz, 1739—1805),哥尼斯贝格牧师,后成为数学教授,曾撰文评论康德的《论可感世界和理知世界的形式及其原则》。

[6] 鲍姆嘉登(Alexander Gottlieb Baumgarten, 1714—1762),德国哲学家,沃尔夫体系的拥护者。

14 | 致马库斯·赫茨

1773 年底

高贵的先生

尊贵的朋友：

得知您的工作进展顺利，我感到非常高兴。但更使我高兴的是，在您的来信中，我看到了友好的怀念和友谊的标志。您能在一位强干的教师指导下，进行医药学实习，按照我的愿望，这是很合适的。在年轻的大夫学会应当怎样正确地开始工作之前，教堂的墓地是不会被提前占满的。请多多进行各种细致的观察。理论在这里和在别处一样，常常更多地不是为了说明自然现象，而是为了使概念易于理解。我之所以喜爱麦克布利德[1]的《理论医药学和实践医药学的系统导言》（我相信，您早就知道这本书了），原因就在于此。一般说来，我现在的健康状况比过去好多了。原因就在于，我现在已经更充分地认识到了不利于我健康的因素。由于神经过敏，对我来说，药物简直就像毒药。如果我上午由于胃酸过多而感到难受的话，我唯一使用的药物，就是和水服用半汤匙金鸡纳树皮，就连这也不是经常的。我认为，这种药要比别的吸收剂好得多。通常，为了使自己强壮起来，我并不每

49

天都服用这种药物。这种药物还曾经导致我的脉搏间歇跳动，类似的情况大多发生在傍晚。当时我很担忧，直到后来推测到了原因才作罢。一旦排除了这种原因，那种症状也就消失了。不过，您可要多多研究各种类型的体质，我这种体质会被任何不是哲学家的医生弃置不顾的。

您经常在博览会书目中"K"这个字条下寻找我的名字，这是白费力气。在付出许多努力之后，对我来说，最简便易行的办法，莫过于利用几乎已经写好的、并非微不足道的作品来炫耀这个名字了。然而，由于我力图改造长期以来半个哲学界劳而无功地研究的那门科学，并且在这方面已经有所收获，我自认为，已经掌握了那个思想，它将完全揭开以往的谜，把自甘寂寞的理性的方法置于可靠的、易于运用的规则之下，因此，至今我依然固执地坚持我的计划，在我把布满荆棘的坚硬地基平整完毕，为普遍的研究作好准备之前，决不受任何成名欲的引诱，去到一个比较轻松、比较随意的领域中寻求荣誉。

我不相信，许多人都曾试图依照这个思想构建一门全新的科学，同时也完全地实现了这个思想。您几乎无法想象，就确定恰如其分的名称的方法而言，要付出多少劳累，花费多少时间。不过，在我面前闪烁着一个希望。除了您之外，我没有冒自命不凡之嫌把它告诉任何人。这个希望就是由此而以一种长久不变的方式使哲学发生另一种转变，对于宗教和道德来说，这种转变要远为有利得多。同时，还要使哲学获得一个新的形象，这个形象将能够吸引住矜持的数学家，使他们也认为哲学是可以研究的，而且也是值得研究的。有时，我仍然希望能在复活节前完成这部作品。不过，即使考虑到经常发作的小毛病总是造成工作的中断，我还是几乎可以肯定地说，复活节后不久，我就要完成这部作品。

我热切地期望能够看到您关于道德哲学的论文得以发表。

但是,我希望您在其中不要使用那个实在性概念,这个概念在思辨理性的最高抽象中是十分重要的,但在运用于实践时却是十分空洞的。因为这个概念是先验的,而最高的实践要素却是快乐与不快,它们都是经验的。它们的对象无论来自何处,都是可以认识的。但是,一个单纯的、纯粹的知性概念是不能说明纯感性事物的法则和规定的,因为在这一点上,纯粹的知性概念完全是未被规定的。道德的最高理由必须不仅仅推论到满足,而且它必须自身就在最高程度上感到满足。因为它不是一个单纯思辨的表象,它必须具有推动力。因此,尽管它是理智的,却必须与意志的最初动机有一个直接的关系。如果我的先验哲学得以完成,我将非常高兴。它本来就是对纯粹理性的一个批判。在这之后,我将转向形而上学。形而上学只有两个部分,即自然的形而上学和道德的形而上学。其中,我将首先发表道德的形而上学。现在,我已经在为它的即将出现而高兴不已了。

我已读过您关于普拉特纳[2]的《人类学》的书评。虽然我没有主动地去做一个评论家,但是,此时从这篇书评中看到评论家的技艺有所进展,仍然使我感到非常高兴。今年冬天,我第二次举办一个人类学的私人讲座。现在,我想使这个讲座成为一门正式的学科。不过,我的计划完全与众不同。我的意图是想通过这个学科,开启一切科学的源泉,即开启道德的源泉、技艺的源泉、交往的源泉、教育众人治理众人方法的源泉,因此,也就是开启一切实践东西的源泉。这样,在这之后,我就不再需要探索人性变异可能性的最初根据,而是更多地去探索现象及其规律。因此,完全没有必要对身体的器官与思想发生联系的方式进行精细的研究。在我看来,这种研究永远是徒劳无功的。甚至在平凡的生活中,我也始终不懈地坚持进行观察。这样,我的听众们自始至终从未感到学习枯燥。相反,由于他们有机会不断地把自己的日常经验与我的说明进行比较,因而觉得学习十分有趣。在我看来,这个观察说(Beobachtungslehre)很受欢迎,在这期间,我力图使它成为学校青年人的一个技艺、聪明乃至智慧的预习。和自然地理学一样,与其他所有课程都不同,它可以叫做关于世界的知识。

我在《全德丛书》的前面看到了自己的肖像,这是一个令我有点不安的荣誉。因为如您所知,我非常忌讳骗来的颂词和强求引人注目所造成的假象。这种态度虽然不很入时,但很得体。当然,得知这是我过去的学生偏爱我的一种表现,我还是很高兴的,这种偏爱是非常可亲的。在同一期上,还看到了关于您的文章的评论,这证实了我的担忧,即为了揭示新的思想,以使读者能够感觉到作者的独具匠心和根据的重要性,需要一段较长的时间,以便深入地思索这个题材,直到能够完全地、轻松地了解这个题材为止。我对您满怀真诚的爱慕和敬意。

您顺从的仆人和朋友伊·康德

[1] 麦克布利德(David Macbride, 1726—1778),爱尔兰医生。
[2] 普拉特纳(Ernst Platner, 1744—1818),莱比锡大学医学和心理学教授。

15 | 致约翰·卡斯 帕尔·拉法特[1]

1775 年 4 月 28 日

尊贵的朋友：

　　年轻的霍尔斯泰因—贝克王子[2]的陪同人卢斯特[3]先生和社交待臣冯·内格莱因[4]先生，希望我能把他们的主人引荐给一位退迩称誉的人物。我是在给这位王子上课的时候认识他的。我认为，他是一位具有天赋和良知的年轻人。他计划到瑞士去学习。我夸耀了您对我的亲切态度，说您将在瑞士的风土人情等方面，给这位王子提供有用的、详尽的信息。您总是尽可能地赞助一切优秀的计划，这种高贵的乐于助人精神是众所周知的。

　　至于您委托我的私事，直到今天，我还没有把步兵苏尔策[5]一事办成。我要看一看，今年夏天，在训练期之后会发生些什么事。苏尔策通常举止良好，每个发薪日都可以从您上一次汇寄来的钱中得到一笔补贴。当然，这都被用来改善他那菲薄的月收入了。为了不使这种资助中断，我已遵嘱借给他 3 个帝国塔勒[6]或 1 个杜卡特[7]，这些钱足够他维持到 6 月底。他期望，到时候能通过您的斡旋而得到今后的补助,关于那笔钱,我已把收据以及苏尔策让人为他写的一封短信一起寄出了。

您要求我对您关于信仰和祈祷的论文提出意见。但是,您知道自己找的是怎样一个人吗?就心灵最隐秘的信念来说,他这个人只知道最纯洁的正直。除此之外,他不知道任何在生命的最后一刻也能够经受住考验的方法。同约伯[8]一样,他把谄媚上帝以及进行内心忏悔视为一种犯罪。内心忏悔可能会迫使人产生恐惧,在自由的信仰中,心灵与它是无法统一的。我把基督的**教诲**与我们从基督的教诲中获取的**信息**区分开来,为了找到基督的教诲,我试图首先把道德学说与新约的所有训诫分别开来。道德学说无疑是福音的基本理论,而其他东西则不过是福音的辅助理论。因为这些辅助理论只能说明,鉴于我们在上帝面前的悔罪,为了给我们的脆弱本性提供帮助,上帝做了些什么。而基本理论则说明,为了使自己有资格享有这一切,我们必须做什么。如果我们根本不知道上帝制作的那个秘密,而只是相信,由于上帝的法令的神圣性以及我们心灵的不可克服的恶,上帝必然在自己意旨的深层,隐藏着对我们缺陷的某种补充。我们只能谦恭地信仰上帝的意志,如果我们仅仅做自己力所能及的事情,以便不辜负自己的力量,那么,在与我们有关的事情中,我们就能取得足够的教诲。神恩支持我们的方式,可能正是神恩自己希望的方式。我们对上帝寄托的信赖是无条件的,就是说,用不着存有一种好奇心,想知道上帝如何制造这一作品。进一步说,用不着放肆到如此地步,竟然依据一些信息,就想向上帝的灵魂恳求灵性。当我在事实和启示的秘密二者的混合中,寻觅作为基础的教诲时,我所发现的道德上的信仰也就在于此。在基督的时代,为了不顾犹太教的对抗,率先开创一个扬弃世上一切训诫的纯洁宗教,并把它传播到广大民众中去,奇迹和宣示秘密是必要的。在这方面,许多 kata anthropon(人为的)论据也是必要的,它们在当时具有很大的价值。但是,倘若诸如生活方式必须端正、信仰中的意念必须纯洁等等这些教诲(不用我们进行在任何时代都体现着宗教幻象的敬神祈祷,上帝已经以一种我们根本不必要知道的方式,补充了我们的脆弱本性所缺少的其他东西)在世界上作为唯一包含着人的真正解脱的宗教,能够得到充分的传播,在世界上留存下来,那么,既然大厦已经建成,脚手架就必须拆除掉。我尊崇福音书的作者和使徒们提供的信息,谦恭地相信他们在给我们提供的历史信息中所说的和解方法,或者说,相信上帝在他隐秘的意旨中可能隐藏着的其他东西。即使由于这种方法仅仅涉及上帝所做的事情,因而我可以规定这种方法;即使我不可能如此放肆,去坚决地代替上帝把这种方法规定为现实的方法,唯有我才能期望以这种方法从上帝那里得到解脱,并且作出这样的断言,从而使心灵和灵性变得沉重,我也不会因此而变成一个更好的人,因为这些都是信息。我与这些信息产生的年代距离还不够近,无法作出这种肆无忌惮的裁定。此外,尽管我确实知道,虽然善在一些人的心目中只是一个辅助手段,我却依然皈依它,保证它,并以此来充实我的心灵,但是,这丝毫也不能使我更有资格享有这种善的赐予。为了能够分有这种神性的、共同起作用的力量,我别无他法,只有使用上帝赋予我的自然力量,以使我自己不致辜负上帝对我的这种补救,或者如人们常言,不致无能享受这种补救。

　　至于前面我所论及的新约训诫,我把它理解为人们通过历史信息才能确信的一切。但尽管如此,它们作为灵性的一个条件,仍然被规定为教派信仰或者戒律。尽管我们非常努力,却依然不能掌握一切善的东西,就此来说,我把道德上的信仰理解为对神助的无条件信赖。任何一个人,只要他有一天向道德上的信仰敞开自身,就会不需要历史上的辅助手段,自动地相信道德上的信仰的正确性和必然性。当然,不这样敞开自身,就不会自动地达到这一点。现在,我坦率地承认,关于历史上的东西,我们的新约作品从未能具有某种威望。我们可能还在非常信赖地把自己交付给这些作品的每一行文字,从而使自己减弱了对唯一必要的东西的注意,即减弱了对福音的道德上的信仰的注意。而道德上的信仰的优越性,正在于我们的一切努力都被集中到我们信念的纯洁性以及对一种端正的生活方式的责任心之上。然而,神圣的法则在任何时候都会浮现在我们面前,对神的意志的任何偏离,哪怕是极微小的偏离,都会使我们不断地受到一位铁面无私的法官的审判。这时,任何忏悔、呼唤神圣的名字、遵守祀神的戒律等等都毫无用处。但尽管如此,仍有令人慰藉的希望,那就是,如果我们信赖自己不知道的、深奥莫测的神助,尽我们之所能行善,那么,不用任何敬神的活动(无论以何种方式出现的崇拜),我们就能够分有对我们脆弱本性的这种补救。非常明显,使徒们把福音的这种辅助理论当成了它的基本理论,而且(也许从上帝那方面来看,这确实是我们灵性的基础)还把它们看作我们达到灵性所必需的信仰的基础。他们不是把神圣导师关于宗教的实际理论当作本质的东西加以盛赞,而是不顾这位导师明确的和经常的反对,盛赞对这位导师本人的尊崇,以及一种通过阿谀奉承、歌功颂德来祈求恩惠的方式。然而,这种方法对当时来说(他们是为这些时代写作,而不是为以后的时代写作的),要比对我们这个时代来说更加适宜。在我们这个时代,新的奇迹与古老的奇迹之间、基督教的训诫与犹太教的训诫之间,必然形成对立。我不得不就此住笔了。向您高贵的朋友普费尼格[9]先生致以衷心的问候。其他的东西,只好留到下封信再谈了(现在,这样的信可以很容易通过夹带寄出)。

您的正直的朋友　伊·康德

[1] 拉法特(Johann Kaspar Lavater, 1741—1801),作家,神学家,非理性主义者, 狂飙与突进运动的先驱人物。

[2] 霍尔斯泰因-贝克(Holstein-Beck, 1757—1816),伯爵,于 1772—1773 年的冬季学期曾听康德讲授自然地理学。

[3] 卢斯特(可能是 Francois Rousset),自 1782 年始任柏林的法国孤儿院院长。

[4] 冯·内格莱因(Von Negelein),人物不可考。

[5] 苏尔策(Johann Rudolf Sulzer),哥尼斯贝格步兵,原籍瑞士。拉法特在 1774 年 2 月 8 日致信康德请康德帮助为苏尔策赎身。

[6] 塔勒(Taler), 18 世纪前通用的德国货币单位。

[7] 杜卡特(Dukat), 14—18 世纪在欧洲通用的金币。

[8] 约伯(Hiob,又称 Job),《圣经·旧约》中的人物,虔诚信仰上帝耶和华,能够忍耐一切痛苦和不幸。

[9] 普费尼格(Johann Conrad Pfenninger, 1747—1792),苏黎世副主祭,拉法特的好友。

16 | 致克里斯蒂安·亨利希·沃尔克[1]

1776 年 3 月 28 日

尊贵的先生

极为尊敬的教授先生：

值此向您转达一个对我的委托，我怀着由衷愉快的心情，向阁下您，倾吐我对您那杰出的博爱学园[2]的极大关切。

罗伯特·莫瑟比先生[3]是在这里落户的一位英国商人，也是我尊贵的朋友。他期望能把自己的独子乔治·莫瑟比送到博爱学园，托付给您亲切关照。甚至在学园最远离世俗偏见的地方，他的基本原则与作为您的学园基础的基本原则也是完全一致的。在所有高尚的事情中，他都非常乐意赞同您今后的建议和安排。不苟同于世俗的东西，永远不会妨碍他这样做。今年 8 月 7 日，他的儿子才满 6 岁。尽管在年龄上，这孩子还没有达到阁下您所规定的标准，但我相信，由于天赋的能力和好动的性格，他是符合您这个规定的意图的。无论如何，正因为这种性格，他的父亲才期望看到，他能立即受到良好的引导，以使他那有所作为的本能冲动不致养成恶习，因为恶习只会使今后的教育更加困难。对这孩子的教

58

育迄今还只是否定性的[4]，我相信，对于他的年龄来说，这也是人们所能给予他的最好教育。根据他的年龄，人们让他的天性和健全理智无拘无束地发展，只是防止那些会把他的天性和健全理智以及情感引入歧途的因素。这孩子受的是无拘无束的教育，可是并不觉得有什么困难。他还从未经受过严厉的态度，由于他形成了这种温和的观念，所以一直还是很顺从的。他还没有被教育到举止得体的地步，人们已经开始注意到在他身上出现了无教养的现象，但尽管如此，也没有使他因受训斥而变得羞羞答答、笨手笨脚。为了使他树立起正派的襟怀坦白的性格，为了不使他沾染上以说谎来逃避责任的恶习，上述做法就显得更加重要。为此，宁可纵容他犯一些童稚的错误，也不能让他尝试逾越真诚的规则。此外，除了认识一些拉丁字母外，他还什么也没有学。当然，如果给他提示字母的话，他还可以写一些拉丁字（不过只能用铅笔）。因此，他还是一块尚未经过任何涂画的白板。现在，将这块白板交给一位名家，以便刻上健全理智、科学、正直等等永不磨灭的印迹。

在宗教问题上，博爱学园的精神与这孩子父亲的思想方式完全契合。他希望，孩子随着年龄和知性的增长逐渐地达到对上帝的自然认识。这种认识不能专注于祈祷活动。要使孩子通过学习认识到，这些活动仅仅具有方法的价值。在此之后，使这种对上帝的自然认识仅仅用于激发他的认真精神，使他主动地敬畏上帝、遵循自己的义务，即遵循上帝的律令。认为宗教无非是祈求神恩、阿谀奉承最高本质的一种方式，认为在这方面，人们只是由于对这种最高本质所喜爱的方式见解不同，才彼此具有差别，这是一种幻象。无论这种幻象是依据训诫，还是背离训诫，都将会使一切道德信念变得无所适从，陷入混乱。这是因为，除了端正的生活方式之外，这种幻象似乎还以其他东西为手段来骗取最高本质的恩惠。有时，它还收回了对最高本质的谨敬态度，甚至在紧急情况下，它也有现成的遁词。

　　由于这些理由，我们的这位学生迄今还不知道祈祷活动是怎么一回事。因此，在遵照您的高见，让他第一次参加祈祷活动时，就需要运用一些艺术，教给他一个易于理解的正确概念。不过，您是一位善于从纯洁的泉源中创造智慧的人，孩子托付给您照管，完全可以充满信赖地听凭您作主张。在接受完善的教育之后，这孩子要去英国。因此，如果博爱学园以后能创造机会，用简便的、谨慎可靠的方法使这孩子学会英语，那么，他的父亲将会感到极大的满足。

　　这孩子已经得过天花和麻疹，因此，对这种可能威胁他以及其他孩子的疾病，您大可不必担心。

　　至于每年250帝国塔勒的膳宿费，一旦您通知，他的父亲将很乐意如数支付。

　　关于衣物、被褥和必要的器具，他父亲请阁下您提出建议，请您告知，在您的学园里将怎样处理这类事情。

　　至于送这孩子去学园的时间，他父亲希望最好在今年夏天，以便使他在您将为学生们举办的一些娱乐活动中，逐渐地爱上他的新的居留地。如果阁下您不能提供这样一个机会，使他置身于良好的监护之下，那么，在7月底我们的年市之后，就打算把他交给一位可靠的外地商人。

　　所有这些考虑都不是不成熟的设想，而是不会再动摇的决定。因此我希望，不久就可以荣幸地收到您亲切的回信。在您百忙之中，我并不企求更多的东西，只希望您给我一个简短的回信。必要的话，也可以由他人代写。对您所献身的崇高事业，我怀有极大的兴趣。

阁下您正直的崇拜者、朋友和仆人
哲学教授伊曼努尔·康德
1776年3月28日
于哥尼斯贝格

又及：您的学园在此地已经开始引起人们的关注，随信寄去的报纸[5]可以为此提供一个小小的佐证。

[1] 沃尔克(Christian Heinrich Wolke, 1741—1823)，当时博爱学园的负责人。

[2] 博爱学园(Philanthropin)，由著名教育学家巴泽道夫(Johann Bernhard Basedow, 1723—1790)在德绍创办，旨在改革教育事业，主张自然而然的教育。

[3] 莫瑟比(Robert Motheby, 1736—1801)，英国商人，康德的好友。

[4] 这是卢梭的教育观点，为康德所欣赏。

[5] 大约指当日出版的《哥尼斯贝格学报》，康德曾在上面发表了第一篇关于博爱学园的匿名文章。

17 | 致马库斯·赫茨

1776 年 11 月 24 日

高贵的医师先生
尊贵的朋友：

从弗里德伦德尔先生[1]那里得知，您的医药学实习进展很顺利，对此，我感到非常高兴。这是一片广阔的田地，在这里，除了它能够带来的好处之外，知性由于保持着适度的劳动，而不是像在我们的大分析家，例如鲍姆嘉登、门德尔松、伽尔韦[2]等人那里所遭遇的那样，由于过度使用而受损，因而不断地通过新的见解获得营养。我远远地步这些大分析家的后尘，他们因使自己的脑神经陷入一团柔丝之中，从而对任何压力或者紧张活动都非常敏感。而在您这里，那些东西可能根本不是一种繁重的劳动，而只不过是为了休息而做的一种思想游戏而已。

我非常高兴能够看到，在您的作品《论鉴赏及其差异的原因》中，表现出了一种纯正的表述、讨人喜爱的文风和精致的说明。由于这本书不知被谁从我这里借走了，所以，我现在不能附上在通读这本书时所想起的一些特殊想法。书中有一段我还能记起，关于此处，我不得不责备您对我的偏爱。您把我与莱辛[3]并列起来,赋予我的颂词使我受之有愧,因为实际上,我并没有做出与这些颂词相称的成就。我好像看到有人在一旁嘲笑我,向我提出这样的要求,并得到了对我进行恶意攻击的机会。

实际上,我并没有放弃在自己的研究领域内作出一些成就的愿望。长期以来,我似乎没有采取过什么行动,因而受到了各方面的指责。其实,我的确从来没有比您离开我之后的这几年里更加系统、更加顽强地工作过。就像人们在获得了有益的原则之后通常所发生的那样,我现在手头堆满了材料,把它们整理出来,可望给我带来一阵短暂的掌声。但总的来说,这些都被一个主要的对象像一座水坝那样阻拦住了。我期望自己,能够就这个主要的对象作出不朽的成就。我相信自己,已经确实占有了这个对象。因此,目前需要做的不是把它想出来,而是把它写出来。只是在今年夏天,我才越过了最后的障碍,然后转入了目前集中精力从事的工作。在完成这件工作之后,我要开辟一片无主的旷野,对我来说,在这片旷野上耕作将只会是一种娱乐。我认为,要坚定不移地实行这样一个计划,需要有一种百折不挠的精神。我时常受到困难的冲击,总想去献身于一种更令人愉快的题材。但是,有时是由于我克服了一些障碍,有时是由于这项工作自身的重要性,我总是又被从这种不忠实的表现中拖回来。您知道,独立于一切经验原则作出判断的理性,即纯粹理性的领域必然会被忽视掉,因为这个领域先天地存在于我们自身之中,不可能从经验那里得到任何启发。现在,为了按照可靠的原则,勾画出这个领域的整个范围、部门的划分、界限和全部的内容,并且立下界标,使人们今后可以确切地知道,自己是否置身于理性或者理性思维的基地上,就需要有一种**纯粹理性**的批判、一个**纯粹理性**的学科、一种**纯粹理性**的经典和一种**纯粹理性**的建筑术,因此,也就需要一门正式的科学。为了建立这门科学,不需要以任何方式利用现存的科学。这门科学需要完全独特的技术表述,以作为自身的基础。看来,在复活节之前,我是不能完成这项工作了,只好把明年夏天的一部分时间也用来写作,这还要看我那时好时坏的健康状况能不能允许我工作。不过,请您对这个计划不要抱任何期望,有时候,期望是令人难受的,通常还是很有害的。

亲爱的朋友,如今,我请求您不要报复我在写信方面的拖沓作风。相反,请您使我能够经常荣幸地听到您那个地区的消息,尤其是文献方面的消息。代我向门德尔松先生致以衷心的问候。同时,方便的话,也代我问候恩格尔[4]先生、兰贝特先生以及博德[5]先生,博德先生曾通过雷卡尔德博士向我致意。此外,祝我们的友谊长青。

您忠实的仆人和朋友伊·康德

1776 年 11 月 24 日

于哥尼斯贝格

[1] 弗里德伦德尔(David Friedländer, 1750—1834),哥尼斯贝格商人,赫茨和门德尔松的朋友。
[2] 伽尔韦(Christian Garve, 1742—1798),通俗哲学家,莱比锡大学哲学教授。
[3] 莱辛(Gotthold Ephraim Lessing, 1729—1781),德国启蒙思想家,剧作家,文艺理论家。
[4] 恩格尔(Johann Jacob Engel, 1741—1802),通俗哲学家。
[5] 博德(Johann Elert Bode, 1747—1826),天文学家,柏林天文台台长。

18 致马库斯·赫茨

1777 年 8 月 20 日

高贵的医师先生
尊贵的朋友：

今天，您的朋友门德尔松先生离开了这里。我可以冒昧地说，他也是我值得尊敬的朋友。他性情温柔，精神活泼，头脑清晰。在哥尼斯贝格的亲密交际中，能有这样一个人，真是一种难得的精神食粮。这是我在哥尼斯贝格深感欠缺的东西，随着年龄的增长，我对这种欠缺尤其感到若有所失。因为如您所知，对于肉体的食粮，我是最后才予以考虑的。在这方面，我无忧无虑，完全满足于我分内的物质财富。不过，由于我没能够妥善安排，以致没有很好利用与这位奇人共度时光的唯一机会。部分地是由于担心这会妨碍他在此地的事务。前天，他到这里听讲两小时，对我来说，这是很荣幸的事。但是，就像人们常说的那样，a la fortuna du pot(招待不周)，因为这根本不是为一个如此尊贵的客人准备的。他肯定会认为我这次讲课混乱不堪。因为我不得不把被假期打断了的序言扼要重复一遍，这样就占去了大部分课时。这样，第一次课就无法清晰有序了。请您今后帮助我，继续

65

保持我与这位尊贵的先生之间的友谊。

尊贵的朋友，您所惠赐我的两件珍贵的礼物，在我的记忆中，无论是就禀赋来说，还是就心灵来说，在过去曾使我感到幸福的学生们中间，都使您显得出类拔萃。倘若您这样一位人物不是十分罕见的话，那么，对于在一个通常很少有利可图的职位上所作的种种努力来说，您本身就是一种十分优厚的酬报。

您的《致医生们的信》一书使我非常满意，同时也使我感到由衷的高兴，虽然我丝毫也不能分享它必然给您带来的荣誉。在这本书中，观察的精神和实践的精神，以您那种为我所熟知的、体现在较一般概念中的精巧手法，表现得如此出色，以致您如果以一个实验哲学家的研究欲，并同时以一个人类之友的认真态度，继续从事药剂学的研究，如果您把自己的工作不仅仅看作谋生之术，而且也看作精神的一种消遣，那么，不久之后，您必定会在医生中间获得一个可观的地位。我不想标出我特别满意的一些段落，让它们充塞这封信的有限篇幅，毋宁说，我更想从您的见解和丰富经验中，为我自己谋求一点好处。

在各种折磨着我的健康，时常打断我的思维活动的疾病中，似乎贲门气肿是一个常见的原因（在我所有的熟人们看来，我仍像 20 年前他们认识我时那样健康）。忍受这种病痛真是一个沉重的负担。不过，我相信您的医术能够为我提供帮助。尽管梗阻对我的折磨没有那么严重，但每天早上大便仍然非常吃力，而且通常很不彻底。因此，我推断，残留而积聚起来的 feces（粪便）是导致头昏和贲门气肿的原因。此外，如果我的身体不能通过一次彻底的排泄而实现自助，那么，大约在 3 个星期的时间内，我还必须服用一次轻泻剂。有时，它促成了一次彻底的排泄，使我如愿以偿，但大多数情况下，却造成了纯粹的水泻，反而留下了秽物，除了引起这类利水通便剂在任何情况下都会造成的内脏虚弱之外，还引起了梗阻接踵而至。我的医生也是我的好朋友,他不善于开出完全符合我要求的处方。但是,我在门罗[1]的《论水肿病》一书中,却看到了关于通便剂的区分,与我的看法完全契合。他把通便剂区分为泻水的和泻便结的两种,并正确地觉察到,前者会导致虚弱,其中,数药喇叭脂最强,番泻叶和大黄则较轻,但两者都属于泻水通便剂。按照他的说明,**酒石晶**和**罗望子**则属于泻便结通便剂,因而也就符合我的需要。据门德尔松先生说,他也服过这几种药,其中就有罗望子的果浆,效果颇佳。因此,请您在后边提到的这几味药中给我开一个处方,有时我可能会用得上。给我开的剂量可以小一点,因为我通常总是从小于医生处方的剂量中,得到对我来说有点过分的效果。不过,请您这样安排,使我可以根据自己的身体状况来决定服用多少。

为了向我证明您的友谊,您割爱惠赐我的第二件礼物是一套逗人喜爱的收藏品,据我看来,它的价值相当贵重。其实,友谊的起因越是出自一个善良思想境界的纯粹泉源,对我来说,这种友谊也就越有吸引力。我已让一些朋友欣赏过这套收藏品,它们很能促进对古代文化的良好兴趣和知识。我希望,您自己由此而失去的这种享乐,能够以其他方式得到补偿。

自从我们分别以来,以前我对哲学的各种对象逐一进行的研究获得了系统的形象。它使我逐渐地形成了对整体的观念。这使我首先有可能就各个部分的价值及其相互影响作出判断。不过,阻碍我完成这些工作的绊脚石,就是我称之为《纯粹理性批判》的东西。现在,我唯一进行的工作就是清除掉这个绊脚石,我希望,能在今冬全部完成。现在缠着我的事情,无非就是要努力完全清晰地表述其中所包含的一切内容。因为我发现,人们自以为表述得极为流利、极为清晰的东西,倘若违背了鉴赏家们的习惯思维方式,也照样会被他们误解的。

任何有关您的声誉、您的成就以及家庭幸福日益增长的消息,我都以极大的兴趣表示欢迎。在这方面,没有人能超过您这位在任何时候都真诚地尊重您的忠诚朋友。

您忠诚的仆人伊·康德

1777 年 8 月 20 日

于哥尼斯贝格

[1] 门罗(Donald Monro, 1729—1792),苏格兰医生。

19 | 致约阿希姆·亨利希·卡姆佩[1]

1777 年 10 月 31 日

尊敬的朋友：

获悉对自我保存的担忧迫使您作出决定，遗弃博爱学园，以挽救您和您的家庭免遭毁灭，对此，我感到非常惋惜。如果由于缺乏支持，为公众的福利而结合起来的人们被工作的沉重负担所压倒，而我们这个时代的公众却冷漠无情地看待这件事，那么，对于人的本性，或者毋宁说，对于人的本性的极度堕落，我们必将会产生什么样的想法？

现在的问题是：如果您能够像我所希望的那样，重新振作起您的全部力量和精神，那么，博爱学园是否就能够得到更好的时机和足够的支持，以致能够使您希望，再度参与一些惬意的、不大耗心劳神的工作呢？如果是这样，那么，为了您无私地为之献身的学园的重要性起见，所有正直的人都期望您，让自己尽可能地多休息一段时间，以便此后不久，以充沛的精力接受一个更加适合人的力量的工作。但是，如果就像我所担心的那样，这些条件完全没有希望实现，或者至少在短时间内没有希望实现，那么，在

69

这段时间内与匮乏进行斗争,以便在稍事休息之后,再度接受这同一个耗心劳神的工作,这种做法究竟可取吗?即使我由衷地祝愿博爱学园繁荣昌盛,我也觉得,与其让一个人为学园作出无谓的牺牲,倒还不如把这个人保存下来。

在读您的来信时,我萌发了这些考虑。基于此,我决定尽快地告诉您一个建议。我认为,这个建议是完全自然的。请您根据自己那善良且聪慧的考虑,随意定夺。

在哥尼斯贝格,施塔克[2]博士辞去了首席宫廷牧师和东西普鲁士总牧师的职务,前往米陶高级文科中学担任教授。此后很久,上述职务一直空缺着。施塔克先生辞职是出自某种私下的分歧,据他的所有朋友认为,这里甚至没有什么重要的原因,纯粹是他对牧师职务感到厌倦了。由于他的辞职,这个有利的职位似乎在外地引起了一些流言蜚语,以致除了勃兰登堡的某个中学副校长曾被建议担任此职外,至今还没有一个人有资格并且愿意接受这个职位(因为此地没有人适宜担任这个职务)。但这个中学副校长又被国王拒绝了。国王宣布,首席宫廷牧师克万特[3]担任过的职位,不能由一个中学副校长来担任。

如果能像我听到的可靠消息所说的那样,把这个职位与同样空缺的神学编内教授职位结合起来,其薪俸为1 200帝国塔勒。即使没有后者,薪俸也将超过800帝国塔勒。此外,在所谓的主教官邸中,还附有一所很漂亮的住宅。这是国内最重要的神职,工作不太多,担任这个神职的人,如果对改善国内的教育事业具有见地,并且愿意为此贡献力量的话,是能够在这方面发挥极大影响的。

如果博爱学园方面未能给您提供更有利的前景,那么,请您将自己对此事的想法告诉您在柏林的某位朋友。为了使这个职位顺利地授予您,他只要向大臣吹一下口风就行了。不知您意下如何?尽管您离开的那艘航船由此而失去了自己的船长,但它大概还有一位好舵手,可以一直引导它的航向,直到找到一位新的船长。关于我建议的那个职位的附加收入,我的估计只低不高。要把这个职位弄到手,不需要您这方面提出申请。至于公众那方面,我可以事先保证,得到一位如此著名而且可敬的导师,会给他们带来普遍的福祉。

极为尊敬的朋友,如果将来博爱学园有可能出现对维护您和学园都有利的时机,那么,献身于这个学园将更加值得赞颂。若不然,由于您在王官中的义务,您将有机会在这里摆脱掉骚动不安。而且即便如此,您也许还能够找到某种机会维持学园的发展。

在一段时间内,我将把其他工作[4]推到一边,以便为您的《论坛》写点什么,并且尽早寄出去。虽然我并不知道,在教育学方面,我的文笔究竟怎么样。我在任何时候都对您满怀始终不渝的敬意和友谊。

您忠实的仆人伊·康德

1777 年 10 月 31 日

于哥尼斯贝格

[1] 卡姆佩(Jochiam Heinrich Campe, 1746—1818),语言学家,教育学家 1776 年开始参与领导博爱学园,由于为博爱学园孤立无助且受到一些人的恶意攻击而深感痛心,担心自己不久将心力交瘁,并进而导致自己的家庭毁灭,于1777 年宣布退出博爱学园。

[2] 施塔克(Johann August Starck, 1741—1816),自 1776 年任该职,1777 年 3 月辞职。

[3] 克万特(Johann Jakob Quand, 1686—1772),曾担任过首席宫廷牧师、总牧师、神学教授,为弗里德利希大帝特别赏识。

[4] 这里所说的其他工作,大概指的是《纯粹理性批判》,但康德从未在《教育学论坛》上发表过文章。

20 | 致马库斯·赫茨

1778 年 4 月初

杰出的、尊贵的朋友：

您的那些信使我产生了一种感受，按照我自己的鉴赏力，这种感受使我深深地体验到生活的甘甜。在某种程度上说，它似乎是另一种生活的先兆。我的主要目的是：传播善良的、建立在基本原则上的意向，把这种意向巩固在善良的心灵中，并由此为发展禀赋指出唯一合目的的方向。我希望，就这个主要目的而言，我并没有虚度自己的学术生涯。我觉得，您那正直的、值得感激的心灵，令人慰藉地证明了，我这种希望并没有完全破灭。

然而，在这方面，倘若我眼看着自己开辟了一个场地，在此我能够以更大的规模来实现这个意图，却又发觉自己因菲薄的生命力而被排除在外，这时，欣喜的感受就又夹杂着某种忧郁。如您所知，在一个大舞台上捞好处、出风头，这些并不能打动我的心曲。一个和平的、恰好符合我的需求的环境，替换着进行工作、思辨和交际活动，同时毫不费力地使我那颗极易受到刺激、但通常又无忧无虑的心灵与时好时坏却又从不生病的身体保持活动，这就是我所希求和维护的一切。一切变更，即使它们能够使我的状

72

况得以改善，也会使我感到惊恐不安。我相信，如果我还想延长命运女神为我纺织的这根纤细柔韧的线，我就必须尊重自己身体的这种本能。我的保护人和朋友们善意地关注着我的幸福，对此我非常感谢。同时，我也衷心地请求大家，在目前的状况中，把这种意向用来帮助我排除一切干扰，在这些干扰面前保护我，尽管我一直是远离一切干扰的。

尊贵的朋友，您的处方使我非常高兴。但是，由于它含有非常不利于我的体质的，而且会不可避免地导致硬化梗阻的轻泻剂，所以，我只能在不得已的情况下使用。而且，如果每天早上能够实现照例的排泄，我确实觉得自己是健康的，因为我从未体验过一种好得多的健康。当然，我的这种健康有它自己的风格，它以一种虚弱的方式表现出来。因此，我决意继续把健康的防护托付给自然素质，只有当自然素质的支持失效时，才求助于人工药物。

传说我手头的作品已经印出了几个印张，这种消息的扩散真是太草率了。由于我不愿意强迫自己做什么（因为我还想在这世上多工作几年），所以，许多其他工作也交织在这中间。不过，那部作品还得让位，可望在今年夏天完成。把一部只有几个印张的作品向后推迟的原因，我希望，将来您会从事情和计划的本性中明白。特滕斯[1]那本关于人性的著作流传很广，其中，他说了许多机敏的话。不过毫无疑问，这本书是按照他自己所写的样子付印的，至少是那样定型的。我觉得，由于他在第二卷中就自由问题写了长长的一篇论文，所以，他总是希望，借助于一些他用朦胧的轮廓勾勒出来的观念，找到走出这个迷宫的道路。在他使自己和读者都感到疲惫不堪之后，事情就毫无进展了，还是他发现问题时那个样子。他建议读者们求教于自己的感觉。

我相信，假如今年夏天我的健康状况还可以，那么，我就能够告诉公众这部早已许诺过的作品了。

73

在我写这封信的时候,收到了国务大臣策德利茨[2]先生又一封仁慈的来信。随信还寄来了一张哈勒的教授职务申请表。由于上述无法克服的原因,我不得不再次谢绝他的好意。

莱比锡的布莱特科普夫[3]请我就人种这个题材写点详细的东西。现在,我必须对此回信作以答复。因此,这封信只好留待下次邮班发出了。

代我衷心地问候门德尔松先生,并向他转达我的祝愿,祝他身体日益健康,以便适宜他那天生快乐的心灵和各种娱乐。这些给他带来了心灵的柔顺和自始至终创造力丰富的精神。请您保持对我的好感和友谊。

您始终从命的忠实仆人伊·康德

又及:请您将内中所附的信寄出,必要时请代付所需的邮资。

[1] 特滕斯(Johann Nikolaus Tetens, 1736—1807),自 1776 年始任基尔哲学教授,这里指的是他的《关于人性及其发展的哲学论文集》(上下册)一书。
[2] 策德利茨(Karl Abraham Zedlitz, 1731—1793),男爵,普鲁士精神事务大臣,康德哲学的崇拜者。他于 1778 年 3 月 28 日写信希望康德能到哈勒主持哲学讲座。
[3] 布莱特科普夫(Johann Gottlieb Immanuel Breitkopf, 1719—1794),莱比锡书商、出版商。

21 | 致威廉·克利希顿[1]

1778 年 7 月 29 日

阁下,我毫不怀疑,一旦您确信一个为世界的福利而建立起来的机构是有益的,就可以期望您对维持和赞助这一机构给予极大的、同情的关注。由巴泽道夫开创的学园,现在由沃尔克全权领导。[2]在这个不知疲倦、为改革教育事业而降生的人物的领导下,学园焕然一新。由博爱学园出版的信息刊物[3],我已经荣幸地给您寄去。它可以使人无可置疑地了解到学园的变化。在一些通常很善良、有时却有点狂热的人物引退之后[4],所有的职务都改由精选的教育界人士担任。如今,已经更加明确化了的新思想,也被更紧密地与旧教育方式中可以利用的东西结合起来了。在当今这个时代,世人强烈地感觉到改善教育的必要性。但是,为此而进行的各种不同尝试都没有成功。萨利斯[5]男爵和巴尔特[6]的试验业已终止,现在只剩下德绍的学园了,其原因肯定仅仅在于,不屈不挠、异常能干的沃尔克在领导着这个学园。此外,沃尔克具有罕见的气质,无私地忠于他的计划。如果人们开始从外部为这个机构提供赞助和鼓励,那么,在沃尔克的监护下,随着时间的流逝,这个学园一定会成为世界上一切优秀学校的母体。

　　在附件中,阁下您将会看到,他们给我寄来近几期的《教育学论坛》,要我帮助他们散发。在这之后,他们还期望,我能重新鼓励公众,不仅要继续订阅他们的杂志,而且还要热爱和支持他们的学园。我也衷心地乐意并且准备这样做。但是我认为,如果阁下您愿意接手这件事,为了学园的繁荣而利用您的名望和文笔,影响就会大得多。如果您允许我将这个希望告知学园的话,我想,他们肯定会对此表示极大的谢意,并非常乐意接受这个建议。对他们来说,这个建议十分有利。此外,我很乐意能够在任何时候荣幸地恭候台驾,把至今为止的订阅者名单交给您,虽然这会给您带来麻烦(在这件事情上,麻烦还不算太多)。但是,如果阁下有其他更紧要的事情,不能接手这件事,我很乐意能为您效劳,帮助您排除这些障碍。

　　在这个学园里,过去未能完全赢得您赞同的东西,现在已经被重新加以安排,并且固定了下来。我毫不怀疑,阁下将会对这方面感到满意。在这种情况下,我确信,您具有参与这样一个极其有益的机构的热情。因此,我也毫不担心自己的要求会被您拒绝。此外,我对您满怀极大的敬意。

阁下您最顺从的仆人伊·康德

1778 年 7 月 29 日

于哥尼斯贝格

又及:内中所附的信,请尽快寄还给我,因为倘若我的请求得到允准,该信将发表在《哥尼斯贝格报》的副刊上,然后我再寄还给您。当然,这要首先取得您的首肯。

[1] 克利希顿(Wilhelm Crichton, 1732—1805),哥尼斯贝格宫廷牧师。

[2] 参见第 16 封信注[2]。

[3] 指《教育学论坛或博爱主义杂志》。

[4] 继卡姆佩(参见第 21 封信及其注[1])之后,西蒙(Johann Friedrich Simon, 1751—1829)和施韦克豪泽尔(Johannes Schweighäuser, 1753—1801)也相继离开德绍博爱学园。

[5] 萨利斯(Carl Ulysses Salis, 1728—1801)于 1775 年在马尔士林斯创办博爱学园,于 1777 年关闭。

[6] 巴尔特(Karl Friedrich Bahrdt, 1741—1792),理性主义神学家,于 1777 年在海德斯海姆创办博爱学园,1778 年离开该学园,该学园亦于 1779 年关闭。

22 | 致克里斯蒂安·亨利希·沃尔克

1778 年 8 月 4 日

至堪敬慕的朋友：

如果我在这里堆砌起只有最大的谄媚才能想起的颂词，那么，它们确实也只不过是表达了我心灵中正直、真诚的信念。您是那项事业的最后支柱，单是那项事业的思想，就足以令人心潮澎湃了。现在，它的参加者们把一切希望都寄托在您的身上了。不顾如此众多的障碍，去实现一个如此伟大的计划，任何一个人，只要他懂得，人按其全部规定性是什么，就会理所当然地赞赏和感谢您这种始终不渝的精神。虽然，您仅仅是由一个更高尚的荣誉观念所推动，把生活的一切安逸都奉献给公众的利益，但是，除了您为之献身的事业，以及就像我和其他一些人现在所期望的那样，使这项事业准确无误地达到它的目的（假如苍天使您保持健康）之外，再也找不到其他更确实可靠的办法，来使您的大名流芳千古了。

我现在刚刚收到寄来的包裹，里面装有第一年度最后几期《教育学论坛》，我将准确无误地把它们分发出去。但是，我必须同时告诉您,在我们这个地区,推进博爱学园事务的方式将要发生一种变化,我希望,这种变化同时也是改善。学术方面的预告,只有通过康特尔的报纸才能在公众中流传,但该报却易人频繁,现在,它的首脑是改良派宫廷牧师、神学博士克利希顿先生。这位博学的人物对博爱学园的看法至今还不是特别有利。一方面由于他交游广泛,另一方面由于他控制下的报纸,他的判断能够给我完全忠诚于您的信念布下巨大的路障。因此,我没有同他进行徒劳无益的争辩,而是使用奉承的手段,把这位人物拉到了您这一边。也就是说,我使他成为负责您在此地事务的首脑。关于学园在您沃尔克先生领导下的改革,我向他作了一番介绍,从而给他留下了台阶。这样,他就用不着收回自己过去的意见,只需要转向一个与过去完全相反的意见。我说服他的尝试也就这样成功了。我相信,这种手段在平时也很有用。因为人们不管怎样拒绝表示赞许,但只要具备第二种声音,在他们能够作主的时候,通常都是会改变自己的语言的。

因此,我把迄今为止订阅杂志人的名单,以及您请我今后通过公告、募集和其他活动方式推进您的事务的委托,都转交给了宫廷牧师克利希顿博士先生,他很高兴地接受了这些事务。现在,我必须立即请您尽可能快地给这位克利希顿先生写封信,表示您对他的信任。但是,首先或者就学园自您担任领导之后无论是在计划方面还是在实施方面所进行的新改革,在书面上给他一个简明的概念,还是答应他将在下一期的《论坛》上作出这方面的介绍。因为他似乎是由于需要借口来向此地的公众舆论解释他的新观点,因而感到有点为难。他需要从事情本身出发,不用收回过去的意见,就能找到自己这种变化的某些根据。

我们两人在对这个学园进行评价的原则方面有很大的差距,他把学习科学看作唯一必要的东西,而我则把根据禀赋、根据性格对人进行教育看作唯一必要的东西。尽管如此,对您作出的安排,我们两人都还是满意的。不要忘记,把下一年度的杂志每期都送他一本。不过请您注意,如果您今后再寄来这些期刊的包裹,请不要像不久前犹太人哈尔托克·雅克布斯[1]所作的那样还要收费。当时,按照我们的货币付给他5个弗罗林的费用,其中包括24个格罗什的普鲁士国内货物税,这些都被毫无道理地分摊在有关人员身上。

我好像是以这种方式在逃避照料您在此地的事务。不过,对此绝不能作这样的理解。因为根据我们报纸目前的安排,除了上述方式之外,我无法以其他方式为您效劳。因此我决定,如果您在此地事务的新承担者遇到过多麻烦的事情,我仍然会助他一臂之力的。我也同样乐意今后继续接受您在其他方面的委托,并在所有您感兴趣的事情中为您效劳。莫瑟比夫妇向您和他们的儿子致以衷心的问候。我谨向您致以极大的敬意。

您和整个学园的从命的仆人伊·康德

1778 年 8 月 4 日

于哥尼斯贝格

[1] 雅克布斯(Hartog Jacobs),人名,不可考。

23 | 致马库斯·赫茨

1778 年 8 月 28 日

极为尊敬的朋友：

顺从您的要求，特别是考虑到一个与我自己的兴趣密切相关的意图，只会使我感到非常愉快。但是，若要像您所要求的那样迅速地办到，则是不可能的。所有这些东西都取决于我的学生的勤奋和技巧，这在任何时候都是棘手难办的事情。这不仅是因为，能在某个时候拥有一批聚精会神、有才能的学生，实在是一种幸运；而且还因为，即使不久以前拥有过这样的学生，如今也已各奔东西，重新找到他们谈何容易。而且，能够说服一个人交出他自己的笔记，也是很罕见的事情。不过，我将努力争取尽快把笔记搞到手。关于逻辑学，也许可以在某个地方找到一些详细的笔记。但是，我对近几年来讲授的形而上学课程却很担心。要想扼要地从笔记中找出我的思想，即使对一个具有洞察力的头脑来说，也不是件容易的事。尽管在我看来，这些思想在课堂上是能够理解的，但是，由于它们是由一个初学者来把握的，而且与我从前的东西和通常采用的概念都相去甚远，所以，要系统地、用概念的方式表述这些思想，需要有像您这样聪慧的头脑。

现在,我仍在孜孜不倦地研究这一部分世俗智慧,相信不久即可大功告成。如果我把这本书写出来,那么,由于计划的明晰性,任何一本这样的笔记都会变得完全可以理解。在此期间,我将尽力找到一本对您的意图有所助益的笔记。几个星期以来,克劳斯[1]先生一直在埃尔宾,不久就将归来,我将同他商谈这件事。您还是只管开设逻辑学课程吧。在逻辑学的进程中,其他学科的材料也就可以搜集齐备了。由于这将是冬季的事情,也许,在夏季结束前您就能够完成这项知识储备工作,从而使自己有时间作一些准备。约尔[2]先生说,他认为我已经恢复健康了。多少年来,我已经习惯于把大多数人都抱怨不休的有限的感觉良好视为健康,并且尽可能地鼓励自己、爱护自己、使自己康复。如今,与约尔先生一样,我也认为自己的确恢复健康了。假使没有这些障碍,我的微不足道的计划早就应该完成了。在实施这项计划的过程中,我觉得自己一般来说还不算不顺利。我对您满怀始终不渝的友谊和爱慕。

您的忠顺的伊·康德

1778 年 8 月 28 日

于哥尼斯贝格

又及:我半年前寄给您的信您收到了吗?内中还附有给在莱比锡的布莱特科普夫的信。

---

[1] 克劳斯(Christian Jacob Kraus, 1753—1807),康德最富有天资的学生和朋友,哥尼斯贝格大学实践哲学和国家学教授。

[2] 约尔(Aron Isaac Joel,生于 1749 年),康德学生,后为哥尼斯贝格犹太医院医生。

24 | 致马库斯·赫茨

1778 年 10 月 20 日

极为尊敬的、极为尊贵的朋友：

　　能为我正直的、以自己的禀赋孜孜不倦地工作的朋友效劳，对我来说，在任何时候都是令人愉快的、重要的事情，更何况在这件事情上，我的朋友由此而获得的赞誉还会反过来给我增光。不过，要完成委托给我的这件事情，委实困难不少。在我的学生中，最有能力很好地理解一切东西的学生，恰恰极少详细地按照口授记笔记，他们通常仅仅记下要点，并在课后加以思索。详尽无遗地记笔记的学生，一般很少具有把重要的东西与不重要的东西区分开来的判断力。他们把一大堆误解了的胡话堆砌在他们有可能正确理解的东西之中。此外，我和听众们几乎没有什么私人交谊，因而很难找到有可能提供一些有用东西的人。现在，在我讲完了人类学课程之后，我把经验心理学课程缩短了。我的课程每年都有一些改进或者扩展，尤其是在系统的形式方面，确切地说，是在课程结构方面和一门课程内容的安排方面。仅仅由于这一点，学生们要彼此帮忙，互相转抄笔记，也就不是件容易的事。

　　不过，对于满足您的要求，我还没有完全感到失望，特别是如果克劳斯先生对此能够为我提供帮助的话。他将于 11 月底到柏林，他是我很喜爱的一个能干的学生。在这之前，请您耐心等候。

我还要请您帮忙，请您让人通过比斯特尔[1]秘书先生转告冯·策德利茨大臣，他所要的笔记将通过前面所说的克劳斯先生送达。

我给布莱特科普夫的信大概已经送到了吧。但是，他毫无反应，好像我给他的是否定性答复似的，若不然，这总该有它的原因吧。

仓促住笔，永远是您的

忠诚的朋友和仆人伊·康德

1778 年 10 月 20 日

于哥尼斯贝格

[1] 比斯特尔(Johann Erich Biester, 1749—1816)，大臣策德利茨的秘书，后任柏林皇家图书馆馆长。

25 | 致马库斯·赫茨

1778 年 12 月 15 日

尊贵的朋友：

尽管我没有马上满足您的委托，但这绝不是我把它忘掉了。因为要弄到一份哲学全书讲座的笔记，又不花费时间去通读它，或者对它加以某种改变，对我来说几乎是不可能的事情。尽管如此，我现在仍把它寄给您，因为您也许可以从中发现或者猜测出某种东西，可以帮助您系统地理解纯粹的知性认识，只要这种认识确实起源于我们的一个原则。我把这些笔记交给了克劳斯先生，他答应我，在旅行期间弄到一两份形而上学的笔记，并且直接交给您。自从开始在我的课堂上听讲之后，他又对其他科学发生了兴趣，所以，他根本不会去研究您的讲座。我认为，这也是很可取的，因为这样的人在这种主题上，只会开辟一个争吵的场所。

我诚恳地把这样一位有头脑、前程无量的年轻人推荐给您，希望他能获得您的友谊。我之所以不能顺利地弄到较为详细的笔记，原因就在于自 1770 年以来，我是在公开讲座上讲授逻辑学和形而上学的。在这种讲座上，我只认识很少几位听众，而且他们也很快就各奔东西，无法找到。不过，我依然希望，首先为您搞

85

到我的形而上学导言和本体论的新讲课笔记。在这些笔记中,远
比过去更好地讨论了认知或者理性思维的本性,而且顺便提到了
我目前正在研究的东西。不久,我将把这些东西公之于世。

也许当您收到这封信的时候,克劳斯先生已抵达您处,或者
他会在这一次或下一次邮班之间抵达。我已通过邮班给冯·策
德利茨大臣和他的秘书写了信。假若克劳斯先生比我的信到得
更早,则请您告诉大臣的秘书即比斯特尔先生,请他将克劳斯先
生带去的笔记(自然地理学)转交给策德利茨大臣。

匆此,希望能尽早与您更好地谈一谈。

您正直忠顺的朋友和仆人伊·康德

1778 年 12 月 15 日

于哥尼斯贝格

26 | 致马库斯·赫茨

1779 年 1 月

尊贵的先生
可敬的朋友：

　　冯·诺尔滕[1]先生是一位令人喜欢的年轻骑士，通过他，我已经收到了您友好地惠赠予我的门德尔松先生的纪念章，对此，我表示衷心的感谢。

　　在比斯特尔秘书先生的信中，海因茨[2]博士曾向我保证，您的讲座赢得了普遍的、非常的赞誉。现在，克劳斯先生又对我说了同样的话。他还谈到您在柏林的公开讲座所获得的普遍的威望。我对此感到非常高兴，但在这里就没有必要再向您多说了，因为这是不言而喻的事情。不过，我所感到意外的，并不在于您的技巧和见识，对此我本来就有理由给予充分的信赖，而在于您的通俗性，在这样一种学术活动中，这种通俗性会使我感到忧虑不安。一段时间以来，在一些闲暇之时，我总在考虑各门一般科学中的、尤其是哲学中的通俗性的基本原理。在那些能够使用通俗性的科学中，这是不难理解的，因为数学并不是这样的科学。我相信，从这个角度出发，不仅可以规定另一种选择，而且可以规定另一种秩序,这种秩序与哲学所要求的、一直作为哲学基础的有条理方法完全不同。在这里,成果已经显现出来,那就是您的成功,尽管还只是第一次尝试。

我非常乐意能用比克劳斯先生交给您的笔记更好的东西来为您效劳。假如我在去年冬天能够预见到诸如此类的事情,那么,我就会在听众中作出一些安排。而现在,在这些蹩脚的笔记中,您所能找到的能够激发您天才的东西将会少得可怜。如果这些笔记对您不再有什么用处,可以让目前正在柏林逗留的托萨因特[3]先生把它们取走,以便在复活节前不久把它们带回来。

我毫不怀疑,您的影响将会对克劳斯先生发挥一定的作用。因此,我恳切地请求您,施展自己的影响。我想您是会这样做的。这是友谊的结晶,您这种友谊一直使我感到荣幸,对此我从未产生过丝毫的怀疑。克劳斯先生是一个谦虚的、前程无量的、值得结交的年轻人。倘若您能在方便的时候出面把他推荐给大臣的话,则他既不会辜负您的推荐,也不会对您的推荐无动于衷的。除了忧郁症常常无缘无故地折磨着这类年轻的思想家之外,没有任何东西能够阻挡他的前进。毫无疑问,您的医术具有治疗这种忧郁症的方法。此外,如果您认为他值得结交,那么,您的友谊将对这种忧郁症更为有效。关于您日益增加的幸福,我非常愉快地倾听着任何直接的或者间接的消息。向您致以永恒的友谊。

您的忠顺的仆人伊·康德

[1] 诺尔滕(Nolten),《康德全集》编者认为是诺尔德(Karl von Nolde, 1759—1815)之误。
[2] 海因茨(Karl Reinhold Heintz, 1745—1807),哥尼斯贝格大学法学教授。
[3] 托萨因特(Jean Claude Toussaint),哥尼斯贝格商务顾问。

27 | 致约翰·雅可布·恩格尔

1779 年 7 月 4 日

尊贵的、至堪敬慕的教授先生：

在这良好的鉴赏力日益加剧堕落的时刻，只有为数不多的人还在试图通过在语言的纯洁性、质朴纯真、兴致等方面树立真正的典范，从而维护德国的荣誉。能够同一个在这为数不多的人中如此出类拔萃的人物一起，进入一些文献活动的团体，使我感到非常高兴。我这样说，决不是奉承话。

关于我迄今为止默默无声地写出来的几个作品，您发表了很好的意见，这使我感到荣幸。抛开文风的可读性不谈，这些作品还包含了某些东西，它们似乎并非不适宜于被上流社会接受，例如可以在您的《世界哲学家》上采用。但尽管如此，在我看来，还是应该优先考虑为《论人的不同种族》写一个续篇。这一方面是出自我自己的意图，另一方面是为了满足求知欲强的读者，他们对上篇文章未能感到十分满意。您不用担心这个续篇会无聊地重复我和别人已经说过的东西，也不用担心它会是一种空洞的假设，或者担心一种经院式的枯燥无味。它的材料很丰富，而且本

89

来就很通俗。现在,我已经能够十分清楚地规定考察人类的各个种系由以出发的角度,不久之后,必然能够在这个领域内发现某种东西,因此,这篇论文也就具有一些重要性。此外,人类不同种族道德特征的有关原则将有助于满足一些人的兴趣,尽管他们并不特别注意自然的东西。

在《人类的地理史》一书中,齐默尔曼[1]对我上一篇文章作了评价。他这本书促使我对这个问题作了进一步的思考,所以,一段时间以来,为写一个续篇所需的材料已经备齐。尽管如此,为了对文章进行润色,我仍然不得不请求宽限,例如推迟到圣诞节。因为我不能打断另一项工作,长时间以来,这项工作使我无法把在这期间聚集起来的其他反思成果写出来。我相信,在圣诞节前,我就可以把这项工作完成。此外,对我来说,把您和我的其他朋友过于友好地期待着的东西表达出来,也是一件轻松愉快的事情。长期以来,我对一些对象艰苦思索,因此,在其他时间里,已为此作了足够的材料筹备工作。尊敬的朋友,如果您对我谈的题材以及请求的宽限没有异议,那么,我将把您的沉默理解为允准,因而也就不必劳您大驾,再让您回信告诉我作准备了。荣幸地向您致以最崇高的敬意。

阁下您最从命的忠实仆人伊·康德

1779 年 7 月 4 日

于哥尼斯贝格

[1] 齐默尔曼(Eberhard August von Zimmermann, 1743—1815),布伦瑞克工业大学数学教授。

28 | 致马库斯·赫茨

1781 年 5 月 1 日

高贵的、珍贵的朋友：

这次复活节博览会将出版我的一本书，书名为《纯粹理性批判》。它是由哈特克诺赫[1]的贝·格鲁内特出版社在哈勒印刷的，销售事宜由柏林的书商施柏纳先生负责。我们曾在《可感世界和理知世界》这个名称下共同讨论了一些概念，这本书就包含了所有从这些概念出发的各种各样研究的关键。我打算把自己的全部研究交给一位有见识的人物评价，他不仅会认为我的思想具有价值，而且能够机敏地深入这些研究之中。我觉得，这样做是一件重要的事情。

出自这种意图，请您将附信转交给卡尔·施柏纳先生本人，并同他协商下列事情。假如我的要求并不过分，那么，请您在商谈后，于下一次邮班写信通知我有关消息。

1. 告诉我，印刷进展到什么程度了，在博览会期间，这本书究竟能不能在莱比锡展出。

2. 我为柏林方面一共预订了四本书，其中一本是题献给策德利茨大臣的，另外三本是送给您、门德尔松先生和医师赛勒[2]先生的。送给赛勒先生的书,请您交给管弦乐队指挥莱夏德[3]先生,不久前,他曾寄给我一本赛勒先生的《哲学谈话》。因此,请您要求施柏纳先生立即给哈勒写信,一旦上述四本书印刷完毕,就请他费心寄往柏林交给您,费用由我承担,但请您预付邮资,并让人把题献本捆扎成一个灵巧的小包,以我的名义交给大臣策德利茨先生。不言而喻,施柏纳先生会尽力使这个题献本尽早到达柏林。在这之前,大臣不会见到这本书。为此所需的费用,请您先为我垫付,并通知我照数偿还。至于书本身,已经不需要再支付费用了,因为我事先已向哈特克诺赫先生说明,要求个人支配十到二十本。

尊贵的朋友,一旦承蒙你的友好相助,使我了解到这些事情的情况,我还将要就这个对象给您和门德尔松先生写信,谈论更多的东西。就此住笔,向您致以极崇高的敬意和友谊。

阁下您最从命的仆人伊·康德

1781 年 5 月 1 日

于哥尼斯贝格

[1] 哈特克诺赫(Johann Friedrich Hartknoch, 1740—1789),出版商、书商,曾在哥尼斯贝格大学学习神学。

[2] 赛勒(Christian Gottlieb Selle, 1748—1800),柏林医生,柏林科学院成员。

[3] 莱夏德(Johann Friedrich Reichard, 1751—1814),作曲家,作家。

29 | 致马库斯·赫茨[手稿]

1781 年 5 月 11 日后[1]

高贵的先生

尊贵的朋友：

承蒙费心分发了我的四本书，对此，我表示衷心的感谢。但更要感谢的是，您不顾自己也在从事著述活动（我听说，您正在撰写一部医学百科全书[2]），却优先考虑对我这本书进行真正的研究。尽管我自信，这种努力以后将会越来越普遍，但在一开始，我还只能期望在为数不多的几位读者那里发现。因为我们不能指望，人们的思维方式一下子就被引导到至今为止完全不习惯的轨道上来，因为需要时间来事先在其旧有的进程中，逐渐地消除旧的思维方式，并通过潜移默化的影响，使它转入相反的方向。在所有我荣幸地引以为听众的人中，我期望有一位能够最敏捷、最精确地理解和洞察我的思想与观念，能够在短时间内理解我的体系。只有这种理解，才能使人对这个体系的价值作出决定性的评判。但是，谁能够清楚地认识到形而上学不仅现在、而且历来所处的境遇，在粗略的通读之后，他就会认为值得花费力气，至少值得以您这种处理方式，把一切搁置不顾，直到这方面的问题完全澄清为止。这样,无论我的作品命运如何,都会在人类知识中与我们关系最为密切的这个部分造成思维方式的完全转变。就我这方面来说,我从未试图制造幻象,提出虚假的论据,以便修补我的体系,而是宁愿任时光流逝,以便达到一个能使我感到满意的完善认识。我已经达到了这种认识,现在,虽然我有时也很想对我这部作品作一些小小补充和说明,但在主要问题上,我却没有发现什么要改动的地方。在我任何一部其他作品中,这种情况还从来没有出现过。这种方式的研究总是困难的,因为它包含了**形而上学的形而上学**,尽管如此,我还是曾经计划把它写得通俗一些。但是,由于必须对地基进行清理,尤其是由于必须根据所有的接合点,对这种知识的整体进行考察,因此,在通俗性这一点上,一开始就做得很差劲。若不然,我就会仅仅从我在纯粹理性的**二律背反**这个题目下讲述的东西开始,这样做,就会讲述得很成功,就能激发读者的兴趣,去研究这种争论的根源。然而,**学派**必须首先获得自己的权利,然后,人们才能够发现,自己是为了讨好世人而生活的。

门德尔松先生把我的书扔到了一边,这使我很不愉快。但我希望,不要总是发生这种事情。在所有能够就这个问题解释世界的人中,他是最重要的人物。对于门德尔松先生、特滕斯先生以及我尊贵的朋友您,我寄予最大的期望。除了亲切的问候之外,还请您转告门德尔松先生我在自己身上所作的一个饮食起居方面的观察。由于我们两人的研究工作以及部分地由此导致的虚弱体质都很相似,所以,我相信这种观察将会有助于为学术界重新输送一位优秀人物。只要这位人物认为自己的健康状况与这样的学术活动无法共处,他是有理由一直退出学术界的。4 年来,我发现在下午,尤其是在晚上从事研究工作,哪怕是仅仅连续不断地读一些浅显易懂的书籍,也与我的健康状况无法统一。在这之后,尽管我每天晚上照样待在家里,但是,排遣时间的方式却

只是读一些浅显易懂的东西,而且时常被中间休息打断。此外,
我也按照一些材料的自然表现方式,对它们进行时断时续的思
考,不过,我从来不使自己感到紧张。在经过一个宁静的夜晚之
后,我便在早上进行思考和写作,甚至一直到觉得疲倦为止。这
样,我的健康状况明显好转。在白天其他时间所作的消遣活动,
将会弥补对生命力的一切侵害。对我给予这位优秀人物的建议,
我自己还是很感兴趣的,但这位优秀人物却肯定没有必要采纳这
个建议,因为他的天才……

[1] 该信系根据一份手稿发表,康德是否曾将此信寄出,尚有待考证。此信日期
　　 系根据内容确定。
[2] 指赫茨的《全部医学大纲》(1782)。

30 | 致约翰·埃利希·比斯特尔

1781年6月8日

高贵的博士先生

尊敬的朋友：

　　我为讨人喜欢的埃特纳[1]提供了一些小小的赞助，阁下把这看作帮了您的忙，这证实了您那崇高的思想境界，同时也使我时刻准备为您效劳，如果您以后肯赏光有所吩咐的话。也许正是这种使我感到愉快的信念，导致了《全德丛书》上那篇涉及我与善良的兰贝特在物理天文学问题上的争论的通告。这篇通告是您告诉我的，我现在手头还没有。不过，由于戈尔德伯克[2]先生的说明将对一些评论家产生影响，所以，我对此颇有点担心。戈尔德伯克先生在此地的朋友通过讨论的方式，从我这里得知了这篇通告，并且很可能并没有准确地理解它，又把它告知了戈尔德伯克先生。戈尔德伯克先生又通过他这位朋友，再次向我打听此事，我告诉这位中间人的话，与我在这封信后面所附的话大致相同。这样，这位戈尔德伯克先生又可以在他的《普鲁士文献信息》的新版本中，或者在它的下一部续集中，利用这些话了。倘若阁下愿意惠顾我,能够随意撰写一篇序言,把这里所附的更正刊登在下一期《全德丛书》上,那么,将能够更早地防止出现任何误解。[3]

我现在最感兴趣的事情,就是马上知道我的《纯粹理性批判》的题献本,是否已由赫茨博士转交给您的大臣策德利茨先生。自5月8日以来,我再也没有收到过赫茨博士的任何一封信。我担心,我的出版商(此人在写信方面是特别悭吝的)的代理人或者根本没有把这个题献本转交给赫茨博士,或者是很晚才交给他。尽管这部作品是我多年来深思熟虑的结果,但却是在很短的时间内,用现在的这种形式写成的。因此,有时会遗留下一些疏忽或者仓促的文笔,有时会遗留下一些晦涩难懂的东西。姑且不说其中的印刷错误,对此,我已经无法加以纠正了。因为离博览会的时间太近,我无法搞出一张勘误表来。尽管如此,我还是相信,这本书将把在这个专业中进行的一切努力引导到新道路上来,其中所阐述的学说,有可能获得一种恒定性。现在,人们已经习惯于剥夺一切形而上学尝试的这种恒定性了。我不能为了精雕细琢行文使它易于理解,而长时间地延误这部作品的出版,因为就事情本身来说,我已经没有什么要说的了。最好等到学术界的评判指出了需要加以说明的地方时,我再对这些地方加以说明。今后,我少不了要做这样的事。我还希望由不同的人,当然包括我自己,来共同做这件事。此外,我已经58岁了,由于令人担忧的疾病,与日俱增的年龄也劝告我,今天就做那些也许明天不能再做的事情。因此,我必须毫不犹豫地完成这部作品。我并不认为自己想要收回某些已经写出的东西,但有时需要作出一些说明,这样做,是有益于这件头等大事的。

在所有的错误——我不知道是印刷错误,还是我的缮写人的错误——中,最使我气恼的是,居然在题献词中也出现了错误,即在第六行中,正确的应该是"由于更亲密得多的**关系**"。不过,也许大多数读者都忽略了这个错误，而且我冒昧地认为，您的大臣也谅解了我这个错误。

如蒙您惠顾，则请您借助于下次邮班，写信（不要付邮资）告诉我，我委托赫茨先生办的那件事情现在怎么样了。如果还像我猜测的那样，我所期待的事情迄今尚未办成，则请您代我向您的大臣致以衷心的歉意。向您致以崇高的敬意。

阁下您最从命的忠实仆人伊·康德

1781 年 6 月 8 日

于哥尼斯贝格

附件：

戈尔德伯克先生的《德意志文献信息》第 248—249 页的通告，表明了作者对他过去的老师所持的看法，这种看法是善意的，但也许有点过于偏执。我的《一般自然史与天体理论》绝不能被看作兰贝特精神的产物。兰贝特先生在天文学中的深刻洞见显得是如此不同，在这里，不可能出现任何误解。无论如何，这种误解涉及我那不充分的粗略描述问世的优先权问题，它早于兰贝特那卓越的、并非从任何人那里抄袭来的宇宙起源论体系的概要。后者的轮廓与我的描述无疑是可以重合的，这里的原因只能是都与行星系相似这种共同性，而不可能是其他任何一种共同性。1765 年，这位杰出的人物偶然觉察到我们的推测具有一致性，当时，他曾赏光给我写了一封信，信中曾对此作出过说明。[4] 此外，博德先生在他那非常有益于公众的《星空认识指南》中——在此，他并非有意要注明其中所讲述的命题的历史差异——以我们的假说共同具有的思想，继续发挥了我关于椭圆形的星云与银河系相似的观点。不过，兰贝特先生并没有注意到这种相似性，他把我们的银河在呈现出中断的地方，划分为各个银河的许多阶段。

但是,我之所以敢于推测说,银河只不过是类似的世界体系中一个更大的星系的组成部分,一个重要的依据就是星云和银河都呈椭圆形状。不过,对假说的归属加以更正,毕竟意义甚微,因为假说也许永远只是假说。

[1] 埃特纳(Gotthilf Ettner),1779 年在哥尼斯贝格大学注册入学,是比斯特尔介绍给康德的。

[2] 戈尔德伯克(Johann Friedrich Goldbeck, 1748—1812),沙肯教区的总牧师和总监。

[3] 戈尔德伯克在他的《普鲁士文献信息》中写道,康德的《一般自然史与天体理论》"是他的早期著作之一,并且很晚才为世人所知。很可能,这就是下述情况的原因:在这部著作中阐述的一些命题,后来又被其他一些学者,尤其是兰贝特先生在他 1761 年出版的《关于宇宙安排的宇宙起源论通信》中,作出了同样的阐述,因此,这些命题也就被归属于后者,以致它们的首创者的发明荣誉却被人忽略了。……毫无疑问,兰贝特先生在他出版自己的《宇宙起源论通信》时,肯定不知道康德的《一般自然史和天体理论》,因为像兰贝特先生这样的学者,是不会不说明这一点的。兰贝特先生自己也是发明人,但是,康德先生享有在他之前作出发明的荣誉。《一般自然史和天体理论》中的另外一些定理,例如康德先生所独有的星云假说,从未由兰贝特先生提出过,但也被博德先生归属于兰贝特先生,因此,人们几乎要猜测,康德的这部《一般自然史和天体理论》意外地、至少在开始时,被一些人看作兰贝特精神的产物"。而比斯特尔在《全德丛书》上发表的通告则说:"作者(指戈尔德伯克)在第 248—249 页就康德与兰贝特在宇宙起源论命题上相遇所说的话,以及他就博德把一个属于前者独有的假说归属于后者所说的话,并不完全正确。我们知道,是康德自己对这个问题进行了思考,他太谦虚了,不愿宣称自己拥有兰贝特的荣誉。"不过,康德请求比斯特尔发表此信的附件,却未能如愿以偿。

[4] 在 1765 年 11 月 13 日致康德的信中,兰贝特说明,他过去并不知道康德关于宇宙的思想。他在《宇宙起源论通信》中所表述的思想,是他在 1749 年有一次在晚饭后观察星空时得出来的,他当时立刻把这个想法记在一张纸片上了。

31 | 致约翰·贝尔诺利[1]

1781 年 11 月 16 日

高贵的、极为尊敬的先生：

阁下本月 1 日的来信，我于 10 日才收到。要满足您在信中提出的要求，透露某些有关兰贝特书信往来的事情，不仅需要在文献活动中对一位著名人物应有的义务，而且需要我本人的兴趣，这种兴趣是与介绍这位人物密切相关的。但是，要按照您的期望，令您满意地回答您提出的问题，却完全不是我的能力所及的事情了。关于第一封来信，我还能准确地指出它的日期，即 1765 年 11 月 13 日。至于 1770 年最后一封来信，尽管我毫无疑问地知道把这封信保存下来了，但却无论如何也找不到它。不过，由于我在 1770 年 12 月 8 日收到过苏尔策先生的回信，这封信是对我在同一时间、出自同一原因（即寄我的就职论文）写给他的信的答复，所以，我估计很可能也是在这个时间收到了兰贝特先生的回信。[2]对我当时提出的时间和空间概念，这位杰出的人物表示了异议。对此，我在《纯粹理性批判》的第 36—38 页给予了回答。

阁下完全有理由期望，我也把自己给一位如此重要的朋友来

100

信所作的答复保存下来了。不过遗憾的是,这些答复并没有包含什么值得复制的东西。这是因为在我看来,这位无可比拟的人物建议我与他更亲密地合作,以便改革形而上学,这是十分重要的。当时我就已经发现,由于形而上学的各个命题具有同样的权利要求得到确认,但它们的结论却不可避免地互相否定,以致它们必然互相使对方变得可疑,所以,这门误认的科学还缺少真理和假象的可靠试金石。当时,我有了一些可能改善这门科学的想法,但是,我想让这些想法先酝酿成熟,再告诉我这位思想深刻的朋友,供他评判和进一步研究。由于所寻求的说明总是显得很接近,但尽管如此,在进一步的研究中却一直没有达到,所以,我们约定的事情就这样一直拖延下来了。1770 年,我已经能够以确定的界限,完全清楚地把我们认识中的**感性和理智**区分开来,我把上述论文的要点(不过,也掺杂了一些我今天不再承认的东西)寄给了这位可敬的人物,并且希望自己不要再拖欠其他东西。但在这时,我们认识中的**理智的起源**却给我造成了无法预见的新困难。我拖延的时间越长,这种拖延也就越有必要,直到这位杰出的人物出乎意料地与世长辞,我发现自己对如此重要的支持所寄予的希望也随之成为泡影为止。在我自认为已经占有了我所寻找的东西之后,兰贝特正是这样一个人选,由于他在形而上学思辨中**毫无经验**,他那敏锐的、富有创造力的头脑就使他更加没有成见,因而也就更加适合于综观和评价后来在我的《纯粹理性批判》一书中阐述的命题,发现我犯的错误,并且凭借他的爱好,为人类理性发现某种确定无疑的东西,把他的努力与我的努力结合起来,以便实现某种完美的东西。即使现在,我依然认为实现这种完美的东西不是不可能的。但是,由于失去了一位伟大的人物,我认为,这项事业将会是旷日持久的、困难重重的。

这就是我为什么没有利用这个使我如愿以偿的机会,没有回复这位善良的人令人愉快的来信的原因,这些原因将会在阁下面前、在学术界面前为我辩解。

　　阁下准备采用我写给戈尔德伯克先生的提示,对此,我表示衷心的感谢。由此,将会避免那种并非对兰贝特先生不利,而是对我不利的误解。阁下想用寄给我《兰贝特书信往来》第一卷的方式支付给我费用,对此,我不能接受。我根本没有参与这本书的编辑出版,让您付出辛劳,而我却接受如此优厚的条件,这简直是过分的要求。也许,您在这里付出的努力使我有义务,不仅尽我所能赞助与瓦格纳[3]先生有关的计划,而且以后只要您有所吩咐,我将在一切事情上为您效劳,借一切机会向您表示格外的敬意。

　　　　　　　　　　阁下您最从命的仆人伊·康德
　　　　　　　　　　　　　1781 年 11 月 16 日
　　　　　　　　　　　　　　于哥尼斯贝格

又及:烦将附信交给比斯特尔先生,他或者在夏洛滕堡,或者在大臣策德利茨的家里。

[1] 贝尔诺利(Johann Bernoulli, 1744—1807),数学家,物理学家。
[2] 实际上这封信的日期是 1770 年 10 月 13 日。
[3] 瓦格纳(Friedrich David Wagner),哥尼斯贝格书商。

32 | 致克里斯蒂安·伽尔韦

1783 年 8 月 7 日

极为尊敬的先生：

很久以来，我就敬仰您那明晰的哲学头脑和由于博学广闻而升华的鉴赏力。您那出众的才能受到疾病的阻碍，不能结出对世界有益的成果，对此我和苏尔策[1]都很惋惜。现在，从您那可敬的来信中，我非常满意地看到了清楚的证据，证明您为人忠诚可靠、通情达理，正是这些品质使您那精神禀赋具有真正的价值。我相信，从您的哥廷根朋友那里是不会感到这种满意的。他很讨厌，他的整个评论（我把这个经过篡改的评论看作他自己的）[2]只不过是在发泄怨恨之气。即使他对我所发现的难点的说明并不表示赞赏，但至少我首先把这些难点充分说明并全面展开了，因为我虽然没有解决这个任务，但可以说已经把它以最简单的形式摆了出来，我的著作中总还有些东西是值得一提的吧。然而，他却只是大发脾气，简直可以说是暴跳如雷，统统一笔抹杀。我这里只举出一件小事，这份报纸通常习惯于给责难加上点蜜糖，在"作者"这个词前面加上个缩写的"先生"字样，然而就连这点他也有意取消了。我从他的风格中，尤其是从他的思想表现中，很好地猜出了这个人物。作为一份著名报纸的合作者,他即使在这里享受不到作家的荣誉,但至少在短时间内拥有一个作家的声名。但是,他自身是一个著作家,却在这里把他自己的声名置于危险之中,这种危险肯定不像他想象的那样小。然而,由于您愿意把他称作您的朋友,我才对此保持沉默。如果我们共同投身于同一个科学事业,尽管努力有失败,但都是竭尽全力为这门科学打下牢固的基础,从而使我们能够成为文字之交,那么,他也应该是我的朋友,尽管只是广义上的朋友。不过我觉得,事情在这里和在别处一样,他必然已经在担心,他自己的要求在这样的革新中会失去些什么。这是一种完全没有根据的恐惧。因为这里所说的不是著作家的局限性,而是人类知性的局限性。

尊敬的先生,请您坚定地相信,我从来都没有相信我的出版人哈特克诺赫硬说您似乎参与了这篇评论的话,您可以随时到莱比锡博览会去向他打听。现在,由于您那善意的通告,我的猜测得到了证实,这使我非常满意。我还没有娇气和自负到听不得异议和责难的程度,就算这些异议和责难是针对我认为是自己著作的最杰出成就。但我不能容忍蓄意隐瞒优点和处心积虑地进行伤害,这种事情有时还是会碰到的。我还高兴地等待着您那未被篡改的评论编入《全德丛书》。在我看来,这样处理这篇评论,巧妙地表现了您高尚的正义感和纯正的情趣,这种品质是真正的学者的标志,无论您的意见以后会是怎样的,我对您的这种品质任何时候都满怀敬意。我坦率地承认,在开始时,我并没有指望我的著作会这样迅速地受到欢迎。因为十二年来,我虽然年复一年地精心思索材料,但还没有把这些材料按照普遍的可理解性加工成文稿,要达到这个目的,似乎还需要几年时间。然而相反,我实现这个目的只用了约四五个月的时间。因为怕的是,如果长期拖延下去,这样一项范围宽广的工作最终就会成为我的一个负担。我现在已经60岁了,虽然头脑中还装有这整个体系,但增长的年龄很可能使我最终无法实现这一目标。我下定决心先把著作写成这个样子，时至今日，我仍对自己的这个决心感到非常满意。无论别人怎样评价它，我总不是一事无成。而且无论如何，我也不愿意再次承担这项工作所带来的长期辛劳。当初被一大堆不熟悉的概念和必然与此相伴而来的更不熟悉的新语言所造成的头晕目眩状况将会消失。慢慢地，一些难点将会自己变得清楚（我的《导论》也许有助于弄清这些难点）。这些已经弄清的难点将会给理解其他地方以启发，当然，有时候还需要我自己作出一些说明。这样，只要人们着手工作，并从那一切关键所在的首要问题（我已经清楚充分地说明了这个问题）出发，渐渐地逐一考察了每个部分，再把它们联结起来，整个问题就一览无遗了。总而言之，一旦机器装配完毕，需要的就只是擦洗零件，加油，以便消去摩擦，否则，摩擦会使机器停止转动。这种科学也有同样的特点，即为了校正部分，必须先表现整体，因此，为了使整体得以完成，人们有权在一个时期让那些部分仍保留粗糙。倘若我想同时做成这两件事，那么，无论是我的能力，还是我的寿命，都不足以完成这项工作。

您提到，缺乏通俗性是人们对我的著作所提出的一个公正的指责，因为事实上任何哲学著作都必须是能够通俗化的，否则，就很可能是在貌似深奥的烟幕下，掩盖着连篇废话*。不过，达到如此高度的研究是不能以通俗性作为开端的，如果我能够使人们带着某种适合在学校里运用的概念，同我一起用那些未开化的表

---

* 我的读者们总是责备我，说我的著作语言新奇，晦涩难懂，从而造成了麻烦，但过错不能全归于我一个人。我想提出以下建议：知性的纯粹概念或者范畴的演绎，也就是从整体上先天地占有事物的概念的可能性，应当被看作最必要的。因为没有这种演绎，纯粹的先天认识就根本没有可靠性。当前，我很愿意有人尝试把它弄得更简便些、更通俗些。届时他会感到困难的，这就是思辨在这一领域总是碰到的所有困难中最大的困难。我完全可以保证，除了我已经指出的那个泉源，他永远不能从另外的泉源把它们推导出来。

达方式走上一段路,那么,我自己早就制定出有关整体的一个通俗且又透彻的概念了。在这种情况下,其他人也将会更幸运一些。实际上,我已经有过这样的计划。显然,如果我们只是把学术界根本不参与研究的富于鉴赏力的那部分认识向前推进,当这种认识从它那黝黯的作坊里走出来之后,已经仪态万方,不用害怕那部分学术界的评判了,那么,我们只能被称作**懒汉学者(doctores umbratici)**。请您再浏览一遍我的全文,并请注意我在批判哲学中所探讨的并不是形而上学,而是一门全新的、迄今尚未被研究过的科学,即对**一种先天判断理性**的批判。其他的人,例如洛克和莱布尼茨,固然也曾触及这种能力,但都把它与其他认识能力混在一起。从来没有人想到过,这种能力可以是一门正式的、必然的、范围广阔的科学的对象。这门科学(并不能避开单纯考虑这种唯一的纯粹认识能力的局限性)要求分支众多,而且令人惊奇的是,它能从这种认识能力的本性中**推导出自身所涉及的一切对象**,加以列举,并且通过把这些对象结合成一个完整的认识能力,从而证明自身的完整性。这是其他任何科学都根本不能做到的事情,即不能从一种认识能力的纯粹概念(如果这个概念被精确地规定了)先天地发展出一切对象,发展出人们关于这些对象所能知道的一切,甚至发展出人们被迫就这些对象所作出的即使是虚假的、但却不是任意的一切判断。逻辑学与这门科学最为相似,但在上面这一点上,却与它相差甚远。因为逻辑学虽然涉及知性的所有应用问题,却根本不能说明知性认识涉及的对象和范围。在这种情况下,就它的应用对象而言,它只能处理通过经验,或者以其他方式(例如通过数学)为它提供的东西。

尊敬的先生,如果您还愿意在这项事业上继续尽力,那就请您运用您的声望和影响,鼓励我的那些敌人,不是我个人的敌人,因为我同所有的人总是和平相处的,而是我的著作的敌人,请他们不要匿名进行攻击,也不要一下子就攻击所有的东西或者攻击中间的某一点,而应该循序渐进。首先,请他们检验或者承认我关于分析判断和综合判断区别的学说;然后,开始考虑我在《导论》中清楚说明的那个普遍问题,即先天综合判断何以可能的问题;然后,再依次研究我解决这个问题的各种尝试等等。我敢说,我严格地证明了,没有一个真正的形而上学命题能够与整体相分离而得到证明,而是永远必须从它与我们所有的纯粹理性认识的泉源的关系中,因而也就是从这种认识的可能整体的概念中推导出来。然而,虽然您会友好地、毫不犹豫地接受我的请求,但我还是要说,按照这个时代流行的风气,即把思辨事物中的难点说成是容易的(而不是使它变成为容易的),您的可贵努力在这一点上仍然可能毫无结果。在我认识的人里面,也许只有伽尔韦、门德尔松和特滕斯才能合作,使这项事业不用很长时间就可以达到一个几百年来都不曾达到的目标。不过,这些卓越的人物害怕白费力气,无论他们在这上面付出多少辛劳,最终还是出力不讨好。在这里面,人们的努力就像在一个连绵不断的循环中兜圈子,最终又回到原来所在的地方,然后用那些目前还埋在尘埃中的材料建起宏伟的大厦。

承蒙您的好意,对我关于纯粹理性的辩证矛盾的阐述给予良好的评价,虽然您对这一问题的解决并不满意*。假如我的哥廷根评论家哪怕只说出一条这样的评价,我至少也不会如此恼火了。我就会(对我来说,这并非出乎意料之外)把过错归于自己对

---

* 解决问题的关键毕竟还是找到了,虽然开始用它时并不习惯,从而也是困难的。这一关键就在于能够依照两种概念来对待所有给予我们的对象,一是作为现象,另一是作为自在之物。如果人们把现象看作自在之物,要求从现象中依照条件的序列得到**完全无条件的东西**,那么就陷入了明显的矛盾。只有通过指明:完全无条件的东西不在现象之下,而只是在自在之物那里,这些矛盾才能消除。反过来,如果人们把作为**自在之物**包含了世界上某物的条件的东西**看作现象**,也会给自己造成不必要的矛盾,例如在自由问题中就是如此。一旦人们考虑到对象的不同含义,这种矛盾就会立刻消除。

大多数命题表述失当，因而也就把过错**大部分归于我自己**，也就不会作出尖刻的回答，甚至宁可根本不回答，充其量抱怨几句，说人们没有抓住根本的东西，却想对一切都指手画脚。但是，他的整个评论从头到尾都充满了蔑视和妄自尊大的傲慢腔调，以至我不得不行动起来，只要有可能，就把这位伟大的天才人物拉到光天化日之下，把他的作品与我的作品，哪怕是我的微不足道的作品，进行比较，为的是断定，是否果真能在他那方面发现如此大的优越性，是否可能在这背后隐藏着某个文人的诡计，试图通过吹捧一切与他自己的著作中的命题一致的东西，抨击一切与他违背的东西，以此而在某个专业里建立起对所有著作家的一点统治权（这些著作家要想博得好评，就不得不烧香拜佛，不得不把他们猜想为评论家的那些人的作品颂扬成为他们的指导思想），不费吹灰之力就逐渐地为自己博取到名声。请您评论一下，我对那位哥廷根评论家的不满，如您喜欢说的那样，是不是用**一种有点严峻的方式**表现出来的呢？

在这件事情上，根据您对我所作的说明，真正的评论者是谁还不可知。因此，在我看来，由于不得不接受挑战，我的希望要落空了。他肯定是在任意地对待这个挑战，就是说，他发现了我所处的境况，即对您好意告诉我的那件事情经过的真相**绝不作丝毫的公开**。此外，这样刻薄的学术争论，我真是无法忍受，甚至进行争论的人们的情绪状态也是反常的。我宁愿承担一项范围广泛的工作，就我已写的东西，向我那些意见尖锐，但目的在于追求知识的对手们作一番解释和辩白，也不愿让自己被搞得这样激动。过去，我从来没有这样激动过。然而，如果这位哥廷根评论家认为有必要在报刊上回答我的意见，并且保持他原来的风格，不有损于他的身份，那么，我不能不（当然不能损害上述我的义务）对一个暗藏的攻击者与一个光明正大的自卫者之间令人讨厌的不平等关系采取有效的措施。当然，也还有一条中间道路，那就是在公开场合不指名道姓,而是在必要时,写信向我表白自己(这理由我在《导论》中已经说明了),并且有选择地对争论之点作出公开的、平心静气的说明和解决。不过,人们在此也许会发生惊叹:"O curas hominum!"(唉,人们是多么患得患失啊!)软弱的人们,你们自己装作是仅仅为真理和扩大知识而献身,实际上却只是关心你们的虚荣。

极为尊敬的先生,我非常希望这次联系不是唯一的一次,我很乐意与您结识,方便时,还请您保持这一联系。姑且不说您那卓越的才能,就是您在这第一封信里表现出来的品质,在我们学术界也是如此的不多见。那种把心地纯洁、温厚和同情看得甚至比一切科学还高的人,并不会虽然有了许多成就,却依然热切地期望与这些品质建立更密切的联系。对我来说,如此一位明敏且淳良的人提出的任何建议和暗示,在任何时候都是宝贵的。在我这方面,如果有机会回报这种厚意,我将感到加倍的高兴。向您致以真正的敬意和顺从。

阁下您最从命的仆人伊·康德
1783 年 8 月 7 日
于哥尼斯贝格

[1] 苏尔策(Sulzern),人名不可考。

[2] 伽尔韦于 1781 年曾为《哥廷根学报》写了一篇关于康德的《纯粹理性批判》的评论,后来被删改和压缩后在该报发表,伽尔韦于 1783 年 7 月 13 日致信康德,表示了自己对该评论的不满,叙述了事情经过的真相,说明自己对这篇评论不能负责。伽尔韦要求《哥廷根学报》将自己的原稿寄给康德,以便康德进行比较和判断。但因该稿已经编入《全德丛书》,《哥廷根学报》也就没有再寄。伽尔韦的评论的改写者是哥廷根大学哲学教授费德(Johann Georg Heinrich Feder, 1740—1821),但伽尔韦没有告诉康德这一点。此外,伽尔韦还要求康德不要公布自己这封信,这就是康德在下文中所说的义务。

33 | 致莫色斯·门德尔松

1783 年 8 月 16 日

可敬的先生：

　　的确，对根茨[1]先生的儿子这位前程无量的年轻人来说，不可能得到更有效的推荐信了，因为这是一位我对其才能和品质极其崇敬和爱慕的人为他提供的。您预先已经假定我对您持有这种看法，并把这种看法估计在内，使我没有必要再向您作出这种保证，看到这一点，真使我兴奋不已。对这位年轻人，我已经有了进一步的认识。现在，我终于能够充满信心地告诉他可敬的父亲，他将有希望看到自己的儿子在我们的大学里，无论是在精神方面，还是在心灵方面，都会受到良好的教育。这个希望与您的愿望也是完全契合的。若不然，我早就应该答复您的友好来信了。但在我能够做到上面这件事之前，只好把这封回信延缓下来了。

　　您友好地提到关于我要到外地浴疗的传闻，向我谈到借此机会进行交际活动的想法，那令人欢乐的情景充满了我的心灵，比我在此地任何时候能够遇到的事情更加诱人。关于我要旅行的消息，在这里也传开了。但是，我从来也没有为此提供过一点诱因。很久以前，不知在哪一位英国作家那里看到了一个健身规则，长期以来，我把它当作我的饮食起居的最高准则，那就是：**任何一个人都有他独特的健身方式，如果没有危险，就不要对它有丝毫改变。**在遵循这一教导的过程中，虽然我仍要不时地同身体的不舒适感觉作斗争，但却从来没有生过病。此外我认为，如果人们根本不去费心延长自己的寿命，而是仅仅提防不要由于损害了自己的良好体质而缩短自己的寿命，那么，寿命就会最久长了。

您认为，在形而上学看来，整个聪明一点的世界已经死去，因此，形而上学似乎也已经死去。对此，我并不感到惊诧。在这里，也不用顾虑那种神经衰弱（在《耶路撒冷》[2]一书中，人们看不到一点这样的痕迹）。但是，仅仅致力于研究那个大厦基础的批判哲学，却不能取代形而上学吸引住您那感觉敏锐的注意力，或者很快又使您收回了自己的注意力，我对此深感痛惜，但仍没有感到惊诧。因为我在大约4—5个月的时间内，把至少12年期间的思索成果撰写成书，这简直是飞速。在这期间，我虽然极度注意内容，但在行文以及使读者易于理解方面，却没有花费多少气力。时至今日，我对当初的这个决定仍不感到遗憾。若不然，为了通俗性而长期拖延下去，很可能整个作品就彻底完了。只要产品经过粗糙的加工已经得以存在，后面这种错误就会逐渐被取消的。我的年龄已经太大了，不能通过持续不断的工作来完成这项范围广泛的工作，不能手拿锉刀把每一个零件挫圆、挫平、使它易于转动。尽管我并不缺少说明任何一个难点的手段，但是，在写作的过程中，却不断地感到与清晰性同样互相矛盾的负担，感到展开了的广阔性打断了联系。因此，我放弃了这种说明。假如像我所希望的那样，我的命题依照次序逐一遭到攻击，那么，我将在以后的一篇论文中补加上这一说明。如果人们能够为一个体系着想，并且使自己熟悉这个体系的概念，那么，就不可能总在那里猜测，什么对于读者来说是晦涩难懂的，什么对于读者来说是不确定的，或者在读者看来是没有得到足够证明的。只有少数人能够独立地、并且也为他人设身处地地进行思考，门德尔松就是这样的人。

尊贵的先生，假如他们不愿意再从事那已经扔到一边去的事情，那么，请您运用自己的声望和影响，介绍他们对那些命题进行根据某种计划所约定的检验，并且以您觉得合适的方式鼓励他们这样做，不知尊意如何？ 首先，人们应该研究，把分析判断和综合判断区分开来是否正确；如果综合判断是先天地产生的，那么，认识先天综合判断何以可能的困难性是否像我所说的那样；完成这后一种知识的演绎是否有很大的必要。其次，我宣称，我们只能够先天地对一种可能（外部的或者内部的）经验的形式上的条件作出综合的判断，无论这涉及经验的感性直观，还是涉及知性的概念，它们都是先于经验发生的，并且使经验成为可能。人们应该研究，这是否是真的。再者，我的最后结论是：我们一切可能的先天思辨认识都只能扩展到我们可能经验的对象，但是还有个条件，这个可能经验的领域不包括任何自在之物，因此还遗留下一些对象，甚至还假定这些对象是必然的，不过，我们对这些对象却不可能有丝毫确定的认识。假使我们对它们能够有所认识的话，那么，理性自身一旦试图越出可能经验的界限就会卷入的混乱也就会自动消失了，于是，对究竟是什么推动理性越出自己的作用范围这个问题的更为必要的回答，也就没有必要了。一言以蔽之，纯粹理性的辩证矛盾将很少会再制造困难，从此，批判也将在一个人们于其中经常感到迷惘、也同样经常找到出路的迷宫中，开始依从一根可靠的导线，舒适安逸地悠然散步。人们应该研究，我的这个最后结论是否正确。我将尽我所能为这些研究作出应有的贡献，因为我确实知道，如果托付合适的人进行鉴定，是会发现某种东西的。然而，我对此并不抱太大的希望。门德尔松、伽尔韦和特滕斯似乎已经放弃了这种工作，除了他们之外，哪里还有人具有从事这件工作的才能和善良意志呢？因此，我只好满足于，这件工作就像斯维夫特[3]所说的植物一样，只要把拐杖插入土中，它就会枝叶茂盛。不过，在这之前，我还想按照上面所说的批判原理，像一本手册那样，尽可能简练地为学术讲座逐渐撰写一部形而上学教程，并且在一个不太固定的、也许比较晚的时候把它完成。今年冬天，我将完成道德学的第一部分，即使不能全部写完，至少也要写出绝大部分。这部作品将会更加通俗，但却远远不能像规定人类整个理性的界限和全部内容的展望那样，给予我扩展情趣的魅力。这主要是因为，道德若想在完成自身时，跳越到宗教方面去，那么，没有前一种准备工作以及准确无误的规定，它就会卷入异议和怀疑，或者陷入幻想和狂热之中。

弗里德伦德先生将会告诉您，我在读您的《耶路撒冷》时是多么欣赏您的深刻、精巧和机智。我把这本书看作在预告一个尽管缓缓来临、但却非常巨大的变革，这场变革不仅涉及您的民族，而且也涉及其他民族。您很善于把您的宗教与高度的良知自由统一起来，人们过去根本不相信宗教具有这种自由，其他任何宗教也不能自夸具有这种自由。同时，您还如此详细、如此明确地阐述了对任何宗教持有无限制的良知自由的必要性，以致就我们这方面来说，教会最终也不得不考虑把一切困扰和压制良知的东西与它自身的宗教分离开来，这最终必然会使人们在宗教的要点上联合起来。如果人们把对宗教命题真理性的信仰当作灵魂得救的条件，那么，对我们来说，一切困扰良知的宗教命题都来自历史。不过，我已经滥用了您的耐心和视力，因此只想再补充一句，那就是没有人比我更对您的幸福和心满意足感到高兴了。

您从命的仆人伊·康德

1783 年 8 月 16 日

于哥尼斯贝格

[1] 根茨(Johann Friedrich Gentz, 1726—1810),柏林造币总监。

[2] 指门德尔松的《耶路撒冷、或论宗教力量与犹太教》。

[3] 斯维夫特(Johann Swift, 1667—1745),英国讽刺作家。

34 | 致约翰·舒尔茨

1783 年 8 月 26 日

　　看到像阁下您这样思想深刻的人物在我的尝试性活动中助我一臂之力，真使我感到非常高兴。尤其使我高兴的是，对于最重要、最合目的性的东西来说，您善于处处作出与我相同的概括，而且善于理解我的心意。对于几乎没有人理解我这种状况，我感到非常委屈。此外，我也很担心，在一个如此困难的主题上，我也许根本没有能耐使人哪怕稍微理解我，也许这所有的工作都白做了。您能够正确地理解我，我感到很大安慰，消除了我的担心。由于现在出现了一位功绩卓著的人物，他提供了一个证据，证明我是能够被人理解的，也提供了一个范例，说明要理解我的作品，并且评价它们的优缺点，还是值得对它们进行一番思考的。所以，我希望，这将产生我所期望的效果，即重新开始久已搁置的形而上学事业，并对它作出决定。

　　至于您在多大程度上正确地把握了事情的精神实质，我是从您那可敬的来信的"又及"中看出来的。在那里，您表达了这样一个思想，认为每第三个范畴很可能是从前两个范畴推导出来的概念。由于我关于这种特性的表述（《导论》第 122 页注 1[1]）很容易被忽视,所以您这一思想是您自己想出来的、完全正确的猜测。我觉得,知性概念表的这一特性,以及其他也被部分地提到的特性,还包含了一个也许很重要的发现,即运用 Artem characteristicam combinatoriam(特征连结法)。不过,现在我已经不能够再研究这个发现了,只能把它留给像您这样的数学家去研究。只要有某种可能,您就必须首先从同样的基础概念开始。由于感性的条件先天地与那些概念完全不同(为此,必须把感觉看作这些概念的材料,但不能经验地规定这些概念),因此,这些概念也就具有与感性完全不同的特征。也许存在着这样的规则,它们能够向那种感觉主义者清楚地说明,感性的客体何以可能以一个范畴作为谓词(如果这些客体被看作经验的对象),但是,倒过来说,如果没有把范畴与感官的对象连结起来的附加条件,范畴就不能在空间和时间中具有任何规定性。类似的东西我在《论可感世界和理知世界的形式及其原则》的"论可感世界和理知世界的方法"一章中已经提及。也许,您那深刻的洞察力在数学的帮助下,能够在这里找到更光明的前景,而对我来说,这里只有某种东西像在云雾中一般在我眼前晃动。

现在,我本应该把阁下寄给我的杰出文章,荣幸地立即寄还给您,因为就正确地介绍我的思想而言,我几乎找不到什么需要改动的东西。然而,另外一个意图却使我想把这篇文章再保留几天。也许,您不会不乐意促成这个意图的实现。作为一篇评论,不能要求读者不读所评的书本身,就能够充分地理解您的文章。它可以按照本来的样子,连同您还想补充说明的东西,发表在某一本杂志上,例如发表在《全德丛书》上。不过这样一来,学术界从中得到的信息,就会传播得很慢,很有限了。

但是,如果(我认为这样会更好)这是一篇独立存在的论文,那么,似乎在少数几个地方,尤其是涉及辩证矛盾的地方,加上一些段落并非没有必要。这样可以使读者更加易于理解,同时也可以避免误解。迄今为止,您在这方面已经作出了卓越的努力。我冒昧地打算在数日之内,把这些东西给您寄去,供您选用。我估计,无论对我的身体来说,还是对我的思维能力来说,眼下的气候都影响不佳,它使我对任何思维活动都毫无兴趣,而且也不适宜于进行这种活动。倘若不是这样,我早就把这些东西给您寄去了。不过,如果您打算施行另一种计划,那么,我将荣幸地立即奉还您的文章。谨向您致以衷心的敬意。

阁下您最从命的仆人伊·康德
1783 年 8 月 26 日
于哥尼斯贝格

[1] 参见《导论》中译本,商务印书馆 1982 年版,第 101 页脚注。

35 | 致约翰·舒尔茨

1784 年 2 月 17 日

　　阁下，从邓厄尔[1]先生那里得知，您已经准备把自己对批判哲学所作的详细的、同时也是通俗的研究交付出版，这使我感到非常愉快。我曾经打算把一些东西提供出来，供您选用，看是否对您的意图有些用处。我觉得，这些东西将有助于防止误解，在某些方面，也有助于使我的著作更易于理解。然而，外来的和内部的干扰，再加上时常出现的小毛病，多次打断了我这个意愿的实现。现在我倒希望，那些东西不要对您的著作发生影响，因为这样可以使您在处理从对整体的通盘考虑中得出的思想时，能够保持更大的齐一性，因而也就保持了独特性。

　　阁下，请允许我就此作出唯一的说明，这是我在收到您今年8 月 22 日给我的便笺时产生的念头。现在，我在审阅其他材料时，觉得这个说明是很迫切的，请您对它加以进一步的思考，看它能否防止我们双方在这个体系的基本点上出现大的意见分歧。这个说明涉及阁下当时表达的思想，即**可能每个类只有两个范畴**，因为第三个范畴是从前两个范畴的联结中产生的。这个洞见完全归功于您自己的思想敏锐，但在我看来，从中并不能产生那

118

个结论。因此,按照我的判断,这样一个改动(它会使整个体系失去通常很齐一的联系)是不必要的。

　　尽管第三个范畴确实是通过第一个和第二个范畴的联结产生的,但并非仅仅通过合并,而是通过这样一种联结,**这种联结的可能性本身构成了一个概念**,这个概念就是一个特殊的范畴。因此,第三个范畴有时不能在前两个范畴适用的地方运用。例如,未来的**一年**和**多年**是现实的概念,但未来年代的**总体**却是未来的永恒的一个集合性统一,它被思考为整体(似乎已经完成了),但实际上却不能被思考。不过,即使在第三个范畴适用的地方,它也总是包含着比第一个范畴和第二个范畴的独立存在以及两者的合并更多的东西,即把第二个范畴从第一个范畴中**推导**出来。这种推导并非到处都行,例如,如果**存在性**可以从**可能性**中推导出来,那么,**必然性**也就不过是**存在性**。就**实体**的规定性来说,交互性就是实体互相之间的**因果性**。但是,一个实体的规定性可以从另一个实体中产生出来,则是人们完全不能预先假定的东西,而是属于联结的东西,没有这种联结,物体在空间中的任何互相联系都是不可能的,因而任何外部经验也都是不可能的。总而言之,我认为,就像三段论中的结论一样,除了在前提中有知性和判断力的活动之外,在结论中还有**一个特殊的、专属于理性的活动**(即由于大前提表述了一个普遍的规则,小前提却是由特殊的东西上升到这个规则的普遍条件,因此,结论是从普遍下降到特殊。也就是说,在某种条件下,在较高的命题中被普遍地表述的东西,也在同样的条件下包含在较低的命题之中),因此也就有了第三个范畴,它是一个特殊的、部分地也是原初的概念,例如quantum, compositum, totum(限量,复合,全体)这些概念就属于单一性、复多性、总体性这些范畴。然而,把限量看作复合,却不能得出全体的概念,除非限量的概念由于复合而被看作**可规定的**。而这却不能以任何限量,例如以无限的空间为开端。

119

　　阁下，如果您对这个问题加以进一步的思考，就会认为这个说明是正确的，就会像我私下希望的那样，认为在范畴体系中的改动是否必要这个问题是重要的，从而在将您的手稿付印之前，对这个问题再加以考虑。除非反对者们在诸原则中发现不统一，否则，他们是不会如愿以偿的。

　　不过，也许您早就通过自己的思考，又离开了您匆匆捕捉到的这一思想，此外，就像您对其他所有问题的判断一样，您对这个问题的判断也拥有充分的自由，因此，我还是就此住笔吧。我毫不怀疑，就像您那意义深远的《平行线理论》一样，您的这部作品也将有益于知识的扩展，并为您带来应有的荣誉。谨向您致以崇高的敬意。

阁下您最从命的仆人伊·康德

1724 年 2 月 17 日

又及：现在，我希望能看到您的作品的打印稿，因此，我荣幸地就此寄还您的手稿，并致以衷心的感谢。

[1] 邓厄尔(Carl Gottlieb Dengel)，哥尼斯贝格书商。

36 | 致克里斯蒂安·戈特弗里德·许茨[1]

1785 年 9 月 13 日

在《文学总汇报》上，您清楚地表示了对我在文献方面的微薄努力的强烈兴趣。此外，您正确地阐述了我的这种努力，您就我们的概念的要素所列的卓越表格尤其使我受益匪浅。所有这些，都使我产生了极大的谢意，并促使我在实施由您公布于众的计划时，不辜负您所激起的学术界的期望。我希望，您对此尽可放心。

不过，我还应该写一篇书评，这是我自己要写的。尊贵的朋友，请您原谅我被一项工作所阻碍，至今未做这件事。现在，一方面是我的整个设想的联系，一方面是我的思想的声音，召唤我去作这项工作。在我动手写作已经许诺下的自然形而上学之前，我必须事先完成对物体学说的形而上学原理的研究，这个研究虽然纯粹是自然形而上学的应用，但却以一个**经验的**概念为前提。此外，在一个附录中，还要事先完成灵魂学说的形而上学原理。这是因为，如果自然形而上学应该是完全相同的，那么，它就必须是纯粹的。同时，这也是为了使我手头拥有一些材料作为例证，以便使行文变得易于理解，不致由于我把这些例子一起纳入这个体系,而使体系变得膨胀起来。这部著作我在今年夏天已经完成,书名是《自然科学的形而上学初始根据》。我相信,数学家是不会不欢迎这部著作的。倘若不是我的右手受伤,使我无法写字,那么,在这次米迦勒节博览会上,这部著作就已经出版了。现在,手稿不得不一直放到复活节了。

目前,我已经毫不犹豫地完全转到道德形而上学的研究上。此外,尊贵的朋友,如果我在较长的时间里没有给《文学总汇报》写什么东西的话,则请您原谅。我已经相当老了,已经不再能像过去那样,轻而易举地使自己迅速地适应种类繁多的工作。如果我不应该失去把整个体系联系起来的线索的话,那么,我就必须集中自己的思想,使它不被打断。不过,无论如何,我也会为赫尔德的《思想》的第二部分写一篇书评的。

我还没有看到过有关《论力的基础》这本书的书评。书的作者是枢密顾问冯·埃尔迪滕[2]先生,他是普鲁士的韦克劳人。他请我代他向您恳请这份厚爱。如果评论对他还算不错的话,您也可以提到他的名字。

我不得不住笔了,衷心地感谢您那与人为善的深情厚谊。

[1] 许茨(Christian Gottfried Schütz, 1747—1832),耶拿修辞学和诗学教授。
[2] 埃尔迪滕(Ernst Ludwig von Elditten, 1729—1797),司法枢密顾问。

37 | 致克里斯蒂安·戈特弗里德·许茨

1785 年 11 月底

　　如果理性把自己规定一般客体的主观条件看作客体本身可能性的条件，那么，在主要问题上，可敬的门德尔松的著作[1]就可以被看作一个欺骗我们理性的杰作。阐述这种欺骗的真实特性，使知性彻底地摆脱这种欺骗，肯定不是一件容易的事情。尽管如此，除了在关于真理、假象和谬误的预见中，它说出了一些敏锐、新颖、非常清晰的东西之外，除了那些在任何一本哲学著作中都可以很好地运用的东西之外，这部杰出的著作还由于它的第二部分而在人类理性的批判中具有重大的意义。这是因为，作者在阐述使用我们理性的主观条件时，最终得出了以下结论，即任何东西，倘若不是被某种存在物**现实地思维过**，就都不是**可思维的**。**没有概念**，也就没有任何**对象**现实地存在（第 303 页）。由此可以推论出：一个无限的、同时也是能动的知性必然是现实的，因为只有与其可能性或现实性相联系，物的谓词才能够具有意义。由于事实上，在人类理性及其自然禀赋之中，存在着一种重大的需要，就像是用这个拱顶石使它那尚未竣工的拱门定型，因此，对我们的概念的链条所进行的这种非常敏锐的考察,就把这些概念一直扩展到包罗了全体为止这一点来说,为完全地批判我们的纯粹理性能力,为把运用理性的纯粹主观条件与借以指明客体的有效的东西的那些条件区分开来,提供了极好的理由,同时也提出了这样的要求。即使根据完备的审查,认为这里混入了错觉,纯粹哲学也必然要获得成功。某物看起来好像是对遥远的客体的征服,然而却只能是主体在离我们很近的对象之中的(尽管是非常有用的)功能。人们可以把独断论形而上学的这个最后遗嘱,同时看作它的最完善产品,无论是就其链式联系来说,还是就其在阐述这种学说时格外的清晰性来说,都是如此。此外,还可以把它看作对一位人物的洞察力的永不失去价值的纪念品。这位人物认识到了他所支持的认识方式的全部力量,并且掌握了这种认识方式。在这样一位人物身上,对这种过程的顺利进展持怀疑态度的理性批判,找到了一个检验其基本原理,以便证实它们或者抛弃它们的永恒例证。

[1] 指门德尔松的《关于上帝存在的早课或演讲》。

38 | 致约翰·贝林[1]

1786 年 4 月 7 日

　　阁下,您的思想深刻、阐述明晰的论文以及您寄给我的两封信,对我来说是非常令人愉快的惠赠。我迟迟没有问答您的第一封信,一直拖到我终于认识到,没有任何关于我的讲演的笔记能够满足您的要求,但这时,我觉得再回信已经太晚了。而后一封信我又是在众多的事务错综复杂的情况下收到的,我希望您能够原谅我的拖延。您的论文包含了许多根本性的东西,很有分量,但却未能像它应得的那样,出现在博览会上,使更多的人知道它,这真是令人感到遗憾。蒂德曼[2]先生在他那所谓的反驳中,对眼前的东西并没有领会多少,对决定这个问题所依赖的那些原则也认识不多,恕我直言,所表现出来的进行纯哲学研究的技巧也非常有限。在您的作品中,您在所有这些方面的优势都表现得非常明显。我相信,他与今后类似方式的研究还有很大距离。相比之下,我高兴地、也是充满信心地希望,您所提供的这个例证将会逐渐地唤起对这个问题更多的研究,并且使人们能够逐渐地重新建立起一门科学,这门科学尽管早就有了名称,但在事实上却被误解了,在近代,它干脆失去了地位。

您问我的形而上学何时能够出版，现在，我还不能够保证在两年内出版这部著作。不过，如果我能够保持身体健康，那么，在一段时间内可以代替我的形而上学的某种东西，即我的《批判》的一个修改颇多的新版本，不久之后（大约在半年之后）就将会问世。据我推测，我的出版商已经把这本书的全部印量很快销售完了，因此，他催我马上着手这件事。对于在这部著作出版以来的时间里，我所了解到的全部误解和难解之处，我将会加以考虑。其中许多东西要减缩，还要附加上一些新的东西，给以更好的说明。我不打算进行重大的改动。因为在我把这些东西形成文字之前，我已经对它们进行了长时间的、充分的通盘考虑。在这之后，又对属于这个体系的所有命题反复进行过整理和审查。但是，我发现它们在任何时候，无论是独立存在，还是在与整体的关系中，都是合适的。因为，如果我能够像现在所构思的那样完成这件工作，那么，在这之后构思出形而上学的体系，就是任何具有洞察力的人都能办到的了。因此，我将继续把自己关于形而上学的研究抛开，为的是争取时间，构建实践哲学的体系。这个体系与前一个体系是姊妹篇，需要加以类似的处理，但尽管如此，却不会遇到前一个体系那样大的困难。

高贵的人，继续前进吧！使用您那年轻人的力量和出色的才能，纠正喜欢越出自己边界的思辨理性的那些不合理要求，克制那些不断产生的、为了自己的利益而利用那些不合理要求的狂热幻想，但是，请不要伤害那种能够使灵魂得到升华的，在理论方面和实践方面对理性的运用，也不要使那种懒惰的怀疑主义感到称心如意。清楚地认识到自己的能力以及运用这种能力的界限，将会使人们在一切良好的、有用的东西面前变得确信、勇敢和坚定。相反，不断地用甜美的希望欺骗人们，用不断更新的、但却时常失败的尝试，把人们羁绊在超出自己力量的事物之中，将会导致轻视理性、进而导致懒惰或者狂热幻想。

衷心地感谢您的善意。

康德

1786 年 4 月 7 日

于哥尼斯贝格

[1] 贝林(Johann Bering，1748—1825)，马堡大学哲学教授，康德哲学的追随者。

[2] 蒂德曼(Dietrich Tiedemann，1748—1803)，卡塞尔教授。

39 | 致克里斯蒂安·戈特弗里德·许茨

1787 年 6 月 25 日

　　值得尊敬的朋友,但愿哈勒的格鲁内特[1]先生已经把我的《批判》的第二版给您寄去一本了。如果还没有,请您将里边所附的一封信通过邮局寄给这位先生。

　　如果您认为有必要为这个第二版写一篇书评,那么,请您提醒人们注意其中的一个抄写错误,这个错误使我感到很尴尬。大致上您可以这样说明:

　　在前言中,即第 11 页倒数第三行,有一处笔误,"等腰三角形"错写为"等边三角形"(欧几里得:《几何原本》第 1 卷第 5 章)。

　　因为人们尽管可以从第奥根尼·拉尔修[2]的阐述中很容易看出,这里指的是"等腰三角形",但并不是每一个读者手中都有第奥根尼的这本书。

　　我的出版商已约请莱比锡的博尔恩[3]教授,把我的《批判》

的第二版译成拉丁文。他已完成的译稿将会逐章寄给您,烦请您费心通读一遍,以便使也许过于注重修饰的行文风格,尽管不能适应古拉丁文的正确性和确切性,但却能更多地适应经院哲学的正确性和确切性。如果您也怀有这样一个友善的意愿,那么,就请您告诉我,我的出版商应该为此付给您多少报酬。就我这方面来说,谨向您表示最衷心的感谢。在附信中,我试图要求博尔恩教授接受这个意图。

我的《实践理性批判》已经大功告成,我打算下星期把它寄往哈勒付印。这本书要比与费德尔和阿贝尔[4]的所有争论(前一位断言,根本没有任何先天认识,后一位则断言,有一种居于经验认识与先天认识之间的认识)更好地证明和解释我通过纯粹实践理性所做的补充以及这种补充的可能性,这些东西是我过去拒绝给予思辨理性的。正是这一点,成为激怒那些人物的真正原因,它迫使那些人物,宁可选择不适当的,甚至荒唐的方法,也要在他们屈服于批判哲学的那个使他们觉得完全绝望的格言之前,能够把思辨能力一直扩展到超感性的东西之上。

评论赫德尔的《思想》一书的工作,大概要由另一个人来承担了,而且必须宣布这是另一个人,因为我必须马上转向《鉴赏力批判基础》,因此没有时间做这件工作了。向您致以始终不渝的敬意和顺从。

[1] 格鲁内特(Friedrich August Grunert,1758—1829),哈勒书商。
[2] 第奥根尼·拉尔修(Diogenes Lartius),公元 3 世纪哲学史家,其《名哲言行录》是古希腊哲学的重要史料来源。
[3] 博尔恩(Friedrich Gottlicb Born,1743—1807),莱比锡大学哲学教授,康德哲学的追随者。
[4] 阿贝尔(Jacob Friedrich Abel,1751—1829),哲学教授。

40 | 致路德维希·亨利希·雅可布[1]

1787 年 9 月 11 日

高贵的、尊敬的先生：

对您寄来的优秀著作以及您在上次来信中告诉我的令人愉快的消息，我愿借此机会，向您表示衷心的感谢，同时祝贺您获得教授职位。托尔纳[2]的小册子很适用于逻辑课，依我愚见，应该陈述在《批判》中已经说明的必然性，仅仅在作为思维的形式规则的总和时，逻辑学才应该是纯粹的，应该除去一切属于形而上学（由于概念在内容上的起源）或者干脆属于心理学的材料，这样，逻辑学就不仅会更易于理解，而且还会更加连贯，更加周密。费德把这种认真精神看作学究气，认为它毫无益处。我从未写过一本形而上学，请您告诉黑默尔德[3]先生，我劝他千万不要现在印行我的短文集。也许，一旦我有了时间，就着手修改这些文章，之后我会通知他的，不过，这在近两年内几乎是不可能的。现在，我的《实践理性批判》正在格鲁内特那里，它包含了一些可能会引起人们误解我的理论理性批判的东西。目前，我径直转入撰写《鉴赏力批判》，我将用它结束我的批判工作，以便推进到独断论工作

130

中去。早在复活节之前,我就考虑,这本书应该出版了。我希望,您能够尝试撰写一个短小精悍的形而上学体系,目前,我由于缺乏时间,未能就此给您提供一个计划。只要一切经验都以作为纯直观的时间和空间为基础,那么,不需要任何批判性的导言,本体论就可以从空间和时间的概念开始。之后是四个要点,它们包含了知性概念,这里根据的是四组范畴,每一组范畴都构成了独自的章节。按照鲍姆嘉登的说法,纯粹分析地处理所有的范畴,连同模态、这些范畴与时间和空间的联结,以及像人们在鲍姆嘉登的书中可以发现的那样,按照这些范畴的进展处理它们互相之间的关系。对于每一个范畴来说,应该像《批判》的第二版的阐述那样,按照经验必须保持与综合的基本原理一致的方式阐述这个原理,整个本体论也应该这样阐明。于是,首先是按照演绎对作为感性形式的空间和时间以及范畴的考察。因为这样,它们就可以更好地被理解,按照实际情况证明基本原理的唯一可能方式也就可以更好地被把握。然后是先验理念,它们提供了宇宙发生论、心理学或者神学的划分。我不得不住笔了,向阁下您致以我的友谊。

　　　　　　　　　　　　　您的忠实的仆人伊·康德

[1] 雅可布(Ludwig Heinrich Jokob, 1759—1827),哈勒大学哲学教授。
[2] 托尔纳(Johann Gottlieb Toellner, 1724—1774),法兰克福大学神学教授。
[3] 黑默尔德(Carl Hemmerde, 1708—1782),哈勒书商。

41 | 致卡尔·莱昂哈德·莱因霍尔德[1]

1787年12月28日、31日

卓越可敬的人,我读完了您那些使我的哲学增光的优美书信,这些信不仅优雅无比,严格认真,同时还在我们这个地区引起了所有可以预期的反响。因此,我更加希望,把您的思想与我的思想完全一致的情况,以及我对您在通俗地解释我的思想这方面取得的成就的感激之情,在某一杂志上,尤其是在《德意志信使》杂志上,至少用几行字的篇幅公布一下。然而,正是在这同一杂志上,有年轻的福斯特[2]先生的一篇文章,这篇针对我的文章虽然谈的是另一个题材,但却使我别无选择余地,只好同时达到两方面的目的。这第二个方面,也就是针对福斯特先生阐明我的假说,部分由于我的职务工作,部分由于老年人难免经常感到的不适,我一直未能实行,所以事情一直耽搁到现在。这里,我冒昧地附寄上一篇文章,并请您在《德意志信使》杂志上给它留出一席之地。

最后终于确切地得知,您就是那些光彩夺目的书信的作者,这使我感到非常高兴。我本来曾委托哈勒的出版商格鲁内特,把我的《实践理性批判》送您一册样本,以便稍稍表示我对您的敬

132

意。但是,由于我不能确切地告诉他您的详细地址,他回答说,根据我的说明,他无法执行这个委托。

请您把所附上的信寄给他,如果他手里还有样本的话,他会把书送给您的。在这本小册子中,彻底解决了旧派人物误以为在我的批判中发现的许多矛盾,相比之下,如果这些人不愿放弃他们那种陈旧的补绽工作,那么,他们所不可避免的矛盾是隐藏不住的。

尊贵的人,在您新开辟的道路上奋勇前进吧!您所面对的不是出众的才能、超群的见识,而只是忌妒,然而忌妒总归要被人战胜的。

我并不是自负,我可以保证,我在自己的道路上前进得越远,就越不担心某种矛盾或者结盟(在当前,这种结盟是司空见惯的)会给我的体系带来严重的损害。这是一种内在的信念,我之所以形成这样的信念,是因为我在推进到其他方面的研究时,不仅发现我的体系总是自身一致的,而且,如果我有时不能正确地确定某个对象的研究方法,那么,只要我能够回顾一下认识和与此相关的心灵能力各要素的全貌,就能找到我所期待的答案。我现在正忙于鉴赏力的批判。在这里,将揭示一种新的先天原则,它与过去所揭示的不同。因为心灵具有三种能力:认识能力,快乐与不快的感觉,欲望能力。我在纯粹(理论)理性的批判里发现了第一种能力的先天原则,在实践理性的批判里发现了第三种能力的先天原则。现在,我试图发现第二种能力的先天原则,虽然过去我曾认为,这种原则是不能发现的。对上述考察的各种能力的解析,使我在人的心灵中发现了这个体系。赞赏这个体系,尽可能地论证这个体系,为我的余生提供了充足的素材。这个体系把我引上了这样一条道路,它使我认识到哲学有三个部分,每个部分都有它自己的先天原则。人们可以一一地列举它们,可以确切地规定以这种方式可能的知识的范围——理论哲学、目的论、实践哲学。其中,目的论被认为最缺乏先天规定根据。我希望,这一题为《鉴赏力批判》的作品,在复活节前即使不能付印,至少也要完稿。

请向您的岳父先生转达我深切的敬意和诚挚的感激之情,他那无与伦比的著作给了我多方面的快乐。

如果时间允许,请经常告诉我一些有关学术界的新闻。我们这里和学术界的距离是相当远的。学术界和政治界一样,有战争、有结盟、有密谋,等等。我不能、也不愿去参与这套把戏。但知道其间的一些东西,不但是有趣的,而且有时对辨别方向也是有益的。

我衷心地希望,收到这封信会在您心中产生对我的好感和友谊,就像您那些才华出众、真挚感人的书信在我心中所产生的那样。这些信不论是对我,还是对学术界,都是令人感念不忘的,尽管当时不知出自谁人之手。向您致以最崇高的敬意。

　　　　　　　　　阁下您最忠顺的仆人伊·康德
　　　　　　　　　　　1787 年 12 月 28 日
　　　　　　　　　　　于哥尼斯贝格

又及:这封信由于意外的事故误了邮班,我已利用这个空隙,在所附的文章中加了几处我认为是必要的插话和注解。此稿需要请一位懂行的校对者,才能使主要在第 6 和第 7 印张里那些用符号标出的地方不致失去联系。因此,请费心给予提醒。在这篇文章出版之后,请立即邮寄我一份。我不太相信,宫廷顾问魏兰德[3]先生会把这篇东西当作一种论战性的文章,从而对在他的《信使》杂志上采用这篇东西而有所顾虑。我尽力避免在这篇文章中采用一种根本不符合我本性的腔调,我只求努力通过解释来消除误解。

　　　　　　　　　　　　　　　伊·康德
　　　　　　　　　　　1787 年 12 月 31 日

请费心把附信转交许茨教授先生。

[1] 莱因霍尔德(Karl Leonhard Reinhold, 1758—1823),耶拿大学哲学教授。

[2] 福斯特(Johann George Forster, 1754—1794),旅行家,作家。

[3] 魏兰德(Christoph Martin Wieland, 1733—1813),莱因霍尔德的岳父。

42 致卡尔·莱昂哈德·莱因霍尔德

1788 年 3 月 7 日

　　尊贵的人！请接受我最衷心的谢意。感谢您为一项事业所付出的辛劳以及给予它的关注。这项事业也许是由我给予了第一次推动，但它的完成、明朗化以及传播，却必须寄托于才华横溢的、富于正义感的年轻人，例如您就是这样的一个人。您的阐述方式明白易懂，惹人喜爱，同时，与重大的运用联系起来看，也显得深思熟虑，因此，我愉快地期待着您的批判哲学**导言**。[1] 乌尔利希[2]先生又在以他的反对派活动来建立名声，但是，他最近的新书预告[3]即一种用过去司空见惯的诡辩术装饰起来的自然机械论，仅仅借助于自由的空洞名称，肯定不能扩大他的追随者队伍。看到抨击批判哲学的人在如何更好地行动这一点上，根本无法一致起来，这绝对是颇有教益的，至少对那些不愿意参与论战的人来说是一种安慰。人们只需要平静地等待，充其量偶尔注意一下误解的要点，此外，依然如故地继续自己的进程，其目的是希望，一切将会逐渐地纳入正轨。雅可布教授曾提及创办一家专门进行这种检查的杂志，我觉得这个想法很出色，只要人们在事先

136

就需要雇用的第一批工人进行充分的协商就可以了。因为此时如果不把宣布,或者更清楚地说,如果不把规定这个现有的体系当作本来的目的,那么,这一点就会成为前所未闻的因由,使人去按照一个井然有序的计划,完全彻底地检验整个思辨哲学连同实践哲学**在其原则方面**最有争议的地方。以后,一些在默默地思维着的人物将会参加这项工作的,他们不愿意参与广阔的工作,但却不会拒绝以简短的文章发表自己的思想(当然这种简短的文章必须大部分是纯粹的内核,而不能大部分是外壳)。为此,我可以建议马堡的贝林教授,充其量还可以建议我们的宫廷布道人舒尔茨参与合作。名流们必须全部取消,而像施洛塞尔[4]和雅可比[5]这样的人物,虽然有点古怪,却必须给他们留下位置。不过,以后还会有更多的事情的。

整个夏季学期,我始终被异常繁重的工作所困扰,这就是大学校长职务,与此同时,还有哲学系系主任职务,三年中,已经先后两次眷顾我了。尽管如此,我仍然希望能在米迦勒节前后拿出我的《鉴赏力批判》,从而完成我的批判活动。您为把我那篇相当平淡无奇的文章刊登在《德意志信使》杂志上付出了努力,对此,我表示衷心的感谢。为使这篇文章付印,您所付出的校对工作,超出了这篇文章本身理应享有的待遇。您可敬的岳父先生的精神一直充满了青春的活力,请代我向他致以最崇高的敬意。

您的伊·康德

1788 年 3 月 7 日

于哥尼斯贝格

[1] 指莱因霍尔德的《康德哲学迄今的命运》。

[2] 乌尔利希(Johann August Heinrich Ulrich, 1746—1813),耶拿大学哲学教授。

[3] 指乌尔利希的《自由论,或论自由与必然性》。

[4] 施洛塞尔(Johann Georg Schlosser, 1739—1799),埃门丁根官员。

[5] 雅可比(Friedrich Heinrich Jacobi, 1743—1819),哲学家。

43 致约翰·舒尔茨

1788 年 11 月 25 日

德高望重的、极为尊敬的先生：

在关系到纠正人类认识，尤其是诚挚地、直言不讳地描绘我们的能力的著作中，不是通过隐瞒自己体系中出现的错误，也不是通过拉党结派、说人坏话从而制造幻象，而是在任何地方都以"以诚待人"这句话作为座右铭，这完全符合我的思维方式。因此，我之所以期望能在出版之前看到您现在开始撰写的大作，目的就在于抢在将来的许多争论之先，消除掉很容易就能够消除的误解，通过互相通报消息使这项研究活动变得更容易。由于我们离得很近，所以，互通消息是很容易的。

因此，请允许我对与我的命题对立的论断提出一些疑问，这种论断认为，算术不包含先天综合认识，只包含分析认识。

普遍的算术（代数学）是一门如此**日益扩展的**科学，以致人们举不出任何一门理性科学能在这一点上与它媲美。甚至纯粹数学其他部分的发展，也绝大多数要依靠普遍的数量学说的扩展。假使这种数量学说是由纯粹的分析判断构成的，那么，说分析判断纯粹是诠释判断，这个定义起码是不正确的。这样，就出现了

139

一个重要的、难以回答的问题：通过纯粹的分析判断扩展知识何以可能？

对于上面所说的数量，我可以通过某些聚合和分离的方式（无论是加还是减，二者都是综合）来制造一个概念。这个概念虽然在客观上是同一的（例如在每一个等式中），但在主观上，则由于我为了获得那个概念所采取的聚合方式而很不相同。结果，由于判断通过另一种聚合方式（这种方式更简单，更适合于绘制），取代了前一种方式，但尽管如此，前一种方式仍然照样规定着客体，所以，判断当然超越了我关于综合而形成的概念。我可以通过 $3+5$，可以通过 $12-4$，也可以通过 $2×4$，还可以通过 2^3，来达到某一数量的同一个规定性，即 8。然而，在我的 $3+5$ 这一思想中，根本没有包含 $2×4$ 的思想，同样也没有包含 8 这个概念，虽然它与前两者具有同样的值。

当然，算术没有**公理**，因为算术本来不是以定量（das Quanturm），也就是说，不是以直观的对象即数量为客体的，而是纯粹以量（die Quantität），也就是说，以通过数量的规定而就一件事物本身形成的概念为客体的。但是相比之下，算术具有**公设**，也就是说，具有直接确定的实践判断。因为，如果我把 $3+4$ 看作对一个**问题**的表述，从而为 3 和 4 这两个数字寻找第三个数字，即 7，并且把其中的一个数字看作另一个数字的补数，那么，问题通过极简单的活动就解决了。这种活动不需要通过决议来作出特殊的规定，4 这个数字带来的逐渐相加，只可以看作 3 这个数字计数的延续。$3+4=7$ 这个判断虽然好像是一个纯理论的判断，而且在客观上也是这样被看待的，但在主观上，加号表示了一种综合，即从两个给定的数字中得出第三个数字，同时也表示了一个问题，解决这个问题既不需要规定也不需要证明，因此，这个判断是一个**公设**。假如它是一个分析判断，那么，我在 $3+4$ 那里和在 7 那里**思维**的必然是同样的东西，判断也就会使我更清楚地意识到我自己的思想。因为 12 − 5 = 7 得出了 7 这个数字,在此,我思维的确实是我事先在 3 + 4 那里思维过的同一种东西,所以,按照 eadem uni tertio sund eadem inter se(分别与第三个数字相等的两个数字之间也相等)这个定理,当我思维 3 和 4 时,同时也就思维了 12 和 5,这是违背意识的。

　　一切**由概念构成**的分析判断都自在地具有一种特性,即它们能够提出一个谓词,这个谓词最多是作为肢概念包含在主词的概念之中的,它们只是需要定义,两个概念可能是互相说明的。然而,在一个算术的判断中,即在一个等式中,3 + 4 和 7 这两个概念必须是绝对互相说明的,在客观上必须是同一的。因此,7 这个数字必须不是从把 3 和 4 合并为一个数字这个习题的概念中,通过解析这个概念产生的,而是通过构思、即综合地产生的。这个构思说明了在一个先天直观中合并两个数字的概念,即说明了逐一的计数。在这里,构思出来的不是定量的概念,而是量的概念。因为把 3 和 4,乃至许多个关于数量的概念合并起来,可以得出关于一个数量的概念,这是一个纯粹的思想,即数字 7 是在合计中对这个概念的说明。

　　就像您清楚地觉察到的那样,时间对数字(作为数量的纯粹规定性)的特性没有影响,例如对任何一种变化(作为一个定量)的特性,这种变化自身只有相对于内感官的特殊状态及其形式(时间)来说才是可能的。如果不谈对数量的任何构思都必须采用的演算,那么,数学就是我们在思想中可以想象的纯粹理智综合。但是,只要数量(定量)是依此被规定的,它们就必须这样被给予我们,也就是说使我们可以逐渐地理解它们的直观。而这种理解又是服从于时间条件的。因此,除了可能的感性直观的对象之外,我们不能把任何对象置于我们通过数字进行的数量估价之下。数学只能包括感性领域,这是一个没有例外的基本原理。持续存在的神性完美的数量只能由现实性的总体来表现,而不能由数字来表象，即使人们以一个纯粹的理智单位作为尺度也不行。借此机会我冒昧地说明，由于反批判家们对每一种表述都要咬文嚼字一番，而第27页第4、5、6三行提到了一种**感性的**知性，以及似乎是赋予神的知性以一种思维，在这里作一些小的改动是有益的。

阁下，纯粹的数量学说可以先天地经历一场重大的扩展，如果您能够对它的根据作一番深思（第68、69页所说明的根据可能还需要加上所要求的演绎），那可是建立了一大功绩。在这件事情上，再也没有人比您更合适了。

我的不足为据的建议是：删去第二部分的第54—71页，如果时间不允许您着手进行所期望的那项研究，那就在上述页码的空处仅仅阐明这样一项研究的重要性。一个与下面的一切都形成了鲜明对比的命题，例如上述页码所包含的命题，对于那些为了逃避一切深刻的研究只需要一种遁词的人来说，简直是太有利了。他们的目的就是宣布先天综合判断什么也不是，为此只要有古老的矛盾律就够了。

请您原谅我的冒昧和草率，为了信守诺言，我只好这样勾画自己的思想。我尤其希望，您不要因为自己的从容不迫而受到您的出版商的催逼，若不然，将会有双倍的时间被用来进行争论。最好现在就决定预先留下时间，以便避开这些争论。

我希望能有幸就此与您面谈。向您致以最崇高的敬意。

阁下您的最忠顺的仆人伊·康德
1788 年 11 月 25 日

44^[1] 致亨利希·容-施蒂林^[2]

1789 年 3 月 1 日之后

　　尊贵的人，您充满兴趣地注视着一切涉及人的规定性的研究，这种兴趣为您的思想境界带来了荣耀。绝大多数思辨思想家都没有感觉到这种兴趣，而只是被自己学派的利益或者自己的虚荣所吸引。您追求着学说和希望的可靠根据，试图在福音中寻求这种追求的满足，寻求真正智慧的不朽主题。完成思辨活动的理性不仅与这个主题互相契合，而且，尽管它测量了自己的全部领域，但对它来说，某种东西依然显得模糊不清，为此，它需要得到教诲，在这方面，理性也找到了新的解释。在此，您做得很对。

　　基于这种意图，理性的批判对您很有益，这与其归功于我的成就，倒不如归功于您的思维方式，您这种思维方式善于从一切东西中——哪怕是有缺陷的东西——引申出优秀的东西。不过，我极少期望过您能从范畴体系中为公民立法和可能的公民立法体系寻求支持，当然，这个体系是一切从先天概念出发对某种科学认识的原则进行划分的基础。我相信您在这一点上不会出现失误。

143

您建议用作立法的划分基础的那些原则可能不大适用,因为它们还作为 praecepta(戒律)适用于**自然状态中的人**,甚至第三个原则,即"作公民社会的一员"也不例外。真正的问题在于,在一个已经预先设定的公民社会中是怎样立法的。我相信,可以按照范畴的顺序谈论这个问题。

第一,在**量**上,法律必须包含着一人为大家、大家为一人的性质。

第二,在**质**上,法律必须不涉及公民的目的(人们使每一个人都按照自己的爱好和能力追求幸福,每一种法律都涉及这种幸福),而是涉及每一个公民的自由,并且通过强制,把这种自由限制在使它能与他人的自由共存的条件下。

第三,就公民的行动之间的**关系**来说,法律必须不涉及公民针对自身采取的那些行动,或者公民以为是考虑到神而采取的那些行动,而仅仅涉及限制了其他公民自由的那些外在行动。

第四,在**样式**上,如果法律(作为强制的法律)对普遍的自由是**必然**不可缺少的,那么,它们必须仅仅以普遍的自由为目的。法律不能为了任意的目的,作为专断的、偶然的命令出现。

但是,公民联合的一般问题在于把自由与强制结合起来。强制与普遍的自由,以及对这种自由的维护,是可以一致起来的。通过这种方式,就产生了一个外在公正的状态(status iustitiae externae)。这样,在自然状态中仅仅是**观念**的东西,即权力,作为纯粹进行强制的权限,也**实现**了。

今年夏季结束前,我将开始撰写《道德形而上学》,打算在明年复活节前写完。在这部著作中,将要详尽地探讨公民制度的先天原则。

鉴于您那正直的思想境界,鉴于您的来信中流露出对一切美好事物的强烈关注,我大概不会说错:您并非毫无根据地认为我在自己的余年享有灵魂的安宁,我的安宁也使您的岁月变得快活,当然,这样的岁月您还将经历许多。

　　向您致以敬意和友谊。

您的忠顺的仆人伊·康德

[1] 该信在第 11 卷中原为草稿,其正文以同样号码编入第 23 卷。

[2] 容-施蒂林(Johann Heinrich Jung-Stilling, 1740—1817),马堡大学政治学教授。

45 | 致卡尔·莱昂哈德·莱因霍尔德

1789 年 5 月 12 日

我的最珍贵的、最亲爱的朋友，衷心地感谢您向我表达了您的友好意向，它和您的卓越的赠礼[1]一起，正好在我生日的第二天到达我这里。一位犹太画家列夫[2]先生在未征得我同意的情况下，为我画了一张肖像，据我的朋友们说，肖像在一定程度上还是像我的，但是，一位绘画行家却是一看就说，一个犹太人总是又画出一个犹太人。他对此嗤之以鼻，不过这也就够了。

关于埃贝哈德[3]的新进攻，我不能更早地告诉您我的判断，因为在我们这个地方，他的杂志的前三期连一期也找不到，我也只是在讲座上发现它们的，这样，我的答复就只好向后推迟了。人们起码会说，**像其他许多人一样，埃贝哈德先生没有理解我的意思**（因为在这里，人们还会把一些罪责加在我头上）。但是，以下的解释将会说明，他完全是存心不理解我，并使我变得不可理解。

在他的第一期杂志中，他俨然是一位意识到自己在哲学读书界中有影响的人物。他谈到批判哲学引起的轰动，谈到已被超越了的乐观期望,谈到许多人陷入,其中一些人至今尚未痊愈的麻醉状态(就像一个为舞台或者为梳妆台写作的人,谈到他的情敌似的)。就像一个对长时间地观看表演感到厌倦的人那样,他决定停止这种表演。不过,我倒是希望,他那种目空一切的江湖骗子腔调能够再提高一些。杂志的前三期已经构成了一个整体,其中第三期从307页开始对我的批判入门的要点展开了攻击,第317页作了祝捷式的结论:"因此,我们已经……等等。"我不能不就此作一些说明,以便使那些打算致力于谴责他的人,不至于忽略他的诡计。这个丝毫也不正直的人物善于用这样的诡计,从根本上把他自己的所有弱点和他的对手的所有强点都弄得模棱两可。我将仅仅指出前一段的页码和后一段的开端,其他的请您自己去查阅。对第三期的第四篇文章的反驳,已经可以使人们在认识方面和在品质方面,很好地认识这整个人物了。我的说明将主要针对第314—319页。

第314—315页谈道:"依此,区别是……"直到"如果我们在此应该对某种确定的东西加以思索的话"。[4]

他对先天综合判断的解释是纯粹的幻象,是无聊的同义反复。因为在先天判断这种表述中,已经蕴涵着:它的谓词**是必然的**。在**综合**判断这种表述中,也已经蕴涵着:它的谓词**既不是**那个被当作判断主词的概念的**本质,也不是**它的本质性内容,若不然,谓词就与主词是同一的,判断就不是综合的。被视为必然与一个概念联结在一起、但又不是通过同一性联结起来的东西,**作为某种他物**,可以看作通过包含在这个概念的本质之中的东西,也就是说,通过一个理由与这个概念必然地联结起来的。因为说谓词不能被看作包含在概念的本质之中,但却是通过概念的本质成为必然的,或者说谓词是以这种东西(本质)为理由的,即谓词必须被看作主词的属性,这都是一回事。因此,那个假冒的伟大发现只不过是一个无聊的同义反复。由于人们把逻辑的技术表述强加给它们所指的现实概念,因此,在这个同义反复中,就造成了一种幻象,好像人们真的指出了**一种解释的理由**似的。

但是,这个假冒的发现还犯有第二种不可原谅的错误,即它作为所谓的定义,却是不可逆转的。充其量我可以说,一切综合判断,其谓词都是主词的属性。但却不能反过来说,每一个判断,只要表述了它的主词的一种属性,就都是**先天综合判断**,因为还有**分析的属性**。在一个物体的概念中,广延是一个本质性的成分,因为这是一个物体的原初标志,这个标志不能从物体的其他任何标志中引申出来。但是,可分割性尽管也作为必然的谓词,属于一个物体的概念,但却是作为一个从属的谓词,是从那个谓词(广延)引申出来的,因而是物体的属性。这样,按照同一性的原理,从广延(作为集合体)的概念中引申出了可分割性,每一个物体都是可分割的,这个判断也就是一个先天判断,它以一个物的属性作为这个物(作为主体)的谓词,因此不是一个综合判断。所以,由于一个判断中的谓词是属性,它的特性根本不适宜于用来区分先天综合判断和分析判断。

所有这些开始时的迷误和后来制造的幻象,都建立在一种混淆之上,即把理由与结论的逻辑关系与现实关系混为一谈了。理由是这样一种东西,由于它,某种他物(不同的东西)被设定为**被规定了的**[quo posito determinate* ponitur aliud(借助于设定了的东西,另一种东西被设定为被规定了的)]。而结论(rationatum)则是这样一种东西,quod non ponitur nisi posito

---

* 这个表述[determinate(被规定了的)]在**理由**的定义中是不可缺少的。因为结论也是某种东西,如果我设定它,同时也就由于它而必须把某种他物看作被设定的,也就是说,结论总是属于一种作为理由的他物。但是,如果我把某物看作结论,那么,我就是设定了某一种理由、某种未被规定的理由[因此,a positione consequenttis ad positionem antecedentis non valet consequentia(推论不能从后件推到前件)这个规则就成为假言判断的基础]。相反,如果设定了理由,那么,也就设定了结论。

alio(如果不借助于设定了的他物,它就不能被设定)。因此,理由总是必须以某种他物作为结论。谁要是只不过把被给予的结论当作理由,那么,这就等于供认,他不知道(或者说,这件事情没有)任何理由。这样,差异或者是纯粹**逻辑的**(存在于表象方式之中),或者是**现实地**存在于客体之中。广延的概念与可分割性的概念不同,因为前者虽然包含了后者,但还包含更多的内容。但是,在事物自身之中却存在着二者之间的同一性,因为可分割性确实包含在广延的概念之中。这样,现实的区别正是人们为了作出综合判断所要求的那种区别。当逻辑学认为一切(实然)判断都必须有一个理由的时候,它根本没有考虑到这种区别,而是把它抽象掉了,因为这个区别针对的是认识的内容。但是,当人们说,每一件事物都有自己的理由,这时,指的却总是现实理由。

因此,如果埃贝哈德称充足理由律为一切综合命题的原则,那么,他只不过是理解了逻辑原理而已。但是,逻辑原理也允许有分析的理由,而且它还可以从矛盾律中引申出来。在这里,把他所谓的**非同一性**判断归结到其原则即充足理由律之上,却是他犯下的一个严重荒唐的错误,因为按照他自己的供认,充足理由律只不过是矛盾律的一个结论(而矛盾律却绝对只能论证同一性判断)。

此外,为了以后更好地注意埃贝哈德的方法,我还要论证一下。现实理由又分两种:或者是**形式的**(直观客体的现实理由),例如三角形的各边包含着角的理由;或者是**质料的**(事物**存在**的现实理由),它使包含它的那个东西被称作**原因**。形而上学的魔术师们转眼之间就做了手脚。从充足理由律这个逻辑原理跳跃到因果性这个先验原理,并且认为后者已经包含在前者之中,这是司空见惯的事情。nihil est sine ratione(无论什么都有理由),这句话无非是在说,一切都是作为结论存在。这句话本身是荒唐的,或者说,他们善于避开这种解释。究竟为什么**本质、属性**等整

149

个章节不属于形而上学（鲍姆嘉登把其他许多人带到了这个方向），而是仅仅属于逻辑学。因为逻辑的本质，即构成了一个给定概念的头等根本的东西，以及作为本质的逻辑结论的属性，我可以通过把概念解析为所有我就此思考到的东西，从而轻易地找到，但现实的本质（本性），即必然地属于一个给定事物的一切东西的头等内在理由，人们却根本不能从任何客体那里认识到。例如在物质的概念那里，广延和不可入性构成了整个逻辑本质，即构成了以必然的方式，原初包含在我和每一个人的物质概念之中的一切，但是，要认识必然地属于物质的一切东西的头等内在充足理由，却超出了人的一切能力。倘若从未注意过水、土，以及其他任何一种经验客体的本质，那么，甚至空间和时间的现实本质，以及何以前者有三个向量、后者只有一个向量的头等理由，对我们来说也是玄妙难测的。正是因为应该分析地认识逻辑本质、综合地和先天地认识现实本质，综合的理由才必然是头等理由，**我们至少必须停留在这一点上。**

　　说数学判断只能说明综合的属性，并不是因为所有的先天综合判断仅仅与属性有关，而是因为数学只能作出综合的和先天的判断。在第 314 页，埃贝哈德援引了这样的判断作为例证，他谨慎地说："在数学之外是否也存在有这样的判断，目前还不能作出结论。"为什么他不从在数学中遇到的各种判断里至少提出一个判断来进行比较呢？要找出一个经得住这种比较的判断，对他来说必然是不容易的。但是，在第 319 页，他却敢于提出下面这个判断，他认为这个判断明显是一个综合命题。但实际上，这个命题却显然是分析的，这个例证是不成功的。这个命题就是：**一切必然的都是永恒的；一切必然的真理都是永恒的真理。**因为就后一个判断来说，它无非意味着，必然的真理是不局限在任何偶然的条件之下的（因而也不局限在时间中的任何一个位置上），这同必然性的概念是同一的，并且构成了一个分析的命题。但是，如果他想说，必然的真理在任何时间都是现实**存在**的，那么，这就是一个人们不能苛求于他的无稽之谈。但是，他不能为此起见从一个**事物**在任何时间的存在来理解第一个命题，否则，第二个命题与它就没有任何联系了。开始时我认为，**永恒**真理以及其对立面**暂时真理**，这些表述不过是一种装腔作势，尽管在一种先验批判中是很不应有的装腔作势，或者是矫揉造作地使用比喻的名称。现在我觉得，埃贝哈德是在真正的意义上使用它们的。

　　第318—319页提道："康德先生觉得只有非必然的真理……"等等，直到"只有经验判断才是必然的"[5]。（这里是一个严重的误解，或者说，这在事实上是有意把一种表象方式错误地强加给我，以致人们早在事先就对此形成了一种概念，似乎下面的结果是必然的）。

　　对手们曾多次说过，综合判断与分析判断的区分早已众所周知。但愿如此！不过，人们之所以没有看到这种区分的重要性，是因为人们把一切先天判断都看作分析判断，而仅仅把经验判断看作综合判断。这样一来，一切益处都消失殆尽。

　　现在该结束了。埃贝哈德先生在第316页说："人们徒劳无功地在康德那里寻找综合判断的原则。"然而，**从判断力的图式**这一章开始，这个原则贯穿了整个《纯粹理性批判》，而且解释得明白无误，尽管没有以一个特殊的公式提出来。它的内容是：**理论认识的一切综合判断只是由于给定的概念与一个直观的关系才是可能的。**如果综合判断是一个经验判断，它就必须以经验的直观为基础；但是，如果它是一个先天判断，它就必须以纯直观为基础。由于（对于我们人来说），不可能具有纯直观，（由于没有任何客体是被给予的），因此，如果纯直观不仅仅存在于主体的形式和它被对象刺激的表象感受性之中，那么，先天综合判断的现实性就已经自在地证明，它们只能涉及感官的对象，而且不可能超越现象，即使我们不知道，空间和时间是感性的形式，我们为了拥有先天综合命题,给先天概念配上了这种直观,而这种先天概念就是范畴。但是,如果我们拥有了范畴及其起源,并将其仅仅看作思维的形式,那么,我们就会相信,尽管范畴自身单独地根本不能提供认识,与那些直观一起也不能提供超感性的**理论认识**,但是,它们却不用走出自己的圈子,就能被**出自实践的意图**当作理念使用。这正是因为,就现实存在的理性实践理念论证的超感性事物来说,对我们给予概念客观现实性的能力加以限制,并不会构成事物可能性的界限,也不会构成把范畴作为事物的概念使用的界限。这样,比起充足理由律那个什么也不规定的原则来,先天综合判断的那个原则就具有无限大的创造能力。就其普遍性来说,充足理由律被看作纯逻辑的。

尊敬的朋友,这就是我对埃贝哈德的杂志第三期的说明,我把这些说明完全交给您,任凭您使用。您在进行自己所计划的工作时表现出来的谨慎精神是符合您那谦虚的性格的,然而在对付这样一个人物时,如果过分发扬这种精神,则很可能不仅是不适宜的,而且是有害的。我将在两个邮政日之后给您寄去我关于第二期的说明的补充,其中您会看到对一种真正的险恶用心的揭露,同时还有对他的无知的蔑视,看到他总是喜欢把任何婉转的措辞都想象成软弱,因而也就只有清楚地揭露他的无稽之谈和歪曲,才能对他加以限制。我希望,您能把以上的说明全部当作您自己的东西加以利用,因为它们只不过是一些提示,促请您注意自己通过对这些题材的辛勤研究早已学到的东西。不过,就此我也给您充分的自由,如果您乐意,就可以附上我的名字。

对您的杰出的作品(1)我表示最衷心的感谢,但我还没有争取到时间把它从头到尾通读一遍。我迫切地期待着您关于表象能力的理论,我的《判断力批判》(《鉴赏力批判》是其中的一部分)将与它在同一个米伽勒节博览会上碰头。请代我向许茨先生、胡弗兰德[6]先生,以及您的可敬的岳父先生致以最衷心的问候。

向您致以最崇高的敬意和最真诚的友谊。

您的忠诚的伊·康德

[1] 指的是莱因霍尔德的《康德哲学迄今的命运》。

[2] 列夫(Johann Michael Siegfried Löwe, 1756—1831),犹太画家。

[3] 埃贝哈德(Johann August Eberhard, 1738—1809),哈勒大学哲学教授,康德的敌对者。

[4] 该处原文是:"依此,**分析**判断与**综合**判断之间的区别是:分析判断的谓词陈述了主词的本质或者主词的一些本质性内容,而**综合**判断的谓词则没有陈述属于主词本质或者主词本质性内容的规定性。当康德先生说,前一种判断是纯粹**解释性的**,而后一种判断却是**扩展性的**时候,如果我们应该在他的说明中对某种确定的东西加以思索,那么,以上所述必定是康德先生想说出来的东西。"

[5] 该处原文为:"在康德先生看来,他的综合判断只能被理解为非绝对必然的真理和绝对必然真理中的后一种判断,这种判断的必然谓词只能后天地被人的知性认识到。因为除了数学判断之外,只有经验判断是综合的。"康德显然把最后一句的"综合"误当作"必然"了。

[6] 胡弗兰德(Gottlieb Hufeland, 1760—1817),耶拿大学法学教授。

46 | 致卡尔·莱昂哈德·莱因霍尔德

1789 年 5 月 19 日

尊贵的朋友，我要为 12 日寄给您的说明再附上关于前两期哲学杂志的说明。这是一种很让人讨厌的工作（因为它必须纯粹是纠正词意的歪曲），即便是您，也不会要求我做这样的工作。但尽管如此，为了一开始就在学术界面前揭露一个只会玩弄阴谋诡计的作者的浅薄和错误，这个工作似乎还是必要的。

第 12 页："柏拉图和亚里士多德排除了……"[1]［在亚里士多德那里，情况正好相反。nihil est in intellectu, quod non antea fuerit in sensu（凡是在理智中的，没有不是先在感觉中的），亚里士多德学派的这句格言是把这个学派与柏拉图学派区分开来的标准，这个标准与洛克的基本原理是一致的。］

第 23 页："这种哲学的形而上学……"[2]（为此所需的素材，毫无例外都可以在批判中找到）

第 25—26 页下面："如果说，感性概念……"[3]［这里是加倍的无稽之谈。埃贝哈德把纯粹理性概念与纯粹知性概念混为一谈，又把纯粹理性概念看作从感性概念中引申出来的（当然，例如广延或者颜色也包含在感官的表象中），这与我所说的纯粹理性概念的标志正好相反。而且，间接直观也是一个矛盾。我只说过，可以给予一个纯粹理性概念以一个相应的直观，但在直观中，并不包含任何纯粹理性概念的东西。直观只包含杂多，知性概念把统觉的综合统一运用于杂多。知性概念自身是一个一般对象的概念，而直观则可以具有任意的方式。]

第 156 页："这无非是说……"[4]（在这里，它谈到了必然规律等等，但却没有注意到，批判的任务正是要回答：什么样的规律是普遍必然的，人们何以有权假定这些规律适用于事物的本性，也就是说，它们何以可能既是综合的，又是先天的，因为不然的话，人们就会和埃贝哈德在这个地方援引的克劳秀斯一起陷入危险，把出自习惯和不会以另一种方式解释对象的无能的主观必然性，看作客观的。)

第 157—158 页："就我这方面来讲，我……"[5]（在这里，人们会提出这样的问题，就像一个外地来的学者，人们指给他看巴黎大学的教室，并补充说：三百年来这里一直在讨论一个问题，即人们究竟发现了什么？)

第 158 页："我们可以一直为它的扩展继续努力，不研究……以这种方式……"[6][必须让他在这里停住，因为他的声明涉及了一个重要的观点，即是否理性批判必须走在形而上学前面，或者不必走在前面。从第 157 页到第 159 页，他证实了自己关于在批判中为什么要这样做的混乱思想，同时也在他想炫耀知识渊博的地方证实了自己的无知，以致仅仅在这个地方就已经暴露了他以后想制造的幻象。在第 157 页，他谈到了形而上学真理（在先验真理这一段的开头）和对这种真理的证明。但是，一个判断的任何真理，只要它是建立在客观理由之上的，就是逻辑的，而判断自身却可以属于物理学或形而上学。人们习惯于把逻辑真理与美学真理（诗人们的真理），例如把天空说成是一块云，把日落说成是沉入海中,对立起来。对于美学真理,人们只要求判断以所有的人都习以为常的假象为基础,因而也就是以与主观条件的一致为基础。但是,在仅仅谈到判断的客观规定理由的地方,还没有人在几何学的真理、物理学的真理或者形而上学的真理与逻辑学的真理之间作出一种区分。]

于是,他在第158页说:"我们可以暂时不研究真理的先验有效性,一直(为它的扩展)继续努力。"前面在第157页他曾说,逻辑真理的权利现在已经受到了怀疑。如今他又在第158页说,暂时没有必要研究先验真理(很可能正是他认为受到了怀疑的真理)。在第158页,他说:"以这种方式,甚至数学家**一字不提其对象的现实性**,就可以完成对整个科学的描绘。"从这一段开始,他表现出了自己最严重的无知,这不仅体现在他所谓的数学中,而且还表现在,他对理性批判鉴于直观所要求的东西的理解完全颠倒了,正是由于那种东西,才只有概念的客观现实性得到了保障。因此,人们必须在由他自己所援引的例证这里稍事停留。

对于所有的独断论来说,有一个非常令人讨厌,但却仍然毫不减弱的要求,即如果一个概念的客观现实性,不是由于对象能在一个与这个概念一致的直观中表现出来,而得到解释,那就不能承认它作为知识的资格。埃贝哈德先生想通过援引一字不提其概念对象的现实性,就可以完成对整个科学的描绘的数学家来摆脱这种要求。在选择例证,以便为自己的方法作论证这方面,他不可能再作出更不利的选择了。因为事情正好相反,不在直观中把对象表现出来(或者说,如果仅仅涉及无质的量,例如在代数学中,仅仅涉及以假定的符号表示的量的关系),概念就根本不能表达任何对象。他完全按照自己的习惯,不是通过自己的研究去考察事物自身,而是去翻那些他并不理解的书。在《阿波罗尼》的编者博莱里[7]那里,他找到了一段话,他觉得是相当符合自己的口味的。但是,哪怕他稍稍理解了博莱里所说的事物,他就会发现,定义,例如阿波罗尼[8]提出的抛物线定义,本身就已经是在直观中,即在按照一定条件所造成的圆锥截面中对一个概念的描述。这个概念的客观现实性就是定义,同时也就是这个概念的图示,在几何学中到处都是这样。但是,如果按照从这个定义中得出的这个圆锥截面的特性,即半纵坐标(semiordinate)是参数 P 与横坐标之间的中间等比线(die mittlere Proportionallinie),提出了下面这个问题:已知参数,如何划出一个抛物线(即,如何把各个纵坐标标在已知的直径上?),那么,博莱里说的就很有道理,这属于那种作为实用的结果出自科学、继科学之后的艺术。因为科学涉及的是对象的特性,而不是在既定的条件下创作这个对象的方式。如果圆周由一条曲线得到说明,这条曲线上的所有的点与一个点(圆心)的距离相等,那么,即使根本没提那个由此产生的**描述一个圆周**的实用命题(一条直线围绕一个固定的点在一个平面上运动),难道这个概念就没有在直观中被给予吗?数学从未缺乏过直观,数学借助于直观给予其概念以客观现实性,正是在这一点上,数学是理性的一切综合运用的优秀典范。在哲学认识中,确切地说在理论认识中,我们不能始终满足这样的要求,但是,我们必须满足于这一点,即我们的概念不能要求作为(客体的)认识的资格,作为理念,它们仅仅包含了在对象方面运用理性的范导原则,这些对象在直观中被给予,但按照它们的条件,却从未被完全认识。

第 163 页:"如此,这个规律(充足理由律)只能……"[9]在这里,他承认了自己在攻击批判这方面的许多盟友,即经验主义者,不愿意承认的东西,即**充足理由律只有作为先天的才是可能的**。但同时他又解释说,充足理由律只能从矛盾律中得到证明。如此,他必然把这个规律仅仅当作分析判断的原则,而他通过这个规律说明先天综合判断的可能性的计划由此也从一开始就被毁掉了。因此,证明落了个十分可悲的下场。由于他只不过说,任何**直言**判断都必须持之有据,因此,最初他是把充足理由律当作一个逻辑原则对待的(这个原则也只有当他把充足理由律由矛盾律加以证明的情况下才是可能的)。但是,在证明的进程中,他又在形而上学基本原理的意义上,即每个事件都有自己的原因,来使用这个规律,这就包含了一个与理由完全不同的概念,即现实理由与因果性的概念,这个概念与结论的关系根本不像逻辑理由的结论那样,可以按照矛盾律加以表现。因此,当第 164 页的证明以**"两个互相矛盾的命题不可能同真"**开始时,当他在第 163 页把"一股气流向东运动"这个例证与前面那个命题进行比较时,意味着把这个逻辑的充足理由律运用在这个例证上,即"空气向东运动"这个命题必须有一个理由。因为如果没有一个理由,也就是说,没有一个与空气这个概念和向东运动这个概念不同的观念,那么,就这个谓词来说,那个命题是完全不确定的。但是,所援引的命题,即一个经验命题,并不是纯粹被看作或然的,而是被看作实然的、**持之有据的**、在经验中,即在一种由知觉的联结构成的知识中有自己的理由的。但是,这个理由与充足理由律中所说的理由根本不一样(因为我所说的是根据知觉正在眼前的东西,而不是根据概念纯粹可能的东西)。因此,按照矛盾律,**判断**的分析的理由与涉及原因和结果之间在客体那里的综合关系的现实理由毫无共通之处。埃贝哈德从分析的充足理由律(作为一个逻辑的基本原理)开始,跳跃到形而上学的充足理由律,似乎他已经证明了这个规律。但这个规律本身始终是综合的因果律,在逻辑学中从来不可能谈到它。因此,他根本没有证明他想证明的东西,而是证明了毫无争议的东西,玩弄了一个粗劣的 fallaciam ignorationis Elenchi(盲目论证的手腕)。但是,除了对读者的这一有意羁绊之外,从第 163 页"例如,如果……",到第 164 页"……是不可能的",这段荒谬的论证也太过分了,根本不值得引证,如果以三段论的形式把它描述出来,其内容就是:如果没有一阵风正好向东刮的充分理由，那么，它也完全可以（这肯定是埃贝哈德在此要说的话，**否则**，这个假言命题的结论就是错误的）向西刮；现在，没有充足的理由；因此，这阵风完全可以**同时**向东和向西刮，而这是自相矛盾的。这个三段论犯了四名词错误。

就埃贝哈德证明了充足理由律而言，这个规律始终是一个逻辑基本规律，而且是分析的。从这个观点来看，认识的逻辑原则就不是两个，而是三个：1.定言判断的**矛盾律**；2.假言判断的（逻辑）**理由律**；**3.划分**（即在两个互相矛盾的判断之间排除中间判断）律，作为选言判断的基本规律。按照第一个基本规律，**首先**，一切判断就其**可能性**来说，作为**或然**判断（作为单纯的判断）必须与矛盾律一致；**其次**，就其逻辑**现实性**即真实性来说，作为**实然**判断（作为命题）必须与充足理由律一致；最后，作为**必然**判断（作为确定无疑的认识）必须与排中律一致。因为必然的肯定只有通过否定其对立面，通过把一个谓词的观念划分为两个互相矛盾的观念，并且排除掉其中的一个，才可以想象。

在第 169 页，他试图证明，简单的东西，即使是理智的，也可以直观地造成。这个试图的结局比其他试图更可悲。因为他谈到了**具体的**时间，作为某种集合，其简单元素应该是表象。但他没有注意到，为了表象那种具体时间的演替，人们必须以对**时间**的**纯**直观为前提，那些表象就是在这个时间中演替。由于在这个时间中，没有什么作者称作非形象的（或者非感性的）东西，因此，其结论毫无疑问地是，在时间的表象中，知性根本没有超越感性的范围。在第 171 页，他借助所谓的空间中集合物的最初的元素，即简单的东西，不仅排斥了所有的数学，而且也排斥了莱布尼茨的真正观点。现在，人们可以从第 163 页注明的东西中，就他从第 244 页到第 256 页所写的东西，以及他的逻辑的充足理由律的客观效力的价值，作出判断。在第 156 页，他试图从充足理由律(从此开始,他把这个规律理解为因果律)的主观必然性中,就这个规律由以构成的观念及其联结推出结论,认为其理由不仅必须包含在主体中,而且必须包含在客体中。虽然我怀疑,在这个混乱的地方是否弄懂了他的意思,但是,他有什么必要绕圈子,说这个规律是从矛盾律中引申出来的呢?

从第272页"我在这里必须引用一个例证",到第274页"没有任何现实性",对我关于没有任何直观与之相适应的**理性理念**以及超感性的东西所作的解释,他表现出了罕见的误解或者歪曲,使人有理由取消与这位人物的一切争论。不知在上封信中,我是否曾提及这一点? 他借口说,千角形的概念就是这类东西,但人们却可以在数学里从多种角度认识它。这是对超感性东西的概念的一种十分荒唐的错误认识,甚至一个小孩都能够发现这种错误。因为在这里,我们谈的是在一个对我们来说可能的直观中进行的描述。按照我们的感性的质,即我们概括杂多的想象力,这个图形的度无论有多大,即使是给我们一个百万角形,我们也可以甚至一眼就看出,它缺少了哪一条边。因此,这个观念不会不是感性的。在直观中描述一个千角形的概念的可能性,这个客体本身的可能性,仅仅在数学中就可以得到论证。不用担心为了使每一个人都能从各个部分认识这个图形所必需的量尺的大小,就能在各种要求上预先规定这个客体的绘制。——从这种错误的表象方式,人们就可以对这位人物作出评价。

在错误地摘引这方面,他是个行家,例如在第19—20页,尤其是在第301页。但是,在第290页,还有第298页等等,他做得更加出色,在这里,他成为一个真正的伪造者。他摘引了《纯粹理性批判》第一版第44页中的一段话,在那里我说过:**"莱布尼茨—沃尔夫哲学为一切自然研究……"**而他把它援引为:"康德先生对莱布尼茨……"[10]就像有些人习惯做的那样,说谎次数多了,最终自己也相信了自己所说的谎言,他也逐渐地开始热衷于使用那个据说用来反对莱布尼茨的过分的表述,以致"伪造"这个只存在于他的大脑中的词,竟在一页(第 298 页)中三次被加在批判的作者身上。他蓄意伪造了一篇属于争论的材料,人们应该怎样称呼这样一位人物呢?

作出这少许说明,我觉得已经够了,请您根据自己的意见加以利用,但在必要的地方,请加以强调。因为人们不能期望,这位把自夸当作骗取荣誉的公理的人物会谦虚起来。我本来想与他进行一番争论的,但是,这将会占去我想用来完成自己计划的全部时间,尤其是因为年老及其带来的虚弱,已经明显地表现出来了。因此,我不得不把这番劳作托付和推荐给我的朋友们,如果他们认为事物本身值得作一番辩护的话。其实,批判不仅激起了,而且也维持了普遍的震动,这种震动连同促成这种震动的各种同盟(尽管批判的敌对者们互相之间并不统一,而且将继续不统一),只会受到我的欢迎。甚至不断的误解和曲解,也常常促使我进一步规定那些引起了某种误解的表述。因此,对于所有这些攻击,人们尽可以从容为之,我对此毫无惧色。然而,这样一位由伪造集合的人物,熟知一切伎俩,例如援引名家的一些词句,加以曲解,以此吸引那些懒惰的读者,使他们盲目地相信自己。由于天性和长期的习惯,他在这方面熟练自如。对于这样一个人,在他的尝试刚一开始的时候,就把他揭露出来,这对公众的事业来说,实在是一件善举。费德先生虽然有各种各样的局限性,但他依然是一位正直的人。这是那个人在他的思维方式中所缺少的品质。

衷心感谢您对我的十分珍贵的友谊,对您的正直的品质,我表示崇高的敬意。

您的顺从的朋友和仆人伊·康德

1789 年 5 月 19 日

于哥尼斯贝格

[1] 该处原文是："柏拉图和亚里士多德排除了一切感性认识的可靠性,他们把这种可靠性限制在非感性认识或者知性理念的领域。最新哲学把这种可靠性从这个领域驱逐出去,仅仅在感性世界才接受它。"

[2] 该处原文是："这种(莱布尼茨—沃尔夫)哲学的形而上学被康德先生说成是毫无用处的。他介绍了一个未来的形而上学体系。但是,不可能有任何建立这个体系的迹象,因为对他来说,他的批判事先已经堵死了通向所有为此必需的素材的入口。"

[3] 该处原文是："如果说,感性概念是直观的,这当然是真的。它们是直接直观的。但是,知性概念也是直观的,只不过是间接直观的罢了。因为知性概念是从感性概念中得出的,因而可以在感性概念中被直观。如果它们是由抽象的概念集合而成的,那么,它们也就给这些概念带来了它们由以集合而成的抽象概念的间接直观的特征。"

[4] 该处原文是："如果它们(超感性对象)的逻辑真实性存在于我们的认识与它们的对象的一致之中,那么,我们怎样才能确信这种逻辑真实性呢? 人们对此的答复是:从它们的形而上学真实性必然地得出它们的逻辑真实性,二者是不可分割地联结在一起的。这无非是说,一旦想象力按照其必然的规律把某物看作是可能的或者在自身之外现实的,那么,它就必然是可能的,并且在想象力之外是现实的。"

[5] 埃贝哈德在该处断言了形而上学进步的可能性。

[6] 康德在下一段完整地引用了该处原文。

[7] 博莱里(Giovanni Alfonso Borelli,1608—1679),意大利数学家,物理学家。

[8] 阿波罗尼(Apollonius,约前262—前190),古希腊数学家。

[9] 该处原文是："如此,这个规律(充足理由律)只能被先天地证明。因为通过归纳来进行证明是不可能的。事物的理由在许多情况下是如此隐蔽,以致经验并不总是能够发现它们。因此,如果充足理由律只能被先天地证明,那么,我们只能把它从一个更高的基本规律中引导出来。除了矛盾律之外,不存在有更高的公理。充足理由律的普遍真实性只能从矛盾律中得到证明。"

[10] 该处原文是："康德先生对莱布尼茨—沃尔夫哲学提出了指责,指责'它伪造了感性和现象的概念,而且是通过把感性与理智的区别纯粹看作逻辑的来伪造的'。"

47 | 致马库斯·赫茨

1789 年 5 月 26 日

最尊贵的朋友，每次收到您的来信，都使我感到真正的高兴。在发展您那卓越的自然禀赋方面，我作出了一些微薄的贡献，您对此怀有那样高贵的感激之情，这是我的大多数学生所没有的。当一个人行将离开这个世界的时候，这要比他看到自己的一生没有白过，曾把一些人，哪怕只是很少几个人，培养成为有用的人，更能慰藉人心。

但是，亲爱的朋友，您是怎样想到把一大捆琐碎的研究资料寄给我，不仅要我从头到尾地阅读，还要我从头到尾地思考呢？我已经是 66 岁的人了，但还肩负着一个广泛的工作，要完成我的计划（这一方面在于提高批判的最后部分，即**判断力**部分，它不久即将问世；另一方面在于按照批判哲学的要求，撰写一个自然形而上学和道德形而上学的体系），此外，还有许多来信，要求我对某些问题作出特别的解释，这些都使我喘不过气来。我的健康状况也一天比一天下降了，由于上面提到的理由，我几乎已经决定把这些材料立即寄还给您。但是，对这些材料稍加浏览，我就立即发现了它们的优点。在我的反对者里面，不仅没有一个人能像

163

迈蒙[1]先生那样很好地理解我和我的主要问题，而且只有很少的几个人能像迈蒙先生那样，对这种深刻的研究具有敏锐的洞察力。这一发现促使我腾出现在才有的一点余暇，用来阅读他的著作。不过，我只能通读前两章，即使如此，我现在也只能简短地说上几句*。

如果我正确地理解了这两章的意思，则它们无非是要证明：如果知性处于一种为感性直观(不仅是经验直观，而且还是先天直观)立法的地位，那么，它自身必定是一个创造者，它或者是这些感性形式的创造者，或者是这些感性形式的质料，即客体的创造者。若不然，就不能正确地、令人满意地回答这个问题。按照莱布尼茨—沃尔夫的基本命题，如果人们把下边这种观点附在这些命题之上，也会发生上述情况。这种观点就是：感性与知性之间根本没有特殊的区别，感性作为对世界的认识，完全隶属于知性，两者之间只有意识程度上的区别。这种程度在前一种表象方式中是一个无限小，在第二种表象方式中是一个给定的(有限的)量。先天综合之所以具有客观有效性，只是因为神的知性是形式和世界(自在的)事物可能性的创造者，我们的知性只不过是神的知性的一部分，或者用他的话说，它和神的知性是同一种东西，尽管只是以有限的方式表现出来的。

但是，说这些观点是莱布尼茨或者沃尔夫的，我对此表示怀疑，虽然从他们关于感性与知性对立的解释中，确实能够推论出这种观点。那些熟悉莱布尼茨和沃尔夫学说的人，很难承认自己已接受了一种斯宾诺莎主义，但实际上，迈蒙先生的表象方式与斯宾诺莎主义是一回事，非常适宜用来从已知的东西出发反驳莱布尼茨派。

---

* 请把这封信转交给迈蒙先生。我想，不言而喻，这封信写出来并不是为了发表的。——康德原信边注。

其实，迈蒙先生的理论是：断言知性（也就是人的知性）不仅仅是一种思维能力，就像我们的思维能力乃至一切被创造物的思维能力那样，而且原本就是一种直观能力，思维不过是这种能力的一种方式，它把直观的杂多（由于我们的局限性，这种杂多是模糊的）纳入一个清楚的意识之中。与他相反，我把**一个客体的概念**（这个概念不在我们直观的最清楚的意识之内）总的来说归属于作为一种特殊能力的知性。也就是说，概念是统觉的综合统一，只有通过这种统一，直观的杂多（它们每一个我都能**特殊**地意识到）才能被纳入一个统一起来的意识中，成为一个客体的表象（这个客体的概念现在是通过那种杂多被规定的）。

现在，迈蒙先生要问：由于先天直观与我的先天概念的一致可以作为事实被给予，但这种一致的合法性或者两种异质的表象方式一致的必然性却无法使人理解，因此，如果先天直观和我的先天概念各自有不同的来源，那么，我如何解释它们之间一致的可能性呢？或者反过来问：我何以能够通过我的自身可能性还成问题的知性概念，例如原因概念，来为自然即客体立法呢？最后还有：知性的这些功能确实存在于知性之中，这完全是一个事实。如果我们想把事物按照它们总是显现给我们的样子置于这些功能之下，就必须预先假定一种必然性。那么，我何以能够从知性的这些功能来证明这种必然性呢？

我对这些问题的答复如下：全部问题的出现乃是由于，一个在这些条件下可能的经验认识，是在主观的考虑之中，然而同时又是客观有效的，因为这些对象不是些自在之物，而是单纯的现象，因此，它们被给予时所采取的形式，无论是从形式上的主观性，从我们直观方式的特殊性方面说，还是从杂多在意识中的统一，从客体的思维和认识方面说，都依赖于我们，依赖于我们的知性。所以，只有在这些条件下，我们才能经验它们，如果直观（对作为现象的客体的直观）与客体不一致，那么，对我们来说，客体

165

就成为乌有,也就不是**认识**的对象,既不是我们自己的认识对象,也不是其他东西的认识对象。

这样看来,问题就很清楚:如果我们作出先天综合判断,那也只涉及作为单纯现象的直观对象。即使我们能够有一种理智直观(例如,对象的无限小元素就是本体),按照我们知性的本性,这样判断的必然性也是不能产生的,虽然这样一个概念作为必然性存在于我们的知性之中。因为像三角形两边之和大于第三边,就只不过是单纯的知觉,但这种特性必然地属于三角形,就不是单纯的知觉了。这样一种感性直观(如空间和时间)、我们感性的形式或者逻辑从知性中展示出来的那些知性功能,它们自身如何可能,或者说,一个形式如何与其他形式相一致而成为可能的认识,这些问题都是我们无法进一步说明的。若不然,我们就必须有一个和我们本有的直观方式不同的直观方式,必须有另一个能够和我们本有的知性相比较的知性,它们每一个都能够确定地表述自在之物。我们只能通过我们的知性来判断一切知性,通过我们的直观来判断一切直观。但是,回答这种问题是根本不必要的。因为,如果我们能够说明,**对事物的认识**,甚至经验的认识,只有在那些条件下才是可能的,那么,其他一切(不以这种方式被制约的)事物的概念对我们说来,不仅都是空的,根本不能用于任何认识,而且,没有那些条件,一个可能认识的全部感官材料就永远不能表象客体,甚至于不能达到认识我自己(作为内感官的客体)所必需的意识的那种统一。我将永远不会知道,我享有这些材料,从而对于作为能认识的存在物的**我**来说,它们完全是乌有。在这种情况下,(如果我把自己想象成动物)它们作为按照一个经验的联想律结合起来的表象,仍然影响着我的情感和欲望能力,并且尽管没有意识到我的规定存在(假定我能意识每一个个别的表象,但不能借助它们的统觉的综合统一,去意识它们与它们客体的表象统一的关系),但它们照样在我自身之内有规律地活动着,我由此一点也不能认识我自己的状况。

一个思想深刻的人，却不能完全弄清一个在他面前经常出现的思想，猜测这样的思想，是一件令人为难的事情，尽管如此，我仍然说服自己，相信莱布尼茨在谈到前定和谐（他把前定和谐弄得很普遍，在他之后还有鲍姆嘉登也是这样做的）时，并不是指的两种不同事物的和谐，例如感觉与知性事物的和谐，而是同一事物的两种不同能力的和谐，在这同一事物中，感性和知性相一致，成为一个经验认识。如果我们想要对感性和知性的起源作出判断，即使这种研究完全超出人类理性的界限，除了神圣的创造者，我们对此也提不出更多的理由来，虽然只要它们一旦被给予，我们就能够完满地解释借助它们作出先天判断的权限。

关于这些问题我只说这么多，由于时间不多，不能更详细地说了。我只想指出，用不着与迈蒙先生一道去接受**知性观念**。在一个圆周线的概念中，无非包含着：从这个圆周到一个点（中点）的所有直线都是彼此相等的，这不过是判断的普遍性的一个逻辑功能。在这个判断中，一条线的概念构成了主语，它的意思只不过是**任何一条**线，而不是在一个平面上从一个点所能画的线的**全体**。若不然，任何一条线都同样有权利是一个知性观念，因为它把两个只有在它之中才可想象的点之间的一切线，都作为部分包含在自身之中，而这样的点的数量则同样是无限的。这条线可以无限地分割，这并不是观念，因为它的意思只不过是一个分割的延续，这种延续不受线的长短的限制。但是，就其整体性来说，这种无限分割要被看作完成了的，它是（集合的）条件的绝对整体性的一个理性观念，由于无条件的东西根本不出现在现象身上，所以，在感性对象身上不可能找到理性观念。

一个圆的可能性也不以"一条直线围绕一定点运动而成圆"这样的实践命题为依据，而成为单纯或然性的，这种可能是在圆的定义中被给予的，因为圆是通过定义自身构成的，也就是说，它是在直观中被表述的,虽然不是在纸上(经验直观),但却是在想象中(先天地)被表述的。因为我可以用粉笔在一块平板上随意画一个圆,并在这里设定一个点,这样,我就可以以一个事实上真实的(所谓)名称定义为前提,借助这个点很好地证明这个圆的全部性质,虽然这个圆与通过固定在一个点上的直线的绕行所描绘的圆并不切合。我假定,圆周上的那些点与中心点的距离都是相等的。"画一个圆"这个命题是从定义(或者所谓的公设)派生出来的实际推论。如果可能性,甚至图形可能性的类本不在定义中,那么,也就根本不能要求有这个推论了。

至于对一条直线的说明,那就不能通过这条直线的所有部分在方向上的一致而产生。因为方向(就是一条把运动区别开来的直线,它不涉及运动的量)的概念本来就以直线的概念为前提。不过这是无关紧要的。

此外,迈蒙先生的著作中还包含着机智的说明,如果把它公开发表,不会不给他带来好评。尽管他和我所循的道路完全不同,但这一点也不会得罪我。因为他和我都一致认为,必须通过规定形而上学的原则来进行一场改革,但这种改革的必要性只得到了很少几个人的承认。然而,尊贵的朋友,您要求把这一著作附上我的推荐出版,似乎不大合适,因为它毕竟主要是**反对我**的。这部著作如果出版,我的判断就是这样。您要我就这本书按它现在的样子出版这件事发表意见,我认为,由于迈蒙先生不会不希望人们充分理解他,因此,他应该利用准备出版这本书的时间,给人提供一个完整的东西。其中不仅要讲他自己怎样看待先天认识的原则,还要讲按照他的体系如何解决纯粹理性的任务,这个任务的解决构成了形而上学的目的的本质。在这里,纯粹理性的二律背反提供了一块很好的试金石,也许可以使他相信,人们不能把人类知性看作与神的知性在类上同一的,仅仅在范围上、即在程度上才与神的知性有所区别。决不能把人的知性看作像神的知性那样,是一种**直观**的能力,而只能把它看作一种**思维**的能力。为了产生出知识来,这种能力必须有一个与它完全不同的直观能力(或者直观的感受性)来帮忙,或者更确切地说,来作为素材。由于后者,即直观,只能给予我们以现象,而事物自身则是一个单纯的理性概念,因此,完全是从这二者的混淆中产生出来的二律背反就永远也得不到解决,除非人们按照我的基本原理推论出先天综合命题的可能性来。

永远是您的

忠实仆人和朋友　伊·康德

[1] 迈蒙(Salomon Maimon, 1753—1800),犹太哲学家,门德尔松的学生,这里说的是他的著作《论先验哲学》。

48 | 致弗里德利希·亨利希·雅可比

1789 年 8 月 30 日

高贵的、至堪敬慕的先生：

承蒙阁下居中介绍，以及商务枢密顾问费舍尔[1]先生为我预订，文蒂施-格勒茨伯爵[2]先生送我的礼物以及他的哲学著作，已经准确无误地到我手中，我还通过书商西克斯特，及时收到了《形而上学史》的第一版。

在您方便时，请代我向这位先生转达我衷心的感谢，同时转达我对他作为一位哲学家所表现出来的才能的极大敬意，这种才能是与一位世界公民的最高贵的思想境界紧密相关的。在所说的后一部著作中，我高兴地看到，伯爵先生从自身出发，而且在同一时间，以清晰的、流畅的行文，阐述了我试图以一种墨守成规的方式来造成的东西，即恢复人性中的高贵动机的纯洁性，并使它们发挥作用。长久以来，这种高贵的动机被混合在自然的动机之中，甚至完全混淆在一起，根本没有产生人们有理由期望它们产生的结果。我非常渴望能看到这一研究得以完成，它明显是与另两部著作（一部是关于秘密团体的，一部是关于君主国宪法的任

170

意改变的)联结为一个体系的。而后一部著作,或者作为奇迹般
地应验了的预言,或者作为给予专制君主们的明智建议,在欧洲
目前的危机中,必然具有重大的影响。还没有哪一位政治家曾经
在这样的高度寻求过治理人们的艺术的原则,哪怕仅仅是懂得寻
求这样的原则。即使如此,他们的一切建议也从未产生过信念,
更不用说产生效果了。

同样,我也对阁下寄给我的杰出作品,新版的《斯宾诺莎的学
说》表示衷心的感谢。您率先极清晰地描述了围绕着神学的目的
论方法的、并且很可能就是使斯宾诺莎建立起自己体系那些困
难,从而取得了成就。对于一项意义重大,但目标遥远的研究来
说,仓促写作在任何时代都会给周密的认识造成损害。指明礁石
的人,并没有因此而设置了礁石。尽管他宣布不可能**鼓满风帆**
(独断论之帆)穿过这些礁石,但并没有因此否认顺利通过的**一切**
可能性。我并不认为,您判定理性的罗盘是不必要的,甚至是把
人引向歧途的。某种参与思辨的东西,只能包含在理性之中。我
们虽然可以称谓(称作自由,即我们的因果性的一种超感性能
力),但却不能理解的东西,就是理性的必要补充。为了达到这个
有神论的概念,理性是否只能通过唯有历史才能教导我们的东
西,或者只有通过一种我们无法理解的、超自然的、内在的影响才
能被唤醒,这是一个只涉及次要事情,即只涉及这个观念的产生
和恢复的问题。因为人们同样可以承认,如果福音事先并没有教
授完全纯洁的普遍道德规律,理性至今也不会发现它们的这种完
美性,**尽管只要它们一旦存在**,人们就可以(在现在)通过单纯的
理性,说服每一个人相信它们的正确性和有效性。您极为详尽地
批驳了斯宾诺莎主义与赫尔德的《上帝》之中的自然神论的混合。
在根本上,缺乏正直的品质通常是一切混合的基础,这是一种专
属于那些以幻相骗人的伟大艺术家的心灵特征(他们就像幻灯一
样,在一瞬间就展示出奇迹,然后又一下子就消失了。尽管如此,

他们仍然引起了那些无知者的赞赏,使他们相信,必然有某种非常的东西隐蔽在后面,只是他们捕捉不到罢了)。

我在任何时候都认为自己有义务尊重那些有才华、有知识而又正直的人物,即使我们意见相左也无所谓。您可以从这个角度出发来评价我在《柏林月刊》上发表的文章,《何谓在思维中确定方向》。我接到了不同方面的要求,要我为自己洗清斯宾诺莎主义之嫌,我的爱好也迫使我这样做。但我希望,您在其中不会发现任何背离那个基本原则的痕迹。在任何时候,我都是怀着内心的痛楚觉察到他人对您以及您的可敬的朋友的观点进行攻击,并针对他们提出抗议。但我不知道,何以那些本来善良、聪慧的人物总是颠倒地对待一种成就,如果这成就是反对他们的,他们就觉得这是不合理的。然而,真正的成就不会因为投在它身上的这种阴影,而失去它自身放射的光辉,它依然不会被低估。

我们的哈曼[3]在库兰德的凯塞林伯爵那里接受了一个家庭教师的席位,他对此感到很满意。他这样做的目的,主要是想通过给别人讲授他各方面的知识,从而使这些知识系统化。他是一位正直可敬的人,想献身于教育事业。而且由于他在短时间内失去了父母,因而也想以后为他在祖国守寡的姐姐提供一些帮助。

我希望,命运将赐给阁下以愉快的心情和健康的体魄,使您能够长期地从事您最心爱的研究活动,对作为人类普遍福祉基础的重大原则进行反复的思索,这是所有研究中最高贵的研究。向您致以最崇高的敬意。

阁下您最忠顺的仆人伊·康德

1789 年 8 月 30 日

于哥尼斯贝格

[1] 费舍尔(Carl Konrad Fischer),哥尼斯贝格商务顾问。

[2] 文蒂施-格勒茨伯爵(Josepo Niclas Reichsgraf von Windisch-Graetz, 1749—1802),政论家。

[3] 哈曼(Johann Michacl Hamann, 1769—1813),教师,约翰·格奥尔格·哈曼(Johann Georg Hamann, 1730—1788,神秘主义者,康德友人)之子。

49 致路德维希·恩斯特·鲍罗夫斯基

1790 年 3 月 6 日—22 日

您问我,目前日益加剧的这种耽于狂想的倾向是从哪里来的,如何才能消除这种弊病。对于精神病医生来说,这两个问题是一个难以解决的任务,就像几年前风靡世界、在维也纳所说的俄国感冒(流行性感冒)一样,那场病使许多人不断地病倒,后来却自己突然消失了。这对于治疗肉体疾病的医生,与前者对于治疗精神疾病的医生一样,有许多类似的东西,医生可以更好地描述这种疾病,但却不能很好地认识到它的起源,或者消除这种疾病。如果医嘱只是饮食方面的,只是把冷水当作对症药,而把其他事情托付给良好的体质,对病人来说的确是一种幸运。

我觉得,目前普遍流行的**读书欲**,不仅是传播这种疾病的导体(工具),而且也是产生这种疾病的毒剂(瘴气)。富有的阶层,时而还有高贵的阶层,虽然在认识上不要求比那些必须在布满荆棘的道路上谋求全面认识的人更优越,但至少要求与他们平等,因而就满足于似乎在图表和肤浅的摘要中摄取科学的精华,然而却喜欢无视在夸夸其谈的无知与全面的知识之间很快就能发现

174

的那种不同。如果他们把那些只具有不可靠可能性的不可理解的事物当作事实，并且要求缜密的自然科学家给他们作出他们自己想就这个或那个梦想的满足所作出的那种解释，例如报应、占星术的预言、或者把铅变成金等等，这一点就表现得更加明显了。这时，如果事实得到了承认（他们对此没有争论），他们一个比一个显得无知。要学会而且知晓自然科学家所知晓的然而，对他们来说是困难的。因此，他们试图通过把事物纳入双方都不知晓、不认识的轨道，而以比较简便的方法取消这种不同。这样，他们就有了对事物作出各种各样判断的自由，在这里，自然科学家也不可能做得更好。由此出发，这种嗜好也就以低俗的方式在其他人中蔓延开来。

对付这种弊病，我看不出有什么别的办法，除非把学校里的五花八门的学习归结为对少量东西的认真学习，并且不仅要根除这种读书欲，还要使这种欲望成为有目的的行为。这样做的目的，是为了使受过良好教育的人只喜欢他学过的东西，这种东西在洞察力方面能给他带来现实的利益，而对其他东西，他只会感到厌恶。在《一个旅行者的评论》中，一位德国医生（格里姆[1]先生）曾指责了他所谓的**法国式万事通**。不过，长期以来，这种万事通并不是那么不体面，除非它在一个德国人那里发现了自己。通常，德国人总是从这里面创造出一个笨拙的体系，事后，连他自己也不能轻易地摆脱。然而，梅斯麦[2]主义在法国曾一度是件时髦的事情，不过，不久之后就销声匿迹了。

通常，要给自己的无知蒙上科学的外表，其窍门就在于，狂想者问道：你们理解磁力的真正原因吗？或者问道：你们认识在电磁现象中造成奇特效果的物质吗？如今，他相信，自己完全有理由就一件事物的最可能的结果发表意见，除了他自己之外，甚至最伟大的自然科学家也不认识这件事物的内在特性。但是，自然科学家只承认那些当他借助实验完全控制了对象时，在任何时候都能发现的结果。而狂想家则捡拾起那些无论是在观察者那里，还是在被观察者那里，都完全是起源于想象的结果，因而也就不使它们经受任何实验。

对付这种蠢话，没有别的办法，只能给这种动物催眠术家施以催眠术，使他显得混乱，只要他和其他一些轻信者喜欢就行。但是，警察又会建议不要伤害道德。此外，还要遵循自然研究的唯一道路，即通过试验和观察认识外部感官的客体的特性。在这里，详尽的反驳有伤理性的尊严，而且也毫无建树。轻蔑的沉默更适用于这样一种疯话。而且，这类事情在道德世界中也只能坚持很短一段时间，它必须给其他蠢事让位。我是……

[1] 格里姆(Johann Friedrich Karl Grimm, 1737—1821)，魏玛枢密顾问，宫廷医生。

[2] 梅斯麦(Friedrich Anton Mesmer, 1734—1815)，医生，动物催眠术理论的建立者。

50[1]

致约翰·戈特弗里德·卡尔·克里斯蒂安·基塞维特尔[2]

1790 年 3 月 25 日

　　尊贵的朋友,得知贵体依然欠安,使我深为忧虑。您同时接手那么多的工作,可能就是贵恙的部分原因。但是,我担心您在下午还要从事许多脑力劳动,甚至在晚上还要工作到很晚,这倘若没有一个健壮的体魄作基础,则无论对脑力还是体力,都是有害的。这是我亲身经历的事情,至少 15 年以来,我已改掉了这种习惯。我清楚地认识到,尽管有可能在晚上轻松的阅读之间进行一些特殊的沉思,草拟并且简短地记下一些想法,在第二天早上再进行加工,但这对知识的长进和工作的精神状态并没有什么促进。早起一点什么都有了。在夏天,你可以把时间定在早晨 4 点,晚上 9 点就休息,在这之前,除了冷水之外,什么也不要服用,尽可能地杜绝或者限制饮用热饮料或者热汤,这样一种饮食起居方面的规定,在不多几个星期之内,肯定要比全部医药学带来更好的效果。

　　德·拉伽尔德先生将向您转交我刚寄给他的手稿,其中包括正在排印中的那本书[3]的导言。对过去您所抄录的部分,我进行了压缩,其好处是,除了不致延长印刷时间外,我相信还可以使它更加清楚。之所以有必要让您在排字工拿到这篇导言之前立即看到它,是为了请您把一个注划掉,因为它的位置不大合适。据我回忆,这个注在导言(手稿)第6张的第2页,内容是一个**反思判断力的基本原理**。这个注是我亲笔写上的,由于写得匆忙,中间还涂掉了一些东西,根据这一点,您是不会认错的。同时,在第10张下面注明的、由于引文页码所造成的麻烦,也请您承担起来。至于敦促印刷工作的事情,德·拉伽尔德先生很可能已经尽力承担起来了。

如果您哪天有空,请给我讲一讲《新教义问答手册》[4]的情况。据说,所有路德教团体都采用了它。现在人们又传说,命令已经又收回了。

关于您的安康的任何消息都会使我感到由衷的高兴。

您的忠顺的伊·康德

[1] 该信原载于《康德研究》第55期(1964年)第242—243页。现根据 J.蔡贝所编《康德书信选》译出。
[2] 基塞维特尔(Johann Gottfried Kavl Christian Kiesewetter, 1766—1819),康德学生,后为柏林大学哲学教授。
[3] 指《判断力批判》。
[4] 普鲁士大臣韦尔纳(Johann Christoph Wöllner, 1732—1800),曾下令采用路德新教的《新教义问答手册》,后因受到种种抵制而取消。

51 | 致弗兰措斯·特奥多尔·德·拉伽尔德[1]

1790 年 3 月 25 日

上星期一,也就是 3 月 22 日,我通过邮局给阁下寄去了最后一批手稿,共有 10 张导言和序言以及 2 张题目,加在一起还不到 3 个印张(交稿的日期比您给我规定的最迟期限还早两天)。如果您能用比正文小一点的字母排印导言,我会非常高兴。

如果能像我希望的那样,印刷工作能及时完成,赶上博览会,则请将属于我的 20 本样书派作以下用场:

1. 波希米亚的文蒂施-格勒茨伯爵先生

2. 杜塞尔多夫的枢密顾问雅可比先生

3. 耶拿的莱因霍尔德教授

4. 哈勒的雅克布教授

5. 哥廷根的布卢门巴赫[2]教授

以上人员每人送一本。总订为一册,用花纹纸、硬封面,通过这些地区在博览会的书商转交上述人员。但送莱因霍尔德教授和哈勒的雅克布教授的两本除外,这两本请尽快通过邮局给他们寄去。

6. 柏林的财政枢密顾问乌略默尔[3]先生

7. 柏林的迪·比斯特尔先生

8. 柏林的基塞维特尔先生

以上使用半英国式的装订方法。

此外,再要6本同样使用半英国式的包装方法,连同其余6本未加包装的,通过邮局尽快寄给我,或者,如果这样太贵(我倒不在乎几个塔勒的邮资),则请利用最近的机会交给我。此外还有校样,您已经给我寄到了"N",其他的一旦排印完毕,即请尽快寄来。

9. 我还忘记为教授赫茨博士预订一本,请也用硬封面装订。这样,需要寄给我的就只剩下5本未包装的和6本已包装的。最好是通过邮局寄来,邮资随他们要去。

在接到我的最后一批手稿之后,请将导言交给基塞维特尔先生,按照我在附信中给他的指示,他将在手稿送交排印之前,将其中的某个注当着您的面划掉。

所有寄来要我通读的,为军事顾问舍费纳[4]先生新写的印刷品,我已于今日交给了瓦格纳先生,请他进一步加工。

请代我问候修道院院长德尼纳[5]先生,并告诉他,我在他写的学者传记中,看到对我在取得教授薪水之前的大学生活状况的令人同情的描述,感到非常惊讶。毫无疑问,他听到的消息是错误的。因为我从一开始走上学术道路(在1755年)就一直不断地讲大课,但从未提供过私人咨询(肯定是有人把在他自己的大教室里进行的小型辅导班理解为私人咨询了,一般来说,这种小型辅导班收入是比较高的)。这样,我一直有丰厚的收入。这不仅足以用来付清两间房子的房租,支付我很好的伙食,没有必要在任何人那里,甚至也没有必要在我如今已故的英国朋友[6]那里为每一顿饭争取邀请,就像是为穷大学生提供免费午饭似的。而且,我一直拥有自己的一个佣人,那些年正是我生活中最惬意的几年。这一点还可以由此而得到证明,即在这段时间里,我曾拒绝过 4 所外地大学的聘请。如果像他告诉您的那样,在**埃贝哈德**的文章中,他取消了 absurdités(荒唐)这个字眼(我看这也是必要的,若不然,它就与《康德》这篇文章中的某些地方不一致了),那么,只要他乐意,也就能在一般的表述中收回对我的生活的错误描绘。

寄样书所需的一切费用请您垫付,请在印刷完毕付我稿酬时一并算清。

向您致以深切的敬意。

阁下您忠顺的仆人伊·康德
1790 年 3 月 25 日
于哥尼斯贝格

又及:我曾从您那里拿到过埃贝哈德的杂志第二卷的前三期,我从《汉堡通讯》上看到,第四期也已经出版。请您通过下次邮班给我寄来,我对这期杂志有着浓厚的兴趣。在我这里,还有《对一部秘史的政治考察》以及《一个政府大臣关于启蒙运动的通信》,我该拿它们怎么办? 我想把它们交给您的弟弟。

[1] 拉伽尔德(Franzois Theodore de la Garde, 1756—?),柏林书商。
[2] 布卢门巴赫(Johann Friedrich Blumenhach, 1752—1840),解剖学者,自然科学家,哥廷根大学医学教授。
[3] 乌略默尔(Johann Heinrich Wlömer, 1728—1797),柏林的财政枢密顾问,康德的同学。
[4] 舍费纳(Johann Georg Scheffner, 1736—1820),康德的朋友。
[5] 德尼纳(Karl Johann Maria Denina, 1731—1813),柏林科学院成员。
[6] 指格律恩(Joseph Green, 约 1727—1786),哥尼斯贝格的英国大商人,与康德交情甚笃。

52 | 致约翰·戈特弗里德·卡尔·克里斯蒂安·基塞维特尔

1790 年 4 月 20 日

您 3 月 3 日的来信真使我感到高兴。您期待我马上作出回答，但我这么晚才给您回信，委实不是我的过错。因为我直到前天才看到您这封信。之所以如此，是因为德·拉伽尔德先生于 3 月 10 日从柏林给我寄来了一包校样，内容一直到"N"，但我是在 10 天之后才收到的。我开始通读校样，修正排印错误。这对我来说完全是一件费力气的工作，因此就把它放下了，准备收到其余部分后再开始，以便能够一下子干完。不久之后，他通过他的弟弟给我寄来了"V"和"X"部分，同时告诉我，其中短缺的部分（从"O"到"T"）已交给米歇尔森[1]教授，他已经（连同一本送我的书）给我寄来了。但是，直到 4 天前我才收到这些校样，还有这位教授 4 月 5 日给我写的一封信。收到这些校样的第二天，即上星期日早上，我取出早就给我寄来的那些校样，准备通读一遍，修正某些排印错误。当我进行到"N"部分时，您小心翼翼地夹在书页之中的信掉出来了。请您相信，让您心情不痛快地白白等候这么长时间，虽然不是我的过错，我也同样感到惊讶和恼火。亲爱的朋友，任何时候您的来信都使我感到真正的高兴，但是，为什么您不按照我请求的那样，不付邮资就把信交给邮局寄给我呢？这种并不经常出现的零星开支我根本不在乎。至于您要求我就您的著作《道德哲学的第一原理》第二版作一些说明，现在无疑是没有时间了。除非这个版本不需要赶上复活节博览会，我等着您告诉我这方面的情况。

在这里，我附上了一张有关排印错误的表格，还有一处遗漏可能是属于著作本身的。对于您已经改正了的错误，我表示衷心的感谢。但我还是希望，您能发现我的书写错误（审美判断力的分析的第三部分），并把这个标题完全划掉。否则您也可以把它改为"第三章：……演绎"。但是这样一来，与前言、或者导言相关的划分表，也同样得改动。如果还有时间，则请您**把由您改正的标题注在排印错误的下面，并把划分表按它现在的样子排印，即第一部分包含两章**。我很怀疑，这一点是否能够及时做到。要是那封信不发生令人绝望的失误该有多好！

关于您最后一个问题，我说明如下：一个真正的道德原则的标准，当然是无条件的实践必然性，通过这种必然性，它与其他所有实践原则完全区分开来。其次，如果自由被看作**先于**道德规律的，那么，自由的可能性就意味着一个世界性存在物的因果性的先验概念（就此并非想通过一种意志来说明自由），自由不受感性世界中的任何根据制约，这只是表明，自由不包含任何矛盾。这样，那个先验理念是通过道德规律被实现，并**借助意志**被给予的，因为道德规律不容许有任何来自自然（感官对象的总和）的规定理由，作为因果性，自由的概念被肯定，它不是构成一个圆周，而是与道德的规定理由相互作用。祝您早日康复，建议您首先散散心,把工作向后推一推。

您的忠诚的朋友和仆人伊·康德

[1] 米歇尔森(Johann Andreas Christian Michelson, 1747—1797),柏林大学数学、
物理学教授。

53 | 致约翰·弗里德利希·布卢门巴赫

1790 年 8 月 5 日

高贵的、尊敬的先生：

很荣幸现在介绍给您的医学博士雅赫曼[1]先生是我以前的学生。他希望很好地利用在哥廷根作短暂停留的时间，得到一位名流的亲切教导。就此机会，我对您去年寄给我有关生成本能的著作[2]表示衷心的感谢。您的著作使我受到多方面的教益，尤其是在两种原则的统一方面，即在人们通常相信是无法统一的、对有机自然界的物理力学解释方式和纯粹目的论的解释方式的统一方面作出的新贡献，和我所主要研究的观念有着更为密切的联系，这些观念正需要这样一种通过事实的证实。在将由书商德·拉伽尔德送您的那本书[3]里的一个地方，我力图指出我对这种教益的认识。

请向枢密秘书雷贝格[4]先生转达我真诚的敬意，他通过宫廷顾问麦茨格[5]先生表示要我的全部短篇著作，对这一要求，特作出如下答复：我手头上早已没有这些著作，由于我后来所选择的思想道路，我不再为它们操心了。尤其是《导论》，其中一些部

185

分是匆忙写成的，连我自己也不喜欢看到它们再显露在天日之下。

为了以后启迪世界，谨祝您诸事如意，身体健康，向您致以最崇高的敬意。

阁下您最忠顺的仆人伊·康德

[1] 雅赫曼(Johann Benjamin Jachmann, 1765—1832)，医生，康德过去的学生和助手。
[2] 指布卢门巴赫的《论生成本能与生殖活动》。
[3] 指《判断力批判》。
[4] 雷贝格(August Wilhelm Rehberg, 1757—1836)，政治家，作家。
[5] 麦茨格(Johann Daniel Metzger, 1739—1805)，哥尼斯贝格大学医学教授。

54 致奥古斯特·威廉·雷贝格

1790 年 9 月 25 日之前

　　题目是,为什么任意创造数字的知性不能思维数字中的$\sqrt{2}$?因为,如果知性**思维**$\sqrt{2}$这个数字,那么,它就必须像表现的那样也**制造**这个数字。数字是知性自主性的纯粹运用,算术和代数的综合命题,都不能通过空间和时间中的直观条件限制这种运用。看来,必须假设一种想象力的先验能力,这种能力在客体的表象中,甚至不依赖空间和时间,仅仅依据知性把表象综合地联结起来,并从知性中引申出一个代数学的特殊体系,对这个体系的进一步认识,把解方程式的方法提高到最大的普遍性。

　　我就是这样理解向我提出的这个问题的。

　　试回答这个问题如下:

　　1. 我可以把任何数字看作两个因数的乘积,即使这两个因数并没有给予我,而且从来不能在数字中被给予。因为,如果已知的数字是 15,那么,我就可以设定,这个数字由以产生的一个因数是 3,而另一个因数就是 5,结果是 3×5＝15。或者已知的因数是 2,则找到的另一个因数就是 15/2。或者第一个因数是一个分数 1/7，则另一个因数就是 105/7[1]，等等。因此，如果已知一个因数，为任何一个作为乘积的数字找到另一个因数是可能的。

2. 但是，如果不知道两个因数中的任何一个，只有两个因数的比例是已知的，例如两个因数相等，已知数是 a，所找到的因数是 x，那么，比例式就是 $1 : x = x : a$，也就是说，x 是 1 与 a 之间的中间几何等比数。由于 $a = x^2$ 与此相符合，所以，$x = \sqrt{a}$，即一个已知量的平方根，例如 $\sqrt{2}$，是通过 1 与已知数 2 之间的中间等比数来表述的。思维这样一个数字也是可能的。

正方形的对角线表明，我们能够在一个数字 1 和另一个数字 2 之间找到一个中间**等比量**。因此，问题在于，为什么不能为这个限量找到一个数字，使它可以**在概念中**清楚地、完全地表现这个限量的量［它与单一（Einheit）的关系］。

任何一个数字作为平方都必然可以由另一个作为平方根的数字来表现。但从这里并不能得出结论，认为这个作为平方根的数字必然是有理数，即必然与单一之间有一种可数的关系。按照同一性的原理，即从两个相等的（但不确定的）因数得出一个已知的乘积，这一点是可以看出来的。因为在这两个因数中，它们与单一之间的关系根本不是已知的，只有它们相互之间的关系才是已知的。但是，尽管如此，在**数列**中，在这个数列（例如，这个数列是按十进制划分的）的两个项之间，这个平方根永远是一个中间项，在这个中间项中，可以找到它与单一之间的关系。这个结论是从上述第一点得出的，即如果在这个数列中找到一个平方根的项的话。但是，任意制造了 $\sqrt{2}$ 这个概念的知性，却不能创造这个完善的数字概念，不得不满足于在这种规定中选取对数字的无穷接近。这在实际上是以作为一切计数和数量的形式的渐进为基础的，因而是以作为这种数量产生基础的条件为基础的。

尽管一个正量的平方根 $\sqrt{2}$ 的单纯概念，按照它在代数中的表现方式，根本不需要在时间中的综合，同样，对一个负量的平方根 $\sqrt{-a}$ 的不可能性的认识，也不需要这种综合（在这个负量的平方根中，作为正量的单一和另一个量 x 的关系，必须与它和一个负量 x 的关系相同*），不用触动时间条件，这种不可能性就可以从单纯量的概念中认识到。但是，一旦已知的不是 a，而是 a 所表示的数字，为了不仅像在代数中那样**标示出**这个数字的平方根，而且要像在算术中那样找到它的平方根，一切数字产生的条件，即时间，就不可避免地成为基础。时间作为纯直观，我们不仅可以在其中认识到已知的数量，而且还可以从平方根中得到教益，无论平方根是作为整数，还是当它不可能是整数时，只是作为无理数，通过分数的无穷递减级数被找到。

并非一个数字的单纯知性概念，而是在作为一种纯直观的时间中的综合，必然构成了**一个确定数字**，例如 15 这个数字的平方根概念的基础，这由以下事实得到说明，即仅仅从一个数字的单纯概念中，我们从来不能判定，这个数字的平方根是有理的，还是无理的。我们必须就这个数字进行**试验**，或者是在 100 以内的数字中，仅仅依照乘法表，把较小整数的自乘积与已知的平方进行比较，或者按照普遍证明了的原理，在较大的数字中，通过分解这些数字，分解一个平方、一个两部分的或者多部分的平方根，从而逐渐地寻找这些数字的部分。但是，在所有那些对一个自乘的整数的试验不能得出平方的情况中，单一的除数就按照某种比例，比如十进制比例增长，这些除数也就被当作一个分数的无穷递减级数的分母。因为这个级数虽然可以任意地接近完成，但却永远不能完成，所以，这个级数就是平方根的表述（但只是以无理的方式表述）。

假设有一种我们既不能先天地证明、也不能说明它如何形成

---

* 由于这是矛盾的，所以，$\sqrt{-a}$ 是一个不可能的量的表述。

的情况,即**如果一个已知量的平方根不能在整数中被找到,也不能在分数中被规定**(但是尽管如此,它可以尽可能地接近这个分数),那么,这就是我们的想象力与知性关系的一种现象。我们虽然可以通过对数字进行的试验感知这种现象。但却根本不能从知性概念中解释这种现象。但是,虽然前一种情况可能会发生,推测后一种情况却是不必要的。

想象力并不适宜通过算术解释一个中间等比量的知性概念。我觉得,这个习题的作者在这方面所发现的令人惊异的东西,本来是以那些不能完全在数字中被思维的**量的几何**作图可能性为基础的。

因为我觉得,认为必须为每一个数字找到一个平方根,这个平方根也许本身不是数字,仅仅是依照人们的要求接近一个数字的规则,这并不应该引起知性对 $\sqrt{2}$ 感到诧异。知性应该诧异的是,这个概念可以作成几何图形,因而不仅是可思维的,而且还是可以相应地在直观中加以说明的。对此,知性根本没有认识到任何根据,甚至连假定一个客体 $\sqrt{2}$ 的可能性的资格也没有,因为它根本不能在数字的直观中相应地阐述这样一个**量**的概念,因而也就更不应该期待,这样一个限量能够先天地被给予。

在我们的直观对象的规定性中,把空间和时间这两种感性形式联结起来的必要性,即如果主体把自身当作他的表象客体,时间就必须被表象为一条直线,以便把它看作限量,反过来说,一条直线只是由于它必须在时间中被绘制,才能被看作限量,我觉得,在我们的规定存在的时间规定性中,对必须把内感觉与外感觉联结起来的认识,为证明外部事物的表象的客观实在性(又是心理学的唯心主义)提供了指南。不过,我现在不能继续研究这个问题了。

[1] 康德在这里显然犯了一个错误,正确的应该是105。

55 致克里斯多夫·弗里德利希·赫尔瓦格[1]

1791年1月3日

高贵的、尊敬的先生：

很荣幸地现在介绍给您的尼科罗维[2]先生是我过去的学生，他是一位很有思想的年轻人。他希望利用在欧丁作短暂停留的时间，结识一下您那可敬的朋友圈子。在大城市里，聚集这样一个圈子的尝试往往是白费力气，但它对人的身心却是非常有益的。这个年轻人很谦虚，他的请求将不会给您带来什么不便。

您在那封令人愉快的来信中所提出的富有洞察力的说明，将还会给我带来一些欢娱。由于我还未能腾出时间对它连续进行反复思考，现在不得不请您暂时满足于我对它的尚未成熟的看法。

首先，就颜色和声音之间的类比来说，您无疑已经接近于解决它们与鉴赏判断之间的关系这个问题（鉴赏判断不应该是对舒适和不舒适的单纯感性判断）。在这里，您把元音，即唯一能够独立发出一个声音的音素，按照等级排列，我觉得，如果继续研究下去，将具有重大的意义。因为还没有一个人能够对他所不能随唱的音乐进行思考，即使他在这方面非常笨拙。在这里，同时明确了色彩变幻和声音变幻之间的区别，其中前者并不以想象力的创造性能力为前提。然而，我现在过于分心考虑其他题材，不能立即转入当前的研究之中。我必须说明的只是：当我在《判断力批判》中谈到那些听力极佳，却不能分辨声音的人时，并不是想说，他们不能把一个声音与另一个声音区分开来，而是说他们根本不能把音律与声响区分开来。在这里，我想起了我四年前故世的一位挚友，英国商人格律恩。在他童年的时候，他的父母就发现了他这种缺陷，因此让他学习按照乐谱弹奏钢琴。但是，无论是当时，还是后来，如果另一个人在钢琴上弹奏或者演唱一个完全不同的曲子，他始终也不能在这中间发现最微小的区别。对他来说，声音纯粹是一种噪音。就像我曾经读过的一篇东西，说的是英国某地的一个家庭。其中有一些人，在整个大自然中只能看到光线和阴影。即使视力极佳，一切对象在他们看来也就像在一张铜版画中一样。值得注意的是，我的朋友格律恩的这种能力缺陷也扩展到诗上，在他看来，诗与散文的区别仅仅在于，诗是一种勉强的、矫揉造作的音节划分。因此，虽然他很喜欢读波普的《论人》，但是，这部作品是以诗体写作的，总是使他感到不舒服。

您对从综合命题和分析命题在逻辑学方面，即在可逆性方面的区别中得出的东西所作的考察，我将在方便时加以研究。形而上学既不考虑就概念在一个判断中的地位来说，从纯粹的形式中得出的东西，也不考虑通过某种方式的判断，是否可以把某种东西（在质料方面）归于已知的概念，对它来说，那种研究并不是它的本分。

至于下面这个问题，即有什么理由来谈论物质在其所有的变化方面依赖一种外在原因的规律，以及在这种由外在原因造成的变化中，作用与反作用相等，我在《自然科学的形而上学初始根据》一书中，当然已经说明了这些先天规律的可能性的普遍先验

根据,这个根据可以简介如下:

我们关于物质的一切概念,无非是包含了关于外部关系的表象(空间也不过是表象了这种东西),但是,我们设定在空间中存在的东西,无非是一个**某物**一般,关于这个某物一般,如果我们把它纯粹看作物质,因而不是看作任何**绝对内在**的东西(表象力,情感,欲望),那么,除了一种外在关系的谓词之外,我们必然不能表象出其他谓词。由此可以得出结论:由于一切变化都以一个原因为前提,而在单纯的物质中,外在关系(没有生命)变化的绝对内在的原因又必然是不可设想的,所以,一切变化(从静止到运动和从运动到静止,以及运动的各种规定性)的原因必然在物质之外,没有这样一个原因,任何变化都不可能发生。由此推出:一个物体处身于其中的运动,其持久性并不需要任何特殊的**积极**原则,需要的仅仅是**消极**的原则,这里没有变化的任何原因。至于第二个规律,它是建立在**各种起作用的力量**在空间中的关系之上的,这种关系必然是互相对立的,并且在任何时候都是彼此相等的 [actio est aequalis reactioni(作用与反作用相等)]。因为空间所造成的不可能是单方面的关系,而在任何时候都是相互的关系,因而也就造成了这些关系的变化,即物体的运动和物体相互之间造成运动的作用,这完全是相互的、对等的、彼此对立的运动。我不能设想从物体 A 引向物体 B 所有的点的线。而不同时反过来从物体 A 向物体 B[3] 引出同样多的相等的线,并且把一个物体(B)由另一个物体(A)的撞击所造成的关系变化设想为相互的、相等的。因此,在这里,如同在上述的惰性规律那里一样,也不需要有被作用物体的反作用的积极的特殊原因。这个规律的唯一充分理由就存在于空间和空间的特性之中,即在空间中,关系是相互对立的和**同时**的(在时间中的累进状态的关系并不是这种情况)。此外,我还要查阅一下兰贝特在他的《论文集》[4] 中就这个问题所发表的看法。

　　阁下对克劳斯教授先生的友好怀念我已经转达,这个可敬的人物为我们这个大学增添了光彩。由于我们这个地方很大,所以虽有友好的意向,却无法把交往统一起来。因此,我现在还不能转达他对您的问候的回报。

　　请代我向您那个杰出的朋友圈子,即法律顾问特赖德[5]先生,宫廷顾问福斯[6]先生和两个博依[7]先生致意。关于小博依先生,您告诉我的话使我非常高兴。在教师们(他们对善的行动并不感到满意,即使这种行动无论出自什么理由都是善的,他们感兴趣的是一切事物的动机的纯洁性)的**正直**意向同样成为普遍的之前,鼓吹这样一种方法,不会成为普遍的事情。此外,祝您家事顺心,事业兴旺,向您致以崇高的敬意。

阁下您顺从的仆人伊·康德
1791 年 1 月 3 日
于哥尼斯贝格

[1] 赫尔瓦格(Christoph Friedrich Hellwag, 1754—1835),欧丁医生。

[2] 尼科罗维(Ceorg Heinrich Ludwig Nicolovius, 1767—1839),教育工作者,后成为哥尼斯贝格教会监理会成员。

[3] 康德很可能在这里把 A 与 B 的顺序弄颠倒了。

[4] 指兰贝特的《数学的使用和应用论文集》。

[5] 特赖德(Ludwig Benedikt Trede, 1739—1819),欧丁法律顾问。

[6] 福斯(Johann Heinrich Voß, 1751—1826),欧丁学校校长,宫廷顾问。

[7] H.博依(Heinrich Christian Boie, 1744—1806),诗人。R.博依(Christian Rudolf Boie, 1757—1795),前者的弟弟,欧丁学校副校长。

56 | 致雅可布·西吉斯蒙德·贝克[1]

1791 年 5 月 9 日

高贵的硕士先生

珍贵的朋友:

您来信谈到自己走上了新的生活道路,当上了一名学校教师,这个消息以及您送给我的论文使我非常高兴。这篇论文充分证明,您具有为此所必需的重要技巧。不过,它同时也使我想起了一个因疏忽而犯的错误,我希望能够弥补这个错误。

当您第一次在哈勒的时候,我就曾尽可能地把您推荐给总务长冯·霍夫曼[2]先生,我与他只是偶尔通过几封信。但我后来才得知,您推迟了自己当初攻读博士学位的计划,回到普鲁士呆了一年。当我事后听说您二次来到哈勒时,我再次写信给冯·霍夫曼先生,请他尽可能地赞助您在学术上的进步。这位杰出的人物在信中答复我说:**"在我从瑞士旅行回来以后,我结识了贝克硕士先生,我非常乐意为他提供帮助。"**他还补充说,尽管他多次提出的辞去总务长职务的请求已获批准,无论在哈勒大学(关于这个大学,他说道,他在任何时候都在心中保持着对它的关切,他始终乐意为赞助这所大学而尽力),还是在高级中学,他的话都不可能有太大影响,但他很乐意为一位值得帮助的人物尽自己的力。

这样,就有必要告诉您这件事,以便您在方便的时候,自己给冯·霍夫曼先生(枢密顾问)写信,提出某些对您有益的东西。然而,尽管我也考虑到您自己也会这样做,或者说,尽管我曾打算把这件事告诉您,在事后又把这件事忘记了,但没有告诉您,毕竟是我的疏忽。

因此,我的意见是:由于以在高中讲课为基础的生计总是非常糟的,您应该像您那个地方的其他教师那样,在教育机构或者类似的地方寻找一个职位,这肯定会有助于满足您的需求的。在这件事上,请枢密顾问冯·霍夫曼先生为您说话,是会有所帮助的。如果您在这件事上或类似的事情上需要这位可敬的人帮忙,您尽可以以我的名义,大胆地去找他。

从您附在论文后面的论纲看来,您要比其他许多赞赏我的人远为正确地理解了我的概念。作为一位数学家,您在形而上学领域也能使自己的阐述显得非常确定,非常清晰,因此,很可能批判会给您的一个讲座提供素材,这个讲座将会比通常那种数学讲座令人遗憾的状况拥有更多的听众。请向雅可布教授先生转达我的问候,并代我向他表示谢意,感谢他去年寄给我的获奖征文。但很遗憾,他一起寄来的信我还没有答复。我希望马上做这件事,并且请求,正直的年轻人要原谅68岁老人的一些事,我在上个月已满68岁了。最近,我听军医康拉第[3]博士先生(雅可布教授先生的一个知心朋友)说,他已经接到了基森大学的聘请,不过我现在开始怀疑这个说法。假如您有余暇,则请您告诉我一些消息,无论是关于上面所说的事情,还是关于文献方面的新闻都行。但请您记住,不要付邮资,否则我会把它看作对我的侮辱。

方便时,请转达我对克吕格[4]教授先生的敬意。此外,请您相信,我在任何时候都对您怀着极大的敬意和友情。

阁下您顺从的仆人伊·康德

1791 年 5 月 9 日

于哥尼斯贝格

[1] 贝克(Jacob Sigismund Beck, 1761—1840),当时为哈勒中学教员,后为哲学、
数学教授。

[2] 霍夫曼(Carl Christoph von Hoffmann, 1735—1801),哈勒大学总务长。

[3] 康拉第(Johann Friedrich Conradi),军医,共济会成员。

[4] 克吕格(Georg Simon Klugel, 1739—1812),哈勒大学数学、物理学教授。

57 | 致卡尔·莱昂哈德·莱因霍尔德

1791 年 9 月 21 日

尊贵的人,您怎么能够也一时对我产生了怀疑,把我因疏忽而犯的错误归结为我对您的反感,哪怕仅仅是一点点冷淡呢?许多这样的错误,我自己已经承担起来了,而反感和冷淡我也只是对那些天知道只会机械背诵的追随者们表露过。即使不谈对您这样一位如此可爱可敬人物的倾心爱慕,您在阐明、支持、扩展我的微薄努力方面所取得的成就也使我必然对您心怀感激。如果在思辨领域里,我对在一切优秀的、独创的题材上进行合作的正直意向不感兴趣,而是热衷于嫉贤妒能、刚愎自用,那么,我自己也会看不起自己。在这里,必然要求有头脑的人们,尽管意见不一致(在我们之间,并没有这种情况),也要互相充分信赖,心心相印。唉!如果我们能有一种通过聚会进行互相交流的关系,那么,同一位与他的朋友艾哈德[1]具有同样心境的人物一起,把一钱不值的人类虚荣心置之度外,互相享有对方的生命,对我来说,该是怎样一种甜蜜的生活?然而,我们只能通过书信来这样做!请您允许我向您解释自己的拖延,它似乎是一种漫不经心,但实际上并不是这样。

两年来，虽然没有明显的原因，没有真正的疾病（除了一次历时约 3 个星期的感冒），我的健康状况却突然发生了根本性的转变。在日常生活方面，它很快地改变了我的胃口。尽管我的体力和感觉还没有什么异常，但进行思考的能力，甚至讲课的能力都已经起了重大变化。上午，我只能用 2 至 3 个小时来进行连续的思考，之后就会由于发困（虽然睡眠很好）而中断。我不得不断断续续地工作，时而不情愿地把工作放开，等着情绪好的时候再做。我无法支配自己的大脑，只能依赖情绪好转。我想，除了年迈之外，没有别的缘故。年迈可以使这个人早点安息，那个人晚点安息。由于我相信，自己目前已经接近于完成我的计划，年迈对我来说，就更加不受欢迎了。亲爱的朋友，由此您就能够很容易地解释，在这种状况下，为了利用每一个有利的时刻，一些似乎不急于实施的计划怎么能够被不幸推迟，而推迟的本性就是一直延期。

我很乐意承认，而且也准备在适当的时候公开承认：如果认识的基础存在于表象能力本身及其分解之中，那么，一旦我弄明白了目前还模糊地浮现在我心中的东西，对认识基础所进行的不断深入的剖析，就是对理性批判所作出的一个重大的贡献。不过，我也不能隐瞒，至少在对您作出一番推心置腹的表白时不能隐瞒：由于各个序列向下的发展，这种剖析的正确性得到了证实。在这里，根据您所具有的杰出阐述才能，可以按照充分地解释对象的需要，偶尔在注释和插入的段落中，谈谈您的更深刻的研究，不要强迫批判的爱好者们把一个如此抽象的研究当作一件特别的事情去做，从而把许多人吓退。迄今为止，这一直是我的愿望，这既不是我现在才有的建议，也不是我就此作出的判断，更别说把它告诉别人，损害您成绩卓著的研究了。要作出这种判断，我还必须再推迟一段时间。因为我目前正忙着写一部虽然不大、但却耗费精力的著作,此外还要审阅《判断力批判》,准备在复活节出第二版,这还不算大学里的工作。就我目前的微薄精力来说,这些工作有点过于沉重和分散精力。

请您保持对我的亲切好感、友谊和襟怀坦白的信赖,我从未、也永远不会表现得不值得享有这种荣幸。请把我也编织在那个把您和您高尚的、乐观的、机智的朋友艾哈德联结起来的纽带之上吧！我可以夸口说,这个纽带将把我们心灵的共同情趣终生不可分解地联结在一起。

向您致以最深切的顺从和最崇高的敬意。

[1] 艾哈德(Johann Benjamin Erhard, 1766—1827),医生,康德哲学的追随者。

58 | 致雅可布·西吉斯蒙德·贝克

1791 年 9 月 27 日

　　尊贵的朋友,特附上哈特克诺赫[1]给我的来信,从中您可以看到,由于哈特克诺赫希望有一位能干的人,能够并且愿意从我的批判著述中,按照他自己的风格作一个摘要,并且在其中融进他自己思维方式的独创性,因此,根据您在上次来信中谈到您的爱好时所作的表白,除了您之外,我再也不能建议一个更合适、更可靠的人来从事这项工作了,所以,我就向哈特克诺赫建议,由您来承担这项工作。提出这项建议当然是出自我本人的兴趣,但我同时也可以保证,如果您能够确信这项工作的现实意义,那么,在您想暂时放下数学(您绝对没有必要中断数学工作)休息一会儿的间隙里,只要您参与此事,您就可以给自己找到一个保养思维能力的取之不竭的泉源。反过来也一样,如果您对这件工作感到疲倦了,也可以借助数学得到期望的休息。一方面是我自己的经验,另一方面而且更多地是那些最伟大的数学家的例证,使我相信,仅仅有数学是不能充实一个思想家的灵魂的。必须还有某种别的东西,尽管不一定要像凯斯特纳[2]那样从事诗艺。这种东西一方面可以通过运用心灵的其他天赋,使心灵得到调剂,另一方面可以使心灵得到不同的食粮。比起那种涉及人的全部规定性的东西所带来的欢娱来说,这对人生的整个历程更要适用。尤其是,如果人们希望系统地对人的全部规定性进行周密的思考,并且希望从中得出一些真正的收获,就更是如此。此外,学术的历史与世界的历史也由此而统一起来了。我也不会完全丧失希望,即使这种研究不能给数学带来新的光明,但反过来,借助对数学的方法和启迪原则的严密思考,以及与这些方法和原则相联系的需求和缺陷,数学将会给纯粹理性的批判和测量带来新的开端,而且给纯粹理性本身带来一种解释它的抽象概念的新方法,即某种类似于莱布尼茨的 ars universalis characteristica combinatoria(特征普遍联结法)的东西。因为无论是范畴表,还是理念表(其中宇宙论理念表明了某种类似于不可能平方根*的自在之物),都被列举出来了,而且就一切可能的理性运用来说,也都像数学所要求的那样,通过概念被规定,以便至少对它们进行一番尝试,看它们即使在没有扩展的地方,至少能够创造多少清晰性。

哈特克诺赫先生转交了您的来信,从信中可以看出,您并没有完全拒绝他的建议。我想,要是您能够毫不迟疑地开始着手工作,首先依据体系拟订出一个大致的模式,或者,要是您已经想到这一点,并且从这个体系中挑出那些您可能有点反感的部分,方便时把您的怀疑或者困难转告与我,那就好了[在这种情况下,如果有人能够帮助您,例如雅可布教授,请您代我向他致以问候,如果他能够帮助您从所有的敌对文章中(在埃贝哈德的杂志中,在

---

* 在现象系列中,一切都是有条件的,按照这个基本原理,如果我倾向于无条件的东西和系列整体的最高根据,那就好像是在寻找一个 $\sqrt{-2}$。

较早的几期《图宾根学报》以及类似的东西中,都可以找到这样的文章,尤其是书评),首先找出我没有觉察到的术语矛盾,我将感到非常高兴。因为我发现,要阐明这些反驳中的误解是很容易的,要是我没有忘记把每次看到的这种东西记下来,并且积累起来,我早就在一个选辑中把它们全部罗列出来,并对它们加以批驳了]。如果您的著作以德文出版,还可以考虑把它译成拉丁文。

关于推荐给哈特克诺赫的两篇论文,即一篇关于莱因霍尔德的表象能力理论,一篇关于休谟哲学与康德哲学的对比(就后一篇论文来说,请您查找一下休谟的《研究》的卷次,其中可以找到他的道德原则,以便把它与我的道德原则进行比较。在这一卷里,还可以找到他的审美原则),如果后一篇文章不会耗去您太多的时间,那么,同第一个题材的研究相比,它当然可以优先考虑。虽然我还不大理解莱因霍尔德的理论,但他通常是一位很可爱的人。不过,他非常狂热地热衷于自己的理论,倘若您在这儿或那儿,或者在整个思想上与他不一致,他就会向他的朋友们表示对此的不满。不过,尽管如此,我仍然真实地希望,没有什么东西会阻碍您进行那种考察,并把它发表出来。为此,我建议,如果您肯回答我这封信,则请您告诉我您的意见,说明您是否同意,我给莱因霍尔德写封信,向他介绍您的品质和目前的研究工作。由于你们的研究工作彼此很接近,在你们之间建立起一种文献上的通信关系,肯定会受到他的欢迎。通过这种通信关系,在您想写的那个题材方面,也许可以实现一种友好的一致。

关于您的作品的稿酬(既包括您的哲学作品,也包括您的数学作品),只要您就此给我一些暗示,我就可以在您和哈特克诺赫之间进行斡旋。如果低于每印张5—6帝国塔勒,您就没有必要把自己的作品交给他了。

向您致以最崇高的敬意和友好的爱慕。

您的伊·康德

1791 年 9 月 27 日

于哥尼斯贝格

又及:我再次请您不要在邮资方面顾及我。

[1] 哈特克诺赫(Johann Friedrich Hartknoch, 1768—1819),书商。

[2] 凯斯特纳(Abraham Gotthelf Kästner, 1719—1800),哥廷根大学数学、物理学教授,箴言诗作者。

59 | 致雅可布·西吉斯蒙德·贝克

1791 年 11 月 2 日

尊贵的硕士先生：

您 10 月 8 日的来信使我感到高兴，但我的回信却有点晚了。但我仍希望不算太晚，以免耽搁您的工作。长期以来，我的系主任工作和其他工作困扰着我，使我甚至把回信的计划也排挤掉了。

您担心，纯粹为了点收入而同一帮讨厌的书商打交道。这种担心是有道理的。同样，如果您相信，您可以为读书界提供"某种经过思考了的、并非无用的东西"，而且像您的先辈们那样（您利用了他们遗留下来的基础），不是出自谋利的动机，而是为公共的科学财富作出自己的贡献，那么，您的决定也是合理的。

尽管我曾经希望，在您推荐给哈特克诺赫先生的两篇文章中，您会选出第一篇优先发表，因为莱因霍尔德先生的表象能力理论在不可能用例证阐述所说的东西时，又退回到隐晦的抽象之中了，这样，即使这个理论在所有方面都是正确的（我的确不能作出这样的评价，因为迄今为止，我还没有能够对它进行设身处地

205

的思考），但正是由于这种困难，它不可能产生广泛持久的影响。尤其是您的评价，尽管您寄给我的清样以令人愉快的方式使我相信您具有思路清晰的禀赋，但也将不能避免与事物本身相联系的隐晦。我特别希望，莱因霍尔德先生不要因为您的文章而产生怀疑，似乎是我鼓励您或者唆使您这样做的，这实际上是您自己的选择。我还不能，至少现在还不能让您知道，我是怎么想的，因为这样一来，很容易会使他认为这是虚假的友谊。此外，我丝毫也不怀疑，对于这位优秀的、通常很清醒的、但现在在我看来有点疑心病的人物来说，您的作品的口吻没有包含任何严厉的、侮辱性的东西。

尊贵的朋友，由于您表示相信，我的批判哲学著述具有真理性和实用性，因此计划从它们之中作一个摘要，这是一个使我非常感兴趣的承诺。我由于年迈已经不能自己做这件事了，而在所有乐意承担这件工作的人中，数学家必然是我最中意的人选。请把您在个人道德问题上所遇到的困难告诉我，我很乐意尝试改善它们。由于我长期以来经常在各种方向上涉足这个领域，因而希望能有所贡献。

您寄给我的文章清样我暂且留下，因为在您的来信中，看不出要我将它给您寄回去的意思。

但是，我不能顺从您在来信的结尾所作的说明。您说，应我的要求，这次不再付邮资了，但我收到的依然是已付过邮资的信。以后，您绝对不要再这样做。我们之间通信所造成的费用，对我来说是微不足道的，但对您来说，无论是现在还是在相当长一段时间内，都大得足以使您中止与我的通信，这对我来说可是一种损失。

克劳斯教授先生很想让所有的学者都成为老鳏夫，由于许多孩子在出生后不久就死去，他们互相商讨不再生育，这种看法是他的已经定型了的基本思想。在所有的人当中，也许再没有一个人比我更没有能力使他改变这种思想了。鉴于您在这个问题上可能会采取的立场，就我来说，您总还是那么充分自由。我要求，不要让我分担作者的罪名，也不要让我由于起源于您的、或者由他人引起的良心不安而承担责任。最后，向您致以崇高的敬意和友谊。

> 您的顺从的仆人伊·康德
> 1791 年 11 月 2 日
> 于哥尼斯贝格

60 | 致雅可布·西吉斯蒙德·贝克

1792 年 1 月 20 日

尊贵的朋友：

您去年 12 月 9 日的来信我已收到，但回信却让您久等了，不过这责任并不在我。因为我现在承担了许多紧迫的工作，但年迈却又使我意识到了一种通常不会感到的必要性，即就我所研究的某个对象来说，在我结束这项任务之前，不能让任何胡闹打断我的思维。若不然，我就会再也找不到一朝从手中放下的线索。我希望，以后将不会再发生如此长时间的拖延。

您送来了对一般经验分析和经验可能性原则的全面研究，这个部分正是整个批判哲学中最困难的部分。以前，我曾经有过这样的设想：在一个形而上学体系中避开这种困难，按照范畴的次序，从范畴开始（由于我在事先仅仅解释了空间和时间的纯直观，客体就是在空间和时间中被给予的，但我并没有同时研究纯直观的可能性），在对每一个范畴（例如量和一切包含在量中的谓词，以及使用量这个范畴的例子）的说明终了时证明：除非我先天地假定，感官的对象和其余一切对象一起，必须被**设想**为数量，不

208

然，关于感官的对象，我们就不可能有任何经验，在这里，总是可以发觉，感官的对象只能被表象为在空间和时间中**给予**我们的。于是，从这里产生了本体论的完整科学，它是**内在的**思维，也就是说，人们可以保障它的概念的客观现实性。只是在这之后，我在第二部分指出，在本体论中，客体可能性的一切**条件**总还是**有条件的**，但尽管如此，理性却不可避免地力求超越到无条件者，在这里，我们的思维就成为**超验的**，也就是说，它根本不能为理性的概念，即理念，带来客观现实性，因而也不能通过理性的概念实现任何客体的**认识**。在纯粹理性的辩证论中（提出纯粹理性的二律背反），我准备指出：可能经验的对象作为感觉的对象，不能使人认识作为自在之物的客体，只能使人认识作为现象的客体，并且，首先把与空间和时间的感性形式相联系的范畴演绎看作把这些客体联结成为一个可能经验的条件，为作为概念的范畴本身提供思维的客体（直观可以采取任何一种它乐意采取的形式），然后构成了超越感性界限的范围，但这个范围并不能获得任何认识。说到这里也就够了。

当您说，"表象的**总和**甚至就是客体，就是心灵的行动，由于心灵的行动，表象的总和被表象，也就是说，把表象与客体联系起来"，这里您说得完全准确。只是人们还要问：表象的总和作为一个组合体，何以可能被表象？不是由于意识到这个总和**被给予**我们，因为一个总和要求杂多的**联结**（综合）。它（作为总和）必须被**创造**，而且是通过一个内在的行动，这个行动完全适用于一个**给予的**杂多，并且先天地先于这个杂多被给予的方式，也就是说，这个总和只有通过杂多的意识在一个概念（关于客体一般的概念）中的综合统一才能被设想。而这个概念，就某物在直观中被给予的方式来说，与客体一般发生不确定的联系，这就是范畴。如果杂多在表象着的主体（对于杂多的联结和综合统一来说）中以一种特殊的方式被给予，那么，表象着的主体的纯主观特性就叫做感性,这种方式(被给予先天直观的)也就是直观的感性形式。更确切地说,以这种方式,借助于范畴,对象纯粹是作为现象中的事物,而不是按照它们的自在存在**被认识到**。如果没有任何直观,对象根本不能被认识,但是可以被思维。如果人们不仅把一切直观抽象掉,而且干脆把它们排除掉,那么,范畴的客观现实性(它们绝对表象了某物,而且不是空洞的概念)就不能被保证。

也许您可以避免一开始就通过感受性,即主体受到对象的刺激时表象在主体中的存在方式,来定义感性,您可以把它规定为在一个认识中,纯粹构成表象与主体之间联系的东西。这样,感性形式在与直观客体的这种联系中,也只能够使人认识客体的现象。但是,这个主体性的东西只能构成主体通过表象受刺激的方式,因而纯粹是构成了主体的感受性,这一点已经蕴含在下面这句话中了,即它纯粹是主体的规定性。

总而言之,由于这整个分析的目的仅仅在于阐述:经验本身只有借助某种先天综合原理才是可能的。但是,只有当这些原理确实得到了阐述,这一点才可以被人理解。因此,我认为,在提出这些原理之前,尽可能扼要地开展工作是有益的。也许,我在此地的讲演方式会对您有一点用,在这里,我必须简明扼要地进行。

我是这样开始的:我通过**经验的认识**来定义经验。但是,认识又是**通过概念**对一个**被给予的**客体本身的表象。如果客体是在感官的表象(因此,感官的表象同时包含了感知,而感知又与意识结合起来,即包含了知觉)中被给予,认识就是经验的。如果客体尽管被给予,但却不是在感官表象(尽管如此,感官表象可以永远是感性的)中被给予,认识就是先天的。认识要求有两种表象方式:1.直观,通过它,一个客体被给予;2.概念,通过它,这个客体被思维。要从这两个**认识成分**中形成一个认识,还需要一个行动,即把**在直观中被给予的杂多**依照概念所表达的意识的综合统一联结起来。由于联结并**不能**通过客体或者客体的表象在直观中**被给予**,而只能被**制造**,所以,它是建立在知性在把握客体(给予杂多的联结的)时的纯粹自发性之上的。但是因为,如果根本没有任何客体**能够**与概念相一致地被给予,那么,没有任何客体,概念也就不成其为概念了(一种思想,通过它,我什么也不能思维)。所以,对于那些先天概念来说,必须有一种杂多同样先天地被给予。确切地说,由于它是先天地被给予的,因此,在一个没有物作为对象的直观中,即在纯粹主观的直观纯形式(空间和时间)中,必须符合纯粹感性的直观,这种直观的综合,是通过想象力按照概念所包含的意识的综合统一的规则实现的。然后,把这个规则运用于知觉(在知觉中,物通过感知被给予感官),这个规则就是知性概念的图型论。

我匆匆写成的大纲就此结束了。请您不要受我因偶然事故引起的拖延所影响,每逢您遇到了困难,就请把您的思想告诉我。向您致以最崇高的敬意。

您的伊·康德

1792 年 1 月 20 日

于哥尼斯贝格

61 | 致约翰·哥特利布·费希特[1]

1792 年 2 月 2 日

  阁下,您要求我告诉您,是否能够为您在目前严格的书报检查中未获批准的作品[2]谋求一种补救办法,以使它不致完全被扔到一边去。我虽然没有通读您的作品本身,但您的来信引用了这部作品的主要命题,即"按照理性,对一种给予的启示的信仰,不能建立在奇迹信仰之上"。就我从中能够得出的结论来说,我的回答是:不能!

  因为从您的命题中,不可避免地要得出这样的结论:除了也适用于纯粹理性的信条之外,一个宗教不能包含其他任何信条。按照我的意见,这个命题尽管是无害的,而且既不会取消一种启示的主观必然性,也不会取消奇迹(因为人们可以假定:尽管只要启示存在,通过理性洞察,启示就是可能的,但是,没有启示,理性不会自动地**引入**这些信条。顶多在开始时奇迹是必要的,它现在成了宗教的基础。由于宗教借助其信条完全可以维持自身,奇迹就不再需要了),但是,按照书报检查目前所遵循的原则,您的作品是无法通过的。因为按照这些原则,某些章节被逐字逐句地收纳进教义之中,而这些章节是人的知性很难理解的,更不用说能够被理性领会为真了。在这里,任何时候它们都需要奇迹来支持,永远不可能单纯成为理性的信条。启示的意图就在于:只是从为弱者进行的调节中,以感性的外壳提出这一类命题。就此说来,这类命题也具有真理,虽然只具有主观的真理,但是,由于书报检查原则的存在,这种情况根本不会发生。因为这些原则要求逐字逐句地承认这类命题的客观真理。

不过,您还有一条出路,那就是使您的作品与检查官的(虽然不很著名的)思想一致起来,也就是说,您需要在对自由的,但是建立在道德根据(理性没有能力满足它自身的需求)之上的**假定**所持的两种信仰之间,即一种**独断主义的**、超越一切怀疑的信仰和一种**单纯**道德上的信仰之间,作出使他理解、使他满意的区分。在这种情况下,通过道德上的善良意向嫁接在奇迹信仰之上的宗教信仰大约就会是这样:"我相信,圣主!(即我虽然既不能给我自己,也不能给别人作出足够的证明,但很乐意作出假设),请帮助我的无信仰吧!"也就是说,就我为了改善心灵而从奇迹故事中推出的一切来说,我有道德上的信仰。而且,如果历史的信仰也有助于此,我也希望有历史的信仰。我无意中的**不信仰(Nichtglaube)**并不是有意的**无信仰(Unglaube)**。然而,对一个视历史信条为不可减弱的宗教义务的检查官来说,您很难使他对这种中间道路感到满意。

您可以利用我在这里匆匆写下的、但并非没有经过深思熟虑的思想,去做您觉得合适的事情,前提是您在事先就真诚地相信这些思想的真理性。但请您既不要明显地、也不要隐晦地暗示出那个把这些思想告诉您的人。

此外,我希望您能够满意自己目前的家居状况。如果您要求有所改变的话,我希望能够为改善这种状况提供帮助。向您致以敬意和友谊。

阁下您顺从的仆人伊·康德

1792 年 2 月 2 日

于哥尼斯贝格

[1] 费希特(Johann Gottlieb Fichte, 1762—1814),德国哲学家。
[2] 指费希特的《一切启示的批判》。

62 | 致克里斯蒂安·
哥特利布·赛勒

1792 年 2 月 24 日

尊贵的、至堪敬慕的先生：

自从您送我《论……现实性与观念性》这篇文章之后，已经快3 个月了。对于您的善意，我还没有给予任何回报。但是，这肯定不是出自对您向我表示的关注缺乏敬意，或者出自对不利于我的论据的轻视。我本来想以发表作品的形式作出回答，如果不是各种各样彼此交叉的干扰总是使我把它放开的话，也许在这段已流逝的时间里已经完成了这一心愿。尤其是因为，年迈使我很难重新拾起一朝丢开的思想线索，很难做到即使经常被打断，也依然能够有计划地工作。

但是，最近公布了一项新的规定，它使我的这桩心愿彻底破灭了。这个新规定就是限制对哪怕仅仅是间接与神学有关的事物进行公开思维的自由。在这种情况下，一个学校教师的忧虑要比其他任何一个无业自由学者的忧虑严重得多。慎重的做法是至少把这一类的研究向后推迟，直到这颗可怖的流星或者自行解体，或者表示赞同现存的东西。不过，即使我采取息事宁人的态

215

度,您也不会缺少来自独断主义党派的敌对者,尽管这是另一种风格。因为这个党派同样不能承认经验主义,虽然它完全是以一种贫乏无聊、前后不一致的方式这样做的(因为经验主义既不应该被半接受,也不应该被全接受),这就使您对这个原则所作的坚定阐明大大优越于这个党派。

因此,尊贵的先生,请您免除我这种义务,或者不要要求我履行这个义务,对您的提议作出回答。因为从各种迹象看来,目前做这件工作只会带来损失。

向您的才能和多方面的成就致以极大的敬意。

您的顺从的仆人伊·康德

1792 年 2 月 24 日

于哥尼斯贝格

63 | 致马丽娅·冯·赫伯特小姐[1]

1792 年春

您充满感情的来信出自一颗必然是为德性和正直所塑造的心灵,这样的心灵是易于接受德性和正直的教诲的,因为这种教诲在自身中不包含任何阿谀奉承的东西。因此,您的来信把我引向这种教诲要求我加以注意的方向,也就是说,它要我对它进行设身处地的思考,为它思索一种进行纯粹的道德安慰,因而也就是进行彻底安慰的方法。对于德性以及德性的精髓,也就是说,对于正直的思想态度,您所爱的对象必然是同样真诚、同样充满敬意的。虽然我并不知道,您与他的关系究竟是一种婚姻关系,还是一种单纯的朋友关系,从您上封信来看,我觉得可能是后者,不过,对于您为之不安的东西来说,这两种关系没有什么显著的区别。因为,无论是对丈夫的爱,还是对朋友的爱,都同样是以互相之间彼此尊重对方的性格为前提条件的,没有这种互相尊重,爱就只不过是一种很容易变化的感性错觉。

唯有这样的爱才是德性(其他的爱完全是盲目的爱慕),这样一种爱是要完全倾诉出来的,并且期待对方也作出同样的心灵倾诉,不要因为任何不信任的矜持而被削弱。事情应该如此,它要求的是友谊的典范。但是,人固有一种不真诚的本性,它限制了那种襟怀坦白的特性。这种互相倾诉心声的障碍,这种私下的不信任,这种矜持,使人们甚至在与知心朋友的最真挚的交往中,就其一部分思想来说必然也是孤独的、自身封闭的。关于这些东西,古人已经发出过抱怨:亲爱的朋友,不存在任何朋友! 不过,作为人生所可能包含的最甜蜜的东西,友谊还是为有教养的灵魂所向往的,但它只能产生于襟怀坦白的品质。

这种矜持,作为那种襟怀坦白品质的缺乏,与那种诚实的缺乏,即在真实地吐露我们的思想时说假话,是有很大区别的。看来,人们不能苛求,人的本性完全做到襟怀坦白(因为每一个人在完全吐露自己心声时,都担心会被他人瞧不起)。矜持属于我们本性的局限,本来并不会**败坏**性格,它只不过是一种弊病,阻碍我们从性格中引申出一切它潜蕴的善。说假话则是思想方式的一种堕落,是一种积极的恶。诚实但又矜持(不襟怀坦白)的人所说的话都是真的,只不过他并不说出全部真理。相反,不诚实的人所说的话,他自己知道是假的。按照德性论的说法,这后一种叫做**说谎**。尽管它可能是完全**无害的**,然而却不是无辜的。实际上,它严重地损伤了对自己的义务,是损伤了一种完全不可缺少的义务。践踏这种义务,也就在我们自己的人格中贬低了人类的尊严,从根本上损害了思维方式。欺骗使一切变得可疑,变得不可信。而且,如果根据德性外在的东西来评价欺骗,那么,可以说它甚至使德性失去了一切信赖。

也许您已经看到,如果您是在向一位医生请教,那么,您遇到的是这样一位医生,在人们看来,他并非拍马逢迎之辈,不会通过恭维奉承来笼络您。如果您想在自己和您的知心朋友之间找一个中介人,那么,我的制造好名声的方式根本不符合对女性的偏爱。因为我是为您的朋友说话的,并且为他提供理由,作为敬仰德性的人,他在自己这方面具有这些理由。这些理由使他有权利虽然倾慕您,但在尊重方面却变得摇摆不定。

至于前一种期待,我必须首先建议您检查一下,由于一个谎言,一个并非为了掩盖某种恶习而想出的谎言,您对自己作了严厉的谴责。但是,这纯粹是对不明智的谴责呢,还是对包含在谎言自身中的不道德的内心谴责呢?如果是前者,那么,您责备自己的是襟怀坦白的品质吐露了这种不道德,您后悔这次履行了自己的义务(如果有人故意使某人陷入一种尽管对他无害的失误,并使他在一段时间内保持这种失误,然后再使他解脱出来,那么,毫无疑问都是这种情况)。您为什么后悔做了这次表白呢?因为您确实由此而蒙受了损害,即丧失了您的朋友的信任。在您的动因中,这种后悔没有包含什么道德的东西,因为不是行动的意识,而是行动的后果是您后悔的原因。但是,如果使您感到伤心的责备,确实是建立在对您的行为所做的单纯道德的评价之上的,那么,要是一个道德医生劝告您,由于不能使已发生的事情不发生,您完全可以使自己的心灵摆脱这种责备,只要今后全心全意地努力做到完美的诚实就可以了,这样的道德医生不是个好的道德医生。因为良知必须保存一切逾规行为,就像一个法官,他并不因为某个犯罪行为已被判决,就把档案销毁,而是把它保存在档案室里,以便在今后对类似的或者不同的犯罪行为提出控诉时,能够使自己依照正义所作出的判断更加敏锐。但是,沉溺在这种后悔之中,在已经选定另一种思维方式之后,却仍然通过不断地责备以前的、不再恢复的思维方式,来做一些对生活无用的事情(假定可以保证生活的改善),乃是一个卓有成效地折磨自己的天才想法。它和一些所谓的宗教方法一样,这些宗教方法的内容就是向更高的力量祈求恩惠,却不管人有必要成为一个更好的人。它们根本没有必要归入道德。

如果您所爱的朋友已经意识到这样一种思维方式的转

变——因为诚实是这种转变的明白无误的表现,那么,要逐渐地消除他那种合法的、甚至以德性概念为基础的不满的痕迹,并把冷淡转化为更坚定的爱慕,就只需要时间了。但是,假如这一点不能实现,那么,此人昔日的热烈爱慕,其自然成分就要多于道德成分了。按照这种爱慕的易逝本性,即使没有那件事,它也要逐渐自动消亡的。在我们的生活中,这是一种会以各种方式遇到的不幸。在这种情况下,我们必须处之泰然。因为,如果生活是以我们能够享有的善为内容的,那么,人们就过高地估计了生活的价值。但是,如果按照我们能够施行的善来评价生活,那么,生活就应该受到最高的重视和谨慎对待,就可以愉快地把它用来实现善的目的了。亲爱的朋友,在这里,就像在布道中常有的那样,您可以找到教诲、惩罚和安慰。我请您对教诲要比对安慰更加重视,因为如果教诲起了作用,那么,安慰以及失去的对生活的满意心情,肯定都会自动地再度获得的。

[1] 冯·赫伯特小姐(Maria von Herbert,约1770—1803),哲学家、工厂主 F.P.赫伯特之妹。

64 | 致雅可布·西吉 斯蒙德·贝克

1792 年 7 月 3 日

尊贵的朋友,阻碍我回复您上次来信的原因,肯定不是我低估了您向我提出的问题,而是我当时从事的另一些工作和我的年迈。现在,年迈使我绝对不能让任何异样的东西打断我对研究题材的思考,若不然,线索一旦放下,再拾起来就不大可能了。在我看来,表象在一个概念中的联结与在一个判断中的联结之间的区别,例如黑人与这人**是黑的**(换一种说法,这个黑人和这人**是黑的**)之间的区别在于,在前者中,是一个概念**被规定**,在后者中,是**我规定**这个概念的行动**被规定**。因此,您说的完全正确,在**复合**概念中,意识的统一性是作为主观的东西被给予,在概念的**复合**中,意识的统一性则被当作客观的东西,也就是说,在前者中,人仅仅被思维成为黑的(或然的表象),在后者中,他被认作一个黑人。因此,我是否能够说,这个黑人(他在某个时间是黑的)是白的(也就是说,在另一时间他是白的、褪了色的),而不会自相矛盾?我对这个问题的回答是:不能!因为在这个判断中,由于主体被看作通过黑这个概念被规定的,所以,我也就把黑这个概念

221

置入了不黑这个概念之中,由于这两者是同时的,因而就不可避免地互相矛盾。相反,对于同一个人,我却可以说,**他是黑的**,同时又说,**这同一个人不是黑的**(即在另一个时间,如果此人褪色了的话),因为在两个判断中,只是表明了在这里依赖于经验条件和时间的**规定活动**。在我的《纯粹理性批判》中,在谈到矛盾律的地方[1],您也可以找到某些有关的东西。

您把直观定义为:就一个被给予的杂多来说,直观是一个普遍**被规定了的**表象。对此,我只是想到,在这里,普遍的规定必须被理解为客观的,而不能被理解为在主体中现存的(因为我们不可能认识一个经验直观的对象的一切规定),若不然,这个定义就无非是在说,直观是某个给定个人的表象。除此之外,我没有任何其他需要提醒您的东西。因为没有任何复合的东西能够**作为这样一种东西**被给予我们,我们永远必须自己**创造**被给予的杂多的**复合**。尽管如此,复合却是符合客体的,不能是任意的,因此,不是复合的东西,而是只有把被给予的杂多复合起来的形式,才必须是先天地被给予的。这种形式是直观的纯主观(感性)成分,它虽然是先天的,但却不是**被思维的**(因为只有作为活动的**复合**才是一个思维的产物),而必须是在我们之中**被给予的**(空间与时间),因此必然是一个**单个的**表象,而不是概念[repraesentatio communis(普遍的描述)]。我觉得,不要太过于纠缠在对基本表象作过于精细的解析是有益的。因为文章的进展通过使用这些表象将会对它们作出充分的解释。

至于下面这个问题:本身没有自然秩序但却由道德规律为它规定自然秩序的活动是否存在? 我的回答是:当然不存在! 也就是说,存在着一种**确定的自然秩序**,例如当今世界的自然秩序:一位廷臣尽管不会总是做廷臣,但他必须把随时保持真诚看作自己的义务。但是,在这种典型中,只有一种一般自然秩序的形式,即作为事件的活动的联系是遵从**道德规律**的,就像**自然规律**纯粹遵从**其普遍性**一样。因为这一点根本不涉及任何一种自然的特殊规律。

　　不过，我不得不住笔了。如果能将您的手稿寄来，我将非常高兴。我将独自以及和宫廷布道人舒尔茨一起审查这份手稿。请代我向雅可布教授致以衷心的谢意，感谢他寄来的东西，尤其是他的题词给我带来的荣誉。还请您代我向霍夫鲍尔[2]硕士致以谢意，感谢他给我寄来了《分析》一书。并请您告诉这两位先生，最近我会荣幸地回答他们的来信的。祝您生活幸福。

您的伊·康德

1792 年 7 月 3 日

于哥尼斯贝格

[1] 参见《纯粹理性批判》A150—153，B189—193 以及 A571—575，B599—603。
[2] 霍夫鲍尔(Johann Christoph Hofbauer，1766—1827)，哈勒大学哲学教授。

65 | 致约翰·埃利希·比斯特尔

1792 年 7 月 30 日

极为尊敬的朋友，据我猜测，为使我的前一章书[1]在《柏林月刊》上获准发表，您作出了种种努力，因此没有按照我过去的请求，把它立即寄还给我。现在，我再次重复这个请求，因为我别有用途。而且请立即寄出。由于没有后继的部分，前面的文章必然会在您的《月刊》上造成一种令人诧异的印象。但是，您的三个信仰法官[2]的判决似乎是不可违背的。因此，我迫切请求，由我支付邮费，把我的手稿尽可能快地寄还给我。因为正文下面的许多亲笔注释，我并没有保留抄件，但我又不愿意失去它们。

我之所以敦促柏林的书报检查机构，您在我当初的信中可以很容易地找到我的理由。只要您的《月刊》上的文章就像迄今那样，保持在有限的范围之内，不提任何与您的书报检查官在宗教事务上的个人意见相违背的话，那么，它无论在王国内部印刷，还是在外地印刷，也就没有什么区别了。但是，就我的文章来说，由于我不得不对后一部分有些担心，所以，自然的结论就是：如果它违背书报检查官们的意见而在《月刊》上发表，那么，妨碍了这些

224

检查官们所采取的麻烦措施,他们会对此提出抱怨的。毫无疑问,他们必然会不遗余力地诽谤我的文章,引用这篇文章来为他们的要求(在涉及禁止这种麻烦措施的问题上)辩护,而这则会使我感到棘手的。

尽管如此,如果您有这样的要求,我将不会忘记尽快给您寄去另一篇文章,即纯粹道德方面的、关于伽尔韦先生最近就我的道德原则所发表的意见的文章,以代替现在这篇文章。此外,向您致以始终不渝的崇高敬意和友谊。

您的伊·康德
1792 年 7 月 30 日
于哥尼斯贝格

[1] 指康德的《纯然理性界限内的宗教》的第二章:善的原则和恶的原则围绕人类统治权所进行的斗争。

[2] 指书报检查官赫尔墨斯(Hermann Daniel Hermes, 1731—1807),希尔默(Gottlob Friedrich Hillmer, 1756—1835)和沃尔特斯多夫(Theodor Karl George Woltersdorf, 1727—1806)。

66 | 致神学院

1792 年 8 月底

我荣幸地给阁下们送去三篇哲学文章,它们应该与在《柏林月刊》上发表的那篇文章一起构成一个整体。[1]呈送的目的不仅是为了请你们审查,而且也是为了请你们评判,神学院是否认为自己有权审查这部作品,这样,哲学院就可以根据这部作品的标题,毫不迟疑地行使他们的审查权了。因为在这里,按照哲理神学自己作文字解释的尝试,它在多大程度上敢于接近圣经神学,是在与圣经神学的联系中表现出来的。一旦理性不够用,或者说,即使借助假定的解释也不能紧跟上教会,这就成为纯粹的哲理神学的无可争议的权限。就像人们没有指责圣经神学干涉另一门科学的合法权利,说它为了证实或者阐释自身,使用了许多哲学观念,甚至超出了它认为适用于自身目的的范围那样,哲理神学固守在自己的界限之内,丝毫也没有干涉圣经神学。甚至在哲理神学似乎接受了与圣经神学相对立的基本原理的地方,例如就奇迹理论来说,哲理神学也承认并且证实,如果我们仅仅在作出神学判断时就求教于理性,那么,哲理神学就没有必要把这些基本原理理解为客观有效的,而是必须把它们仅仅理解为主观有

226

效的,即理解为公理。这样,如果圣经神学家仅仅作为一个圣经神学家作出判断,并且拒绝与哲学建立任何统一,奇迹本身就不会遭到否定,而是不受阻挠地取决于圣经神学家了。

一段时间以来,圣经神学家本身的利益已经成为国家的利益,但是,各门科学的利益也同样属于国家的利益,这些圣经神学家作为大学学者(不仅仅是作为神职人员)没有权利忽视这种利益。某一个学院,例如哲学院,也没有权利把它狭隘地看作另一些系的所谓利益。相反,任何一个学院都有权利和义务来使这种利益得到扩展。因此,很明显,如果已经确定,一部作品属于圣经神学,那么,全权负责审查这部作品的委员会就必须拥有这方面的知识。但是,如果并没有确定,对此还有怀疑,那么,在一所**大学**里(它之所以享有这个名称,是因为它注意到使一门科学在不损害其他科学的情况下扩展自己的领域),圣经专业所属的学院就应该能够确认,一部作品是否会侵犯它所负责的业务。如果它找不到理由来提出这方面的要求,这部作品的审查就必须归于这部作品自己所预示的那个学院。

[1] 指康德的《纯然理性界限内的宗教》。

67 | 致雅可布·西吉斯蒙德·贝克

1792 年 10 月 16 日[1]

极为尊敬的朋友：

前天，即 10 月 15 日，我把您的手稿用灰纸包装起来，盖上章，标上 A.M.B 字样，交给邮局寄回去了。但是，现在看来，寄得有点过于匆忙了。由于一个记忆错误，您期望我在 11 月底之前把您的手稿寄回，我却把 10 月底当成了约定的日期。我匆匆决定，不要错过马上就要启程的邮车，却没有想到就此再查看一下您的来信。而且，由于我在通读前几个印张时，没有发现什么特别值得注意的东西，也就充满信任地让您的范畴和基本原理的演绎听天由命了。

如果您认为有必要，这个错误也可以如此补救：您可让人把那几张赶快抄下来，用急件马上寄给我（当然不用付邮资），这样，在期满之前您就可以得到我的答复。根据我的判断，这一切的关键在于：由于在**组合物**的经验概念中，组合不是借助单纯的直观以及对直观的理解被给予的，而是仅仅通过在直观中把杂多**主动地联结起来**被给予的，并且被表象在一个意识一般之中（这个意识一般不再是经验的），因此，这种联结以及联结的功能必须遵守心灵中的先天规则，这些先天规则构成了一个客体一般的纯思维（纯知性概念）。如果这种纯思维构成了一个直观，并且构成了对组合物（或者属于组合物的东西）的一切可能的经验认识的条件（也就是说，综合就存在于其中），这种条件通过那些基本原理被表述出来，那么，对杂多的理解就必须遵守这种纯思维。按照通常的概念，对组合物自身的表象也属于对杂多的表象，在这里，杂多被理解为**被给予的**，因此，这种表象并不像它必然表现的那样，完全属于自发性，等等。

尽管人们排除了一切空的间隙来作为解释物质密度的根据，但是，人们又必须能够设想物质密度的区别。您对这个物理问题的见解使我感到非常高兴。因为似乎只有极少的人理解这个问题本身。我把解决这个任务的方式规定为：引力（普遍的引力，牛顿的引力）最初在所有物质中是相等的，只有不同物质的斥力才是各异的，并且构成了这些物质密度的区别。但是，这在某种程度上会导致一种循环论证，我也无法摆脱这种循环论证，因而也必须尝试能够更好地理解它。

如果您愿意对下面这些东西进行一番思索的话，您对自己的解决方式也会感到不满足。您所说的是：地球上一个小物体对整个地球的作用，比起地球通过自己的引力对这个小物体施加的作用，是一个无限小。这句话应该这样说，即比起这个小物体对另一个与它**相等**（或者比它更小）的物体所施加的作用，是一个无限小。因为，如果它吸引整个地球，那么，它将通过地球的对抗获得一种运动（速度），这个运动与地球的引力能够给予它的运动是完全相等的。比起这个物体在自身根本没有吸引力的情况下所能得到的速度来说，它现在的速度是双倍的。同样，比起地球在自身根本没有吸引力的情况下，从那个吸引它的物体那里得到的速度来说，它现在通过这个物体的对抗也获得了双倍的速度。也许

我并没有充分理解您的解释方式,我很希望能得到这方面的更详
细的解说。

　　此外,如果您能够使您的摘要更简短一些,同时又不伤害其
完整性,使您的书能够当作**讲课**的基础使用,那么,您将会给出版
商,并由此而给您自己带来许多好处。尤其是因为《实践理性批
判》也包括在内了。但是,我担心,先验辩证论还要占相当大的篇
幅。不过,这一切都随您自己决定吧。向您致以真正的友谊和
敬意。

　　　　　　　　　　　　　　　　您的顺从的仆人伊·康德

　　　　　　　　　　　　　　　　1792 年 10 月 16 日

　　　　　　　　　　　　　　　　于哥尼斯贝格

[1] 康德在这里把日期记错了,根据内容应为 17 日。

68 致雅可布·西吉斯蒙德·贝克

1792 年 12 月 4 日

尊贵的人，由于您在 11 月 10 日的来信中，允许我推迟 4 个星期再作答复，而这封信也只不过超了几天，因此，我相信，随信寄去的这些说明不会到得太晚。在此，我必须首先提醒您：由于我无法假定，在给我寄来的抄件中，页码和行款与您手中的是否完全一致，因此，如果您根据我在这里用引号标出的一段话的开头，找到了我在这里引用的页码，那么，由于抄件的形式一致，您就可以在手稿中找到相应的页码。您寄给我的手稿是用慢件给您寄回去的，给您的答复也耽搁的时间太长了。不过，要用急件寄出却多少有点太贵了。为您上次的来信以及寄来的手稿，我已经付出了整整两个帝国塔勒的邮资，如果抄写员不用那么厚的纸，并且把字写得更密一些的话，那就能够轻易地把上述费用减低四分之三。

第 5 页，谈到划分时说："但是，如果它是综合的，那么，它就必然是三分的。"不过，这种必然并不是无条件的，而是只有当划分是先天的、或者按照概念进行（不是像在数学中那样通过为概

231

念作图)的情况下,才是必然三分的。因此,例如人们可以通过把多面体的概念在直观中描绘出来,从而把正多面体先天地分为五种形体。但是,从多面体的单纯概念中,人们连这样一种形体的可能性也看不出来,更不用说它可能具有的多样性了。

第7页,那里谈到了实体的相互作用,以及概念在选言判断中的相互规定与这种相互作用的类似。请将"它们互相联系,因为它们……"一句改为:"它们构成了一个**整体**,排除了这个整体之外的诸多部分,在**选言判断**中……"等等。

第8页,将该段结尾处的"**我思**必然伴随着表象综合中的所有表象"改为"必然能够伴随"。

第17页,将"一个知性,它的纯粹的**我思**"改为"一个知性,它的纯粹的我在……"等等(若不然,说它的纯粹的**思维**是一个**直观**,就会是一个矛盾)。

亲爱的朋友,您会看到,我的提醒并没有太大的意义。此外,您关于演绎的想法也是正确的。用例证进行阐述,固然可以使一些读者更易于理解,然而也必须兼顾到节省篇幅。

埃贝哈德先生和伽尔韦先生关于贝克莱唯心主义与批判唯心主义具有一致性的意见,根本不值得去注意。因为我是就**表象的形式**来谈论观念性的,我可以把批判唯心主义更准确地称作空间和时间的**观念性**原则。但那些人从中得出的时间和空间的观念性却是就**物质**,即**客体**及其存在本身来说的。但是,有人却假**埃奈西德穆**[1]之名提出了一种走得更远的怀疑主义,认为我们根本不能够知道,到底有没有某种他物(作为客体)与我们的表象相一致,这无非是说,一个表象还是不是表象(表象**某物**)。因为表象意味着我们内部的一种规定,我们把这种规定与某种他物联系起来(这种规定在我们内部替代了这个他物的地位)。

您试图借助两个完全占满了自己空间的物体来说明密度(如果可以使用这个表述的话)的区别,就此来说,我认为,一切物体对于地球的加速度因素是被假定为彼此相等的。这样一来，就像我在上封信中所说明的那样，例如在 dx 和 dy 之间，就找不到加速度的任何区别了。如果要解决这个任务的话，那么，一个物体的运动的量，与另一个物体的运动相比较，（即运动的质量）就可以被看作不相等的。这样，人们就可以不通过部分的**数量**，而是通过**异类**部分的**密度**来设想同样体积中的质量了，由于这些异类的部分，它们运动的速度虽然相等，但质量却可以有不同的大小。因为，如果关键在于数量，那么，一切物体必然被设想为原初就是同类的，因此，当它们复合在同一体积中时，也只能通过空的间隙相互区分[quod est contra hypothesin（这是违背假设的）]。今年冬末，在您推进到对我的《自然科学的形而上学原理》作出摘要之前，我将告诉您，我在撰写这本书时所作的一些尝试，不过，我后来放弃了这些尝试。为了便于您以后对我的《判断力批判》作出摘要，最近，我将给您寄去一个邮包，这是我当时为这本书所写的**导言**的手稿，只是由于与正文比起来，它详尽得有点不相称，因而被我弃置不用。但我觉得，其中包含了一些对充分地认识自然合目的性这个概念颇有帮助的东西。为了便于您做这项工作，我还想建议您考虑一下斯内尔[2]、特别是施帕齐[3]关于这本书的文章或注释。

您打算给这本书起名为**《康德批判著作释要，第一卷，包括思辨理性和实践理性的批判》**，我表示完全同意。

此外，祝您在这项工作中，就像您在自己的所有工作中那样，取得最好的成就。向您表示敬意和顺从。

您的伊·康德
1792 年 12 月 4 日
于哥尼斯贝格

[1] 埃奈西德穆(Änesidemus,公元前 1 世纪),古希腊哲学家,怀疑论者。

[2] 斯内尔(Friedrich Wilhelm Daniel Snell, 1761—1827),基森大学哲学教授,曾著《对康德判断力批判的阐述和解释》。

[3] 施帕齐(Karl Spazier, 1761—1805),哲学硕士,曾著《目的论原则的简明阐述》。

69 | 致约翰·本亚明·艾哈德

1792 年 12 月 21 日

亲爱的朋友：

　　您对迟迟见不到我早在一年多以前就该写的回信有点不满，对此，我是决不会责怪您的。不过，我也不会把这算作我自己的过错。因为清除这种延误的原因，已非我力所能及，与其说我能描述这些原因，倒不如说我只能感觉到它们。您的友谊是我能够信赖的，甚至它也使我的延误成为允许的、可原谅的。我相信自己的使命在于完成我的各项工作，如果来了兴致，就不愿意再让这些线索溜走（不过，年迈给我造成的无兴致，却是经常出现的），此外，还有其他一些无法避免的意外工作，尤其是许多来信，我不相信它们的作者都具有如此多的宽容之心，所有这些都使我几乎无法给您回信。为什么命运不把一个在所有访问过我们这个地区的人中，我最希望与他天天聚会的人，安排得离我更近些呢？

　　关于与克莱因[1]先生商谈的刑法题材，请您允许我稍作一些说明，因为绝大多数东西都是非常出色的，完全符合我的心意。在这里，我假定您手中有这些命题的抄件，其号码与您的来信中

235

所示完全一样。

关于第 5 个命题：长时间以来，神学家们在他们的经院哲学中已经谈到过真正的刑罚［poena vindicativa（合法的刑罚）］了，施加刑罚，不是 ne peccetur（为了不被违犯），而是 quia peccatum（因为已被违犯）。因此，他们是通过 malum physicum obmalum morale illatum（与已出现的道德过失对立的自然过失）来定义刑罚的。在一个按照道德原则（由上帝）统治的世界中，刑罚是绝对必要的（如果在这个世界中发现了逾越的话）。但是，如果这个世界是由人统治的，那么，刑罚的必要性就仅仅是假言的，逾越与应受惩罚这两个概念之间的直接联结，对于统治者们来说，也仅仅用于对使用刑罚加以辩解，而不是用于对它加以规定。这样，人们就可以告诉您：尽管按照目的，poena meremoralis（公正的刑罚）［由于它拯救了神的公正，因而也许可以被称作 vindicativa（合法的）］对于罪犯来说仅仅是 medicinalis（救治性的），但对于其他人来说却是 exemplaris（惩戒性的），不过，就权限的那种条件来说，它是应受惩罚的一种**标记**。

关于第 9、第 10 个命题：尽管在一般的道德中，这两个命题完全被误解了，但它们都是真实的。它们属于**对自己的义务**这个标题，在我长期研究的《道德形而上学》中，以一种不同一般的方式，讨论了这些义务。

关于第 12 个命题：这个命题说得也很对。在自然权利中，人们把市民状态说成是建立在**任意**一种 pactum sociale（社会契约）之上的。但是，可以证明，status naturalis（自然状态）是一种非公正的状态，因此，转入 statum civilem（市民状态）是正当的义务。

罗伊斯[2]教授先生今年秋天赏光看望了我，我已从他那里得到了您的博士论文，同时还听到了一个令人高兴的消息，说您将要结婚了，这门婚事将会给您的生活带来幸福。我向您致以衷心的祝贺。

　　我希望,今后能经常听到您的消息。此外,希望您也能像赫伯特小姐那样,对我的去信感到高兴。我向您保证:在任何时候我都对您满怀敬意和顺从。

您的伊·康德

1792 年 12 月 21 日

于哥尼斯贝格

[1] 克莱因(Ernst Ferdinant Klein, 1744—1810),哈勒大学副校长,法学系理事,柏林科学院成员。

[2] 罗伊斯(Maternus Reuß, 1751—1798),维尔茨堡大学哲学教授,康德哲学的追随者。

70 | 致卡尔·施柏纳[1]

1793 年 3 月 22 日

尊贵的人：

您于 3 月 9 日寄给我的来信，我已于 17 日收到，这使我感到非常高兴，因为它使我结识了您这样一个人，您富有高贵的同情心，并不仅仅关心商业利润。不过，您建议至少加上一些针对当今时代状况的附录，为《柏林月刊》上的文章《关于一种出自世界公民意图的普遍历史》新出一个单行本，我却不能参与此事了。如果世上的强者们处于一种若醉若迷的状态，无论这种状态是由诸神的呵气，还是由火山的喷气引起的，总之，对于一个珍惜自己皮肤的俾格米人[2]来说，就应该劝告他不要卷入强者们的争吵，即使这种卷入采用最婉转、最充满敬意的劝说也不行。这主要是因为，这些强者们根本不会听取他的意见，而另一些搬弄是非的人又会曲解他的意思。今天，我还差 4 个星期就要 70 岁了。在这个年龄，还能希望做出什么特殊的事情来影响有头脑的人们，甚至还要影响粗俗的群氓呢？这是一项劳而无功、甚至会伤害这些人的工作。在最后的余年里，应该劝告老人们考虑到 non defensoribus istis tempus eget[3]（时间并不需要你作辩护人）这句

238

话,考虑到自己力量的限度,除了安宁和平静之外,这个限度不允许他再有别的什么愿望。

考虑到此,我希望,您不要把我的否定性回答看作不乐于从命。对您,我在任何时候都怀有最崇高的敬意。

您最顺从的仆人伊·康德
1793 年 3 月 22 日
于哥尼斯贝格

[1] 施柏纳(Johann Carl Philipp Spener, 1749—1827),出版商。

[2] 分布在中非一带的身材矮小的黑人。

[3] 出自维吉尔长诗《伊尼依特》。

71 致阿伯拉罕·戈特黑尔夫·凯斯特纳

1793 年 5 月

值得尊敬的人！请您接受我对您的感谢,感谢您那智慧的、富有教益的来信(这封来信是由我给旅行路过哥廷根的雅赫曼博士写的推荐信为我争取来的)。为了证明我这种感激之情,除了给您寄去一篇延误到现在才出版的文章[1]之外,我确实找不到更适当的机会。

您当时提醒我用一种通俗的语言替代新出现的、在批判哲学及其基本特征中几乎不可避免的、生硬的学院语言,或者至少把它与一种通俗的语言结合起来,这种提醒的缜密精神是我经常强烈地感受到的,尤其是在读我的对手们的作品时更是如此。特别是因为这种语言虽然无辜,却引起了一些应声虫的蠢话,他们卖弄一些毫无意义的词句,至少与我的意思毫无关联。为了防止出现这种事情,我将抓住下次机会,它要求使用一种单调的表述,并将使我有理由把通俗的语言与那种学院语言结合起来。

杰出的人,您的著作无论是对各门科学,还是对鉴赏力,都在许多领域产生了影响。尽管这些著作没有署名,但根据其特点可以认得出是您的。它们一直充满了朝气蓬勃的精神和年轻人的无忧无虑。这无论对我,还是对任何一个人,都是值得钦佩的。在这方面,但愿上天保佑您,安享缪斯的宠儿丰特耐尔[2]的天年,没有这一点,对于一位学者来说,年轻人的无忧无虑也并不是特别值得企望的幸运。而朝气蓬勃的精神,在我看来却是大自然的赐予,在进入 70 岁之后,我虽然没有病,却已经开始感到年迈的重负和在这个年纪从事脑力劳动的艰辛。

我在任何时候都充满着对您的最真挚的敬意。

阁下您最顺从的仆人伊·康德

[1] 指《纯粹理性范围内的宗教》。
[2] 丰特耐尔(Bernar le Bovier de Fontenelle, 1657—1757),法国哲学家,诗人。

72 | 致卡尔·弗里德利希·司徒林[1]

1793 年 5 月 4 日

　　值得尊敬的人，对您 1791 年 11 月 9 日的来信和珍贵的礼物《基督教体系批判的思想》，我迟迟没有作出应有的答复，请您不要把这看作缺乏关注和谢意。我本来打算把这封回信附上一份类似的礼物送给您，但由于被一些意外的工作所打断，一直耽搁到现在。

　　很久以来，在纯粹哲学的领域里，我给自己提出的研究计划，就是要解决以下四个问题：1.我能够知道什么？（形而上学）2.我应该做什么？（道德）3.我可以希望什么？（宗教）接着是第四个，也是最后一个问题：人是什么？（人类学，20 多年来，我每年都要讲授一遍）在现在给您的著作《纯然理性界限内的宗教》中，我试图实现这个计划的第三部分。在这一著作中，严格认真的精神和对基督教的真诚敬意，当然还有恰如其分地直言不讳这个基本原则，使我没有隐瞒什么东西，而是像我相信的那样，我已经认识到，基督教与最纯粹的实践理性的结合是可能的，我要开诚布公地发表自己的意见。

圣经神学家只能再把理性或者把暴力和理性对立起来,除此之外,他再也不能有别的东西和理性相对立。而且,如果他不愿意招致使用暴力的指责(在当前对自由加以普遍限制的危机中,公然采取暴力手段是很可怕的),那么,他必须利用另一种理性根据,来削弱他认为有害的那种理性根据。他并不使用革出教门这种手段,他把革出教门这种手段从教廷上空的云雾中下降到那些理性根据上。这就是我在前言第 19 页上所发表的意见。在这里,为了完成对一个圣经神学家的教育,我建议,把这个神学家的力量连同哲学提出来与他相对立的东西,与哲学的全部论断的体系(现在这本书也许就是这样一个体系)进行比较,而且同样地用理性根据进行比较,以便武装起来对付来临的攻击。

这篇有点不客气的前言,也许会使您感到诧异,原因就在于此。全部著作准备分四部分在《柏林月刊》上发表,不过还要经过当地检查机关的检查。哲学检查官是枢密顾问希尔默先生,他认为第一部分属于他那个部门,因而已经批准发表(这部分的标题是《人性中的根本恶》)。不过,第二部分就没有这样幸运了,因为在希尔默先生看来,这一部分涉及圣经神学(我不知道根据什么理由,在他看来第一部分不涉及圣经神学),他认为最好还是和圣经检查官、教会监理会顾问赫尔默斯先生磋商一下。这位先生很自然地(因为一个纯粹的神职人员,还有什么权势他不想抓取呢?)认为这属于他的管辖范围,他把文章收去,不准发表。

现在,前言试图指出,如果一个书报检查机构不能够确定负责检查一部作品的人员的合法性,作者就可以不让这个机构来决定他们相互之间究竟如何取得一致,而是征求作者所在大学的意见。在这里,单单一个系总会坚持自己的合法性,并且驳回其他一些要求,但大学评议会却能够在这种争论中作出有效的裁决。

为了实现全部公道,无论神学系认为这一著作涉及圣经神学,因而要求对它进行检查,还是认为它由哲学系负责,拒绝对它进行检查,我还是事先把它提交神学系,请它评定。我已经得到了这种拒绝,神学系指示我把它提交哲学系。

尊贵的人,我把这一过程告诉您,是因为我考虑到,可能会产生关于这一著作的公开争论,希望我的做法的合法性在您的判断中得到辩解。在任何时候,我都对您怀有最真诚的敬意。

阁下您最顺从的仆人伊·康德

[1] 司徒林(Carl Friedrich Staudlin,1761—1826),哥廷根大学神学教授。

73 致约翰·哥特利布·费希特

1793 年 5 月 12 日

可敬的人,我衷心地祝贺您幸运地得到了闲暇,以便献身于重大哲学问题的研究,虽然您认为,关于您希望在何处以及在什么样的环境中消受这个闲暇的问题,最好还是保守秘密。

到目前为止,您的成名之作《一切启示的批判》我只读完了一部分,就被中间插入的工作打断了。要对这本书作出判断,我就必须把它放在一个不断的联系中加以通盘考虑,我必须不能忘记已读过的东西,以便与后面的东西加以比较。不过到目前为止,我既腾不出时间,也培养不起情绪,几个星期以来,我的情绪一直不适宜于脑力劳动。也许,通过把您的著作与我最近发表的论文《纯然理性界限内的宗教》加以比较,您就可以很容易地看出,我们两人的思想在这一点上是一致的,还是有分歧的。

为了研究《纯粹理性批判》第 372 页提出的问题,我愿意并且希望幸运地得到您的才能和勤奋。如果不是我现在工作进行得太慢(这要归咎于我不久前进入了 70 岁的高龄),计划中的《道德形而上学》早已完稿了。这本书的内容您已经选作阐释的对象。

245

如果您能先我完成这项工作,不需我再费力,我应当对此感到高兴。

无论我的生命终点或迟或早到来,如果我能够自夸地说,我的微薄的努力所开始的事业,有了为世界福利而勤奋工作的合适人选,能使它不断接近于完成,我都会心满意足地结束自己的生命旅程。

希望能不断听到您身体康健,您为公众福利而作出的努力顺利进展的消息。我对您满怀崇高的敬意和友谊。

伊·康德

1793 年 5 月 12 日

于哥尼斯贝格

74 | 致格奥尔格·亨利希·路德维希·尼科罗维

1793 年 8 月 16 日

阁下,您打算运用您在自己的祖国获取的知识,并打算事先就如何以妥善的、对您自己有利的方式做这件事征求我的意见,我认为,这是一个证据,证明了您那缜密的思维方式,这种思维方式没有像通常发生的那样,由于旅游的兴致而堕落得只知道寻找差事。您打算在我们这个大学并且为了我们这个大学寻找一份差事,对此,我表示完全赞同。不过,请允许我提醒您注意,现在,在我们这个大学里,流行着一种年轻人学习的基本原则,这些基本原则也许您很熟悉,它们就在于尽快地念完大学,以便尽可能快地谋取到一个公职。这样,那些对精美的文学和文化感兴趣的人,就凑不够为了开办一个有价值的讲座所必需的听众人数,至少在刚开始时是这样。即使我把讲座开始后赶来听课的贵族,以及冬季学期来听课的军官估算在内,也还是不够。然而,这种估算还是不能排除的,因为虽然这种情况还没有成为时髦,但还是能够向这方面发展的。

您表示不喜欢一个神学职位,据此,作为一个固定的、尽管一开始并不丰厚的收入的基础,我建议给您的是一个**学校职位**。请您不要对此感到吃惊。公众需要使学校更适合于精雅的东西在文化中的转移，这种需要已被人们越来越强烈地感受到。像您这样的人，将会很快在这方面开辟一个新的时代。此外，还有担任教职、对我们城市的学校有重大影响的人做您的朋友。您并不能轻易地避开校长职位，在这个职位上，您将有足够的时间，作为大学的成员，推进那些美好的知识和科学。

如果您同意这个建议，我提议您尽可能快地前往柏林，去见学校高级顾问迈阿劳托[1]先生，我和他是在此地结识的（在他受命普遍视察学校时），我已就此事为您提供了最好的推荐信。作为监护人，他肯定会把您引见给当地的教育机构的。或许您自己也打算做一些尝试，通过他的多方面的影响，可以按照一个新的、由他制定的计划开始工作。

我觉得，为了对付在此地进入大学做教师所需的种种手续，首先取得硕士学位是很有益于您的目的的，您可以在奥得河畔的法兰克福、或在埃尔兰根、或在哈勒取得学位。在这期间，结识一下国家部长韦尔纳[2]先生对您也是有利的，因为很可能您所中意的某个教授席位会在这里产生空缺。对此，我虽然没有门路直接推荐您，但我可以通过住在柏林的枢密顾问西姆松[3]先生（请您方便时拜访这位先生，并以我的名义向他致意）做这件事。其他的东西，就看您对我的建议作何表示了。

关于 Konciompax[4] 的问题，纯粹是一时的念头，可以把它放在一边。

对您感兴趣的一切表示真诚的关注，任何时候我都对您怀有崇高的敬意。

阁下您最顺从的仆人伊·康德
1793 年 8 月 16 日
于哥尼斯贝格

[1] 迈阿劳托(Johann Heinrich Ludwig Meierotto, 1742—1800),柏林教会和学校高级顾问。

[2] 韦尔纳(Johann Christoph Wöllner, 1732—1800),普鲁士司法大臣、精神事务大臣,弗里德利希·威廉二世的宠臣。

[3] 西姆松(Johann Simpson, 1737—1811),大商人。

[4] 该词指西藏的某种事物,实际含义是什么,尚待考证。

75 | 致卡尔·莱昂哈德·莱因霍尔德

1794 年 3 月 28 日

尊敬的先生
尊贵的朋友：

您决定改变传播您的周密见解的地点，我衷心地祝愿，就像你要去的地方的人们肯定会受益一样，您的决定对您自己来说也是有益的，您的一切愿望都将得到满足。此外，我还希望，尽管我没有实现自己的诺言，按照您的要求通盘思考您给我的杰出信件，尤其是关于自然权利的原则的信件（就这些原则来说，我与您在本质上是一致的），并且向您表明我对此的判断，因而按照表面现象，我为此提供了诱因，但请您不要埋怨我。这些事情之所以发生，除了我的无能之外，没有任何东西应为此负哪怕极小的责任。

自从 3 年多以来，年迈并没有给我造成健康机制的特别变化，在继续进行我按照既定计划选定的反思进程这方面，也没有造成我的心力的重大（显著）变化，但却首先给我造成了显著的困难，使我难以设身处地地思考**他人**的思想联系，难以准确地把握他人的思想体系,然后加以仔细的判断(因为一般的赞赏或者责难对任何人都是没有什么益处的)。这也是我之所以只能从自己的老本中编织出文章来的原因。不过,我一直没有能够真正理解迈蒙以他对批判哲学的**补充**(犹太人就喜欢做这类事情,以便以他人为代价捞取重要的声誉)本来想要达到的目的,只好托付别人斥责他了。

但是,即使对于这种缺陷,身体方面的原因也是要负责的。我是由此得出这个结论的,这种缺陷已经存在有一段时间了。大约3年多以前,一次持续了数星期之久的感冒引起了一种黏性物质。在感冒痊愈之后,这种东西似乎涌向了通往头部的管道。如果能够幸运地打上一个喷嚏,马上就能使我感到清醒,但在这之后不久,同一器官的更强烈的分泌越积越多,再次使我陷入了迷糊状态。若不然,相对于70高龄来说,我还是相当健康的。

倘若我对一个医生作这一番表白,那是没有用的,因为他并不能够治愈年迈引起的后果。但我希望,在您对我真正友好顺从的信念作出判断时,这番表白会起到预期的作用。

现在,还是谈谈我们的朋友吧。我们的共同朋友、纽伦堡的艾哈德大夫如今怎么样?毫无疑问,您不仅知道他的奇遇,而且很可能也知道这件事的结局,这是我特别想知道的事情。2月中旬,我收到一封来信,是维尔茨堡的一位修道院代理牧师鲍尔(我并不认识他)先生于1794年1月31日寄来的。这封信主要讲了以下的内容:1793年10月,某个自称威廉的英国人曾到过纽伦堡艾哈德先生那里,受到了艾哈德先生及其妻子和妹妹(两个漂亮的女士)在家中的招待,这位英国人托词要与他们做英国货的生意。艾哈德大夫非常信任此人出示的文件,此人给了他一张在伦敦兑换的汇票,价值2 500弗罗林。在征得全家人的同意后,威廉为艾哈德大夫(据说)在美国军队里提供了一个团部外科主任医师的席位,薪水为6 000弗罗林。1793年12月22日,艾哈德大夫写信告诉鲍尔先生,说他要在 1794 年 4 月离开欧洲,前往腓拉德尔非亚。威廉假托要作一次短期旅行,动员艾哈德与他同去,这样,他们一起动身前往慕尼黑。14 天以后,由于一封信,这场骗局被拆穿了。这封信是威廉写给他在维也纳的弟弟的,信末署名安东·西门。由于在维也纳找不到他这个弟弟,这封信被敞着口退回到纽伦堡。签发的汇票也被发现是假的退回来了。尽管后来的通缉令披露了艾哈德的踪迹,但却无法找到他了。现在,艾哈德的妻子已经怀孕,眼看就要做第二个孩子的母亲了,她和她的家庭都在为这件可怕的变故而痛苦。由于艾哈德在 20 日发自萨尔茨堡的一封信中,曾表示要拜访我,因此,我接到要求,一旦知道他的下落,就立刻通知她们。鲍尔先生认为:这位"哲学家"受到了热恋的严重迷惑,被引诱做出了这种闻所未闻的背叛。

尊贵的朋友,倘若您知道这件事情的结局,麻烦您写信告诉我,此外,请给我讲一讲您现在住的地方文献方面的重要新闻。请您相信,没有人比我更对您满怀敬意了。

您的朋友和仆人伊·康德

1794 年 3 月 28 日

于哥尼斯贝格

76 | 致约翰·埃利希·比斯特尔

1794 年 5 月 18 日

尊敬的朋友！在结束我们两人之间的著作事宜之前,我必须赶快把已许诺的文章[1]寄给您。倘若在这期间,这种著作事宜已经结束,则请您将这篇文章寄给耶拿副主祭艾哈德·施米特教授先生的《哲学杂志》。我感谢您报告给我的消息。我可以证明,任何时候我都没有违背良知、越轨的行为。我泰然自若地等待着这种奇特活动的结局。如果新的法令**规定**的东西与我的基本原则不相违背,我将同样一丝不苟地遵守它们。如果它们仅仅**禁止**让人们知道自己的基本原则,就像我迄今为止所做的那样(对此我丝毫不觉得遗憾),我也将认真地遵守这些法令。生命是短暂的,特别是在年逾古稀之后,所剩的时间就更短暂了。但是,我希望在地球上能够找到一隅之地,使我能够在那里无忧无虑地度过晚年。那件不是秘密、但却不会很快或者不会以真实形式传到我们这里来的事情,如果能够引起我的兴趣,那么,倘若您把它告诉我,我将感到非

253

常高兴。

您的始终不渝的伊·康德

1794 年 5 月 18 日

于哥尼斯贝格

又及:在这篇文章的某个地方,我曾指示排字工,把不在行的抄写员弄到正文中的附注归回原位。请您提醒他注意这一点。

[1] 指康德的《万物的终结》。

77 | 致雅可布·西吉斯蒙德·贝克

1794 年 7 月 1 日

最尊贵的朋友：

您就一本计划中的著作向我通报了您关于"原初的附加"[1]（即作为主体规定的表象与一个和它相互区别的客体的关系，通过这种关系，表象不纯粹是感觉，而是知识的一部分）的想法，您的每次来信都使我感到愉快，这次，除了稍作以下说明之外，我没有什么要再说的了。

1. 您是否能够在拉丁语中把**附加**这个词表达得让人完全可以理解？此外，人们本来就不能说，一个表象**归属于**另一个物，而只能说，如果表象应成为知识的一部分，那么，只有与某种他物（除了表象所内在的主体）的**关系**才归属于表象，因此，对于他人来说，表象是可以**言传的**。若不然，表象就将仅仅属于感觉（快乐或者不快），而感觉本来是不可言传的。但是，我们只能够理解我们自己**制造**的东西，并把它转告他人，前提是：我们**直观**某物，以便表象这种东西或者那种东西，这种直观的方式在所有人那里都可以被看作同样的。这样，那种东西就是对一个复合物的表象，

255

因为：

2. 我们不能把复合当作给予的来感知，而是说，我们必须自己制造复合。如果我们要把某种东西当作**复合的**(包括空间和时间)，我们就必须进行**复合**。就这种复合来说，我们可以互相转告。如果我的表象在理解中的综合，与对表象(假如它是概念)的分析，提供了同一个表象(互相产生)，那么，对被给予的杂多的把握(apprehensio)以及把它纳入意识的统一之中[apperceptio(统觉)]，就与对复合物(即只有通过复合才可能的东西)的表象是一回事。这种一致，由于它既不单独存在于表象中，也不单独存在于意识中，虽然如此却对每一个人来说都是有效的(可言传的)，因此，就被与某种对每一个人来说都有效的东西，和主体相互区别的东西，也就是说，被与一个客体联系起来了。

通过写下这些东西，我发觉，甚至我自己也理解得不够。我希望您能够有这样的幸运，能够明确地描绘我们认识能力的这些单薄细微的线。对于我来说，过分精细地分解这些线索已经不再可能了。甚至莱因霍尔德教授的分解，我也不能充分地解释清楚。尊贵的朋友，对您这样的数学家，也许我不应该再提醒，不要越出清晰性的界限，无论是在最通常的表述中，还是在用简单易解的例子进行证明时，都是如此。哈特克诺赫先生对您计划中的著作很感兴趣。请您永远把我看作您的正直的朋友和仆人。

伊·康德

1794 年 7 月 1 日

于哥尼斯贝格

[1] 贝克在致康德的信中说，他把"意识的综合统一的产生"称作**原初的附加**。

78 致约阿希姆·亨利希·卡姆佩

1794 年 7 月 16 日

尊贵的、杰出的人:

您在我永远忘不了的 6 月 27 日的来信中提出的善良建议,出自体贴入微的心灵,同时还伴随着在对待善行方面的极大的爱护和委婉的担忧。您的建议使我深受感动,尽管利用这个建议的情况并不存在,但我还是应该表示衷心的感谢。

我们城市的指挥官(本来最高长官应该是中将冯·布吕内克先生)没有要求我收回自己的意见。因此,也没有根据最高命令,向我发出撤销我职务的判决。为这种说法提供诱因的,可能是一个虚假的传闻,似乎是说,我与这位不断向我表现出各种亲切友好的标志的先生,由于为他的孩子聘任一位家庭教师的事情闹崩了。

如果确实有了所说的威胁,逼我收回自己的意见,那么,关于那时我将如何行动,您判断得完全正确。此外,在我目前的状况中,由于根本不能指责我违犯了法令,我认为,这样一种无理要求或者威胁几乎是不可能的。但是,即使出现最坏的情况,我也不会如此丧失自助的手段,以致由于贫穷,在我短暂的晚年陷入忧愁之中,成为某一个人的负担,即使此人出自高贵的同情心,很乐意承受这种负担。

尊贵的朋友,我祝愿您生活幸福,您那可敬可爱的思维方式是应该享有这种幸福的。谢谢您的好意,并向您致以极大的敬意。

您的康德

1794 年 7 月 16 日

于哥尼斯贝格

79 | 致国王弗里德利希·威廉二世(草稿)

1794 年 10 月 12 日后

　　国王陛下,您于今年 10 月 12 日给我的命令使我负担了以下谦卑的义务:第一,我在《纯然理性界限内的宗教》和其他文章中滥用了自己的哲学,歪曲并贬低了圣经和基督教的许多主要教义和基本教义,从而,我犯有玩忽一个青年导师的职守和违背国君最高意图的罪过,这些意图我应该很清楚,所以,我必须作出认真的辩解。第二,我以后不得重犯这样的错误。对这两项指令,我希望能够以极大的诚意为我谦卑的顺从向陛下提供足够的证据。我的顺从过去已经得到证明,今后仍将继续得到证明。

　　向我提出的第一个指责,说我滥用自己的哲学,贬低基督教,对此,我的认真辩解如下:

　　第一,作为青年的导师,我在大学的讲演里,从来没有犯过这样的罪过。这一点,我除了提出我的学生可以作证之外,讲演的特性也可以充分说明它。作为纯粹哲学的讲授,我的讲演是按照阿·哥·鲍姆嘉登的教科书进行的。在鲍姆嘉登的教科书里,没有基督教的主题,也不能够有基督教的主题。因此,决不能责难

259

我，说我在这门科学中逾越了对宗教作哲学考察的界限。

第二，**作为一个作者**，例如在《纯然理性界限内的宗教》一书中，我并没有违背我已经知道的国君最高意图。因为，由于这些意图是关于国家宗教的，所以，我本来应该以一个普通公众的教师身份来写作，但我这本书和其他短篇论文根本不适合这一目标。它们被写出来，只是作为神学专业和哲学专业的学者们之间的一种商榷，是为了确定，宗教怎样才能纯洁而又有力地注入人们的心灵。这种理论当然不会被普通公众所注意，如果要对学校教师和教会的教师讲授这一理论，那就需要政府的批准。但是，建议给予学者们以自由，这并不伤害政府的智慧和权威。官方的宗教教义也并不是政府自身一下子设想出来的，而是只有通过学术研究才获得的。因此，政府可以要求有关的系审查和纠正这些宗教教义，而不是为它们规定这样一个宗教教义。

第三，在所说的这本书里，不能说我犯了贬低基督教的罪过，因为这本书根本没有打算评价任何现存的启示宗教，而只是准备对理性宗教加以评价。在这里，我没有隐瞒理性宗教的先天性，它是一切真宗教的最高条件，也没有隐瞒它的完满性和实践意图（即我们必须做的事情），当然也没有隐瞒它在理论方面的不完满性（恶产生自何处，恶怎样过渡为善，或者，认为我们处于恶之中的确定性何以可能，等等诸如此类的问题），以及对一个启示理论的需要，我把理性宗教与这种启示理论联系起来，并没有规定这是什么（例如，在这里基督教被当作只是一个可理解的启示观念），因为我认为，我的责任就是阐明理性宗教的这种价值。我的控告人有责任提出一个例证，在那里我贬低了基督教，或者是对把基督教看作启示表示怀疑，或者是把启示也说成是不必要的。在实际应用方面（实际应用构成了一切宗教的本质部分），则必须按照纯粹理性信仰的基本原则来解释启示学说，并且公开地加以研究，我认为这并不是一种贬低，毋宁说是承认了它在道德方面富有成果的内容。但是,由于纯粹理论的信仰命题的所谓头等内在重要性,这种内容被歪曲了。

第四,事实上,我对基督教表现了一种真正的虔诚,我赞美圣经是对公众进行宗教训导的现有最佳向导,适宜于建立和维护一个永垂千古的、真正道德的国家宗教。因此,我决不允许自己哪怕仅仅对圣经中的理论教义进行攻击或者提出异议(虽然必须允许各学院可以提出异议)。我坚决主张,圣经具有神圣的实际内容,虽然启示学说的偶然性使理论信条必然不断地变更,但这种实际内容却总是能够保持宗教的内在本质部分,而且,虽然基督教会在某些时候,例如在神权统治的几个黑暗世纪里,发生蜕化,但圣经的实际内容却能够不断地恢复它的纯洁。

第五,我在任何地方都坚持认为,一个承认启示信仰的人,必须具有责任心,也就是说,他必须只承认他真正知道的东西,并且决不勉强别人相信他知道自己也没有充分确认的东西。同样,在撰写涉及宗教的作品时,我清楚地意识到:永远不能失去良知,它是我心中的神圣法官。我不但竭尽全力避免任何可能有损灵魂的失误,而且甚至避免使用我觉得有伤风化的语词。我之所以对此特别注意,是因为我已经71岁了,在这个年龄,难免不时想到:我可能很快就要到那洞察人心的世界裁判者面前去为自己辩解了。因此,当我现在认真地向最高当局呈交这份辩解时,我心中没有不安之感,这是我的坦率的、永不改变的声明。

第六,关于指令的第二项:我以后不得再犯歪曲和贬低基督教的罪过(如已经被指控的那样),我认为,作为陛下您的忠实臣民,为了回避嫌疑,我将绝对保证完全放弃一切有关宗教题目的公开学术活动,无论是有关自然宗教,还是启示宗教,无论是在讲演中,还是在作品中都是一样。这是我的誓约。

我永远是国王陛下您的最卑微最顺从的臣民。

80 | 致弗兰措斯·特奥多尔·德·拉伽尔德

1794 年 11 月 24 日

阁下:

　　对您 11 月 8 日寄给我、同月 22 日到达的来信,以及您寄来的一部《青年阿纳哈尔斯希腊游记》和一部《米夏尔·蒙田关于各种对象的思想和见解》,还有附加的礼物、其见解使我感到非常愉快的《社会哲学》,我表示衷心的感谢。我并不知道,您在给我赠阅本的等值书籍之后,尤其是以后还有关于蒙田的书的第 6 部,您还欠我一点。因此,出于这种意图,附上您的出版社目录(不过,在包裹中我并没有找到这个目录)是没有必要的。但是,您对我在通信方面的拖延似乎表示了不满,这对我并不公平,实际上,对此我没有任何责任。

　　最近我发表的几个作品,之所以没有求助于您,无非是因为,由于孤独的生活方式,我必须经常收藏足够的新书,我把它们当作晚上的食粮,代替了其他一切享受。为此,我就需要此地这个或那个出版商的支持,如果我不给他们一些东西发表,他们就会拒绝给我书籍,对此,我已经有过体验了。不过,我希望把这种交流均分开来,能够同您也保持业务联系,尽管出现了两个障碍,我如今并没有放弃这个希望。障碍之一是:以我现在的高龄,我的著述工作进行得很慢,而且经常由于情绪不佳而被打断,以致我对这部作品的完成不能(至少现在不能)精确地规定一个日期。另一个障碍是:由于我的主题本来是广义的形而上学,作为这样一个学科,它包括神学、道德(同时还有宗教)以及自然法(同时还有国家法和民族法),尽管这种包括只是就单纯理性对它们的看法而言的。但是,书报检查机构现在加强了对这个学科的控制,人们无法保证,这些专业中的某一个所愿意采纳的作品,是否会被检查机构突然一笔勾销。如果似乎已经临近的和平得以实现,那么,但愿更确切的规定将会更精确地勾画出作者必须遵循的界限。这样,在作者还保持有自由的地方,他就会感到安全了。尊贵的朋友,在这之前,请您耐心等待,不过,我的作品的进展很有希望。

有一件事要请您帮忙,请您问一下比斯特尔博士先生,《柏林月刊》除了第一季度之外(即元月份、二月份、三月份),直到现在我连一期也没有从他那里得到,甚至连登载有我的文章的两期也没给我寄来,而按照惯例是要寄给作者样本的。请您问他,这是什么缘故? 如果他愿意就此给我一个书面说明,我将非常高兴,如果不能,给我一个口头答复,也会使我感到满意。至于您这方面,请您帮个忙,把这个答复通过最近的一次邮班寄给我,我已经等得有点不耐心了。寄这个答复的邮资由我来付。

此外,任何时候我都对您怀有崇高的敬意和友谊。

阁下您完全顺从的仆人伊·康德

1794 年 11 月 24 日

于哥尼斯贝格

81 | 致卡尔·弗里德利希·司徒林

1794 年 12 月 4 日

最尊敬的先生
最尊贵的朋友：

　　承蒙您的好意，送给我您现已完成的著作《怀疑主义史》，这是一部既有用又艰深，而且洞察力很强的著作。我把它当作您对我的可贵好感的一个标志，对此，我以同样的心情向您表示感谢。对您那封使我非常高兴的来信，我也表示同样的感谢，尽管我长期拖延，没有答复。请您不要把这种疏忽当作不尊重，而要当作一种信任。我用这种信任来宽恕自己的虽然没什么病，但却经常感到不适的老年。由于各种各样亟待办理，却又进展缓慢的事务，年迈迫使我不得不把一些事情推迟。您是我的好朋友，希望对此能够予以谅解。关于这封信以及信中向我提出的建议，我必须坦率地说出我的意见。

　　您建议我参与一份由您出版的神学杂志，在这方面，我可以指望获得不受限制的出版自由。对我来说，这建议不仅是值得称赞的，而且是符合理想的。因为，虽然我从未想过全面地利用这种自由,然而,在正统的乔治三世以及他的朋友、同样信仰正统的弗里德里希·威廉二世辖属之下的一所大学的威望,可以当作我的盾牌使用,制止我们这里的超正统派(他们是和危险连在一起的)的诽谤。

我手头有一篇以这样的观点写成的论文,题目是《学科之争》,近期已经完稿,我打算把它寄给您。在我看来,这篇文章很有意思,因为它不仅阐明了学者阶层的权利,即把国家宗教的一切事务都交由**神学**系判断,而且也阐明了国家统治者的利益,即允许这种情况的发生,但另一方面又树立了**哲学**系作为神学系的反对派。而且,按照那个观点的结论,这篇文章还阐明了由这两个系培养出来的神职人员的利益,如果他们构成一个高等教会监理会,也就成了教会的工作人员。这篇文章还把批准一个教义成为公共宗教当作是国家统治者的义务准则和明智准则,他可以把其他一些无伤风化的信仰社团,当作教派来加以容忍。尽管这篇文章本来单纯是**政论**文,而不是神学著作[de iure principis circa religionem et ecclesiam(本来,它包含了有关宗教和教会的原则)],但是我觉得,为了清楚地刻画那些由于其内在特征不适宜于国家宗教,只适宜于教派,因而不会被政府批准的信条,就必须引用那些唯一能够使人了解一个教派不能成为国家宗教的原因和特性的实例。但是,我很担心,不仅由于这些例子,而且还由于所引用的其他例子,现在我们这里权势颇大的书报检查机关会作出不同的解释,横加侮蔑。因此,我决定,把这篇文章再放一放,我希望,临近的和平也许会在这方面为无害的议论带来更多的自由。因此,我把这篇文章告诉您,充其量也不过是为了请您判断,它到底应该被看作神学文章,还是应被看作政论文章。

恳请您向杰出的宫廷顾问利希滕贝格[1]先生转达我深切的谢意。他那友好的赠礼《霍伽尔特[2]铜版画集》令人受之有愧。同时,我请他不要为该书的续集再破费了。这位先生由于他那清醒的头脑,正直的思维方式,以及无法比拟的性格,可以更好地抵制贫乏的强迫信仰这种灾难。请方便时代我向普朗克[3]博士致意,此际,我无法掩饰自己的满意,以前我们如何珍视的思想自由虽然逝去了,但是,它却在勇敢的人们那里,就像您的大学所拥有的人们那样,得到了保护。

我任何时候都对您满怀崇高的敬意和真诚的倾慕。

阁下您完全从命的忠实仆人伊·康德

1794 年 12 月 4 日

于哥尼斯贝格

[1] 利希滕贝格(Georg Christoph Lichtenberg, 1742—1799),物理学家,作家。

[2] 霍伽尔特(William Hogarth, 1697—1764),英国画家,铜版雕刻家。

[3] 普朗克(Gottlieb Jacob Planck, 1751—1833),哥廷根大学神学教授。

82 | 致迪特利希·路德维希·古斯塔夫·卡斯滕[1]

1795 年 3 月 16 日

高贵的、极为尊敬的矿务监督官先生：

能够荣幸地收到阁下的来信，并且由此而结识阁下，以便在必要时利用在您的专业中的广泛的科学知识，使我感到非常高兴。借助于哲学，所有这些知识都有某种亲缘关系。但是，导致这一切的原因，却使我很不愉快。

大约在 1790 年，我确实收到过冯·文蒂施-格勒茨伯爵先生的一系列短篇著作，例如我现在还有两卷本的《动物结构的形而上学史》，特别是一部关于政治和**市民阶级立宪制度**的著作，写得很详尽，似乎是出自一种预言的天赋（我之所以能回忆起来，是因为它给我造成了特殊的印象），标题是《论君主们应做的事情，如果他们不愿意做民众自己会来做》。还在所说的这种事情发生之前，这部著作已经出版几年了。但是，由于我虽然不多的藏书放得比较零乱，现在要详细说明这本书，却找不到它了（还有《动物结构的形而上学史》的前两卷）。

　　我现在已经不能确切地回忆起来，当时是否曾向伯爵先生书面表示感谢，但还能清楚地记起来，我曾委托我的出版人，柏林书商德·拉伽尔德从莱比锡博览会给高贵的伯爵先生寄去了我当时出版的著作《判断力批判》。

　　德·拉伽尔德先生是一位可靠而又友好的人，请您现在问他一下，为什么给伯爵先生预订的书没有兑现。并请您将拉伽尔德的答复转告伯爵先生，同时以我的名义请伯爵先生原谅。这并不是由于漫不经心而没有回报对我的关注，而是由于许多紧迫的事务而很难避免的一种拖延，这种拖延偶尔还会发展成为遗忘。对此，我已经相当高的年龄应该承担部分的责任。

　　阁下，我并没有如此深沉于形而上学之中，以致没能够至少作为一个业余爱好者，对您在经验领域内为科学所作出的出色的扩展表示关切。您的扩展构成了向哲学上升的阶梯。尤其是因为，要改良我们在自然考古学中的概念必然首先依靠对矿物学有实践经验的人。

　　我任何时候都对您怀有崇高的敬意。

阁下您从命的忠实仆人伊·康德

1795 年 3 月 16 日

于哥尼斯贝格

[1] 卡斯滕(Dietrich Ludwig Gustav Karster, 1768—1810)，矿物学家。

83 | 致弗里德利希·席勒[1]

1795 年 3 月 30 日

极为尊敬的先生：

　　能够结识像尊贵的朋友您这样一位学者，这样一位才华横溢的人物，并且能够建立和培植与您在文献方面的交往，对我来说，只能是梦寐以求的事情。您在去年夏天告诉我关于一个刊物的计划，我已准时收到，最近，还收到了这个刊物的前两期。您关于人的美感教育的通信，我认为是出色的，我将对这些信加以研究，以便有一天能够告诉您我在这方面的想法。刊登在第二期上的论文《论有机自然界中的类区别》，我却无法猜出其中的含意，尽管我认为作者也是一个很有见解的人物。托尔恩的胡博[2]先生曾经在书信中就贯穿整个自然界的类似的亲合力发表了看法（有关自然学说的），对此，《文学总汇报》给予了尖锐的抨击（就像针对一种梦幻似的）。某种类似的东西虽然暂时引起了人们的思索，但人们却不知道这有什么用。例如，在两个有机领域，为了延续其种类，任何受精活动都需要两个性别。在我看来，这种自然机制在任何时候都是令人惊异的，都是人类理性的思维极限。因为在这里，人们将不是假设有一种天命，似乎它为了消遣而轻率

269

地喜欢上了这种安排,而是相信有某种原因,这种原因**不可能是别的样子**。这一点为人们开辟了无限的前景,但对人们却毫无用处,就像密尔顿[3]的天使关于创世对亚当所说的话一样没用,这段话就是:"遥远的太阳的阳性的光与阴性的光混合起来,形成了诸多不为人知的终极目的。"

我担心,作者们在您的月刊上不署自己的名字,因而也就不为他们的大胆意见负责任,这会损害您的月刊。因为学术界对这种状况是很感兴趣的。

对您的礼物,我表示最衷心的感谢。但是,至于要我为您给予学术界的礼物作出一些微薄贡献,我不得不请您推迟一个相当长的时间。因为,政治题材和宗教题材目前受到了某种禁止,但在这些题材之外,几乎不存在什么能够引起广大学术界兴趣的文章。因此,人们必须再观察一段这种气候的变化,以便聪明地适应时代。

请您代我向费希特教授致以问候,并感谢他给我寄来他的各种著作。倘若我不是由于所担负的种种工作而感到年迈引起的不适,我本应自己做这件事的。不过,这种不适一点也不能为我的拖延辩护。同时,请方便时代我向许茨先生和胡弗兰德[4]先生致意。

尊贵的人!我希望您的力量能够与您的才华和良好意愿相适应,祝您健康长寿,友谊永存。您的友谊使我感到荣幸。我任何时候都对您怀有崇高的敬意。

您从命的忠实仆人伊·康德

[1] 席勒(Johann Christoph Friedrich von Schiller, 1759—1805),诗人,哲学家,狂飙突进运动主要人物之一。

[2] 胡博(Johann Michael Hube, 1737—1807),华沙军官学校校长,教授。

[3] 密尔顿(John Milton, 1608—1674),英国诗人。

[4] 胡弗兰德(Christoph Wilhelm Hufeland, 1762—1832),德国著名医生。

84 | 致约翰·戈特弗里德·卡尔·克里斯蒂安·基塞维特尔

1795 年 10 月 15 日

尊贵的朋友：

您在去年送我的特尔托夫萝卜把我给宠坏了，以致本地的萝卜再也不能合我的胃口了。您能否慷慨地再给我弄来一些这种生活必需品？我可以告诉您商人约·康拉德·雅可比[1]的地址，在那里付给车夫货物和运输的费用，或者以任何一种您喜欢的方式付清您的垫款。因为让您的礼貌成为习惯，这是很不适当的。

您曾许诺，大约在下半年来我们这里，我和您在此地的朋友们都很高兴。不过，您将再也见不到您的朋友、宫廷布道人舒尔茨的夫人了。她在长期的病痛之后于 10 月 10 日去世了。尽管现在我还相当健康，但可能也会在这个时间里被遣送掉，因为 70 多岁的高龄会使一切变得简单。

如果您能够赏光尽快给我答复，那么，我希望您能就科学院有奖征文的奇特过程告诉我一些消息，例如，为什么颁奖仪式不是像通常那样在国王的生日举行，而是推迟到 8 天之后；施瓦布[2]、阿毕希特[3]、莱因霍尔德这些人又是怎样能够穿插着坐在一起的；从这许多不和谐的音符中又是怎样产生出某种合唱的，等等。

您将通过尼科罗维[4]得到我的梦幻曲《论永久和平》。如果学者们不玩弄阴谋诡计，并且同能干的政治家们结成盟友，以其典雅的风格表现贺拉斯[5]所说的 atrum desinit in piscem（黑暗结束在鱼肚白出现的地方），那么，关于学者们中间的不和，就没有什么可说的了。

我任何时候都对您怀有崇高的敬意和友谊。

您从命的忠实仆人伊·康德

1795 年 10 月 15 日

于哥尼斯贝格

[1] 雅可比(Johann Conrad Jacobi)，哥尼斯贝格商人。
[2] 施瓦布(Jahann Christoph Schwab, 1743—1821)，斯图加特教授。
[3] 阿毕希特(Johann Heinrich Abicht, 1762—1816)，埃尔兰根哲学教授。
[4] 尼科罗维(Friedrich Nicolovius, 1768—1836)，出版商。
[5] 贺拉斯(Quintus Flaccus Horatius，前 65—公元 8)，罗马诗人。

85 致克里斯多夫·威廉·胡弗兰德

1797 年 4 月 19 日

阁下，但愿您已经收到了我通过柏林的大卫·弗里德伦德尔先生转交给您的信件，在信中，我对您关于延长寿命的赠书表示了感谢。现在，我荣幸地向您介绍一下莫瑟比[1]先生，他是一位在哥尼斯贝格出生的、具有英国血统的年轻人，他才华横溢，知识渊博，志向坚定，行为端正，而且具有坦率的、博爱的思维方式。他的父亲是此地的英国商人。他和他的父亲一样，受到每一个人的尊重和喜爱，是我多年来的知心朋友。我恳请阁下能够亲切友好地对待他。至于我建议他学习的东西，以及他在我们这个大学里就他的专业（医学）所应学的东西，他都认真地学习过了。因此，请您在当地支持他的学业，为他打开更多和更大的泉源。至于为此所必需的费用，他手头并不拮据。

我现在怀有这样一个想法，即构思一门饮食起居学，并把它寄给您，它完全是出自我自己的经验来阐述"**心灵**控制病体感觉的能力"。我相信，这是一个不容忽视的试验，除了心理学的治疗方法之外，没有任何其他一个试验值得被纳入医学理论。由于我在这个周末就要进入生命的第 74 个年头了,至今为止,我成功地预防了一切现实的疾病(一般的不适,例如现在令人头疼的流行感冒,不属于此列),所以,这个试验将会赢得信任和仿效。不过,由于其他方面的事务,眼下我还必须把这件事向后推一推。

对于一位用明晰的根据和例证教给人们延长寿命的人物,我有不可推卸的义务祝他长寿,祝他生活幸福。我在任何时候都意识到自己的这种义务,并向您致以崇高的敬意。

您从命的忠实仆人伊·康德

[1] 莫瑟比(William Motheby, 1776—1847),英国商人老莫瑟比之子(参见第 16 封信注[3])

86 致克里斯蒂安·戈特弗里德·许茨

1797 年 7 月 10 日

　　尊贵的人,虽然不是出自您的要求,但您给我们共同的杰出朋友,宫廷布道人舒尔茨先生的来信,却促使我利用这个机会,向您表示我的愉快心情,祝贺您的健康状况比长期以来传闻的更好。一个为公共福利而积极活动的人,必然会生活愉快、健康长寿。

　　在所说的来信中,您对我最近提出的"以物的方式表现的人身权利"这个概念表示不满,这并没有使我感到惊讶,因为像其他哲学理论一样,纯粹理性的法学理论也更多地是以 entia praeter necessitatem non sunt multiplicanda(如无必要,勿增实体)这句话为准则的。宁可说,您是在怀疑,我自己也被文字游戏所迷惑,以致借助骗取来的原则,把可行性还成问题的东西当作被许可的。不过归根结蒂,不能由于一个人在革新理论时,没有烦琐地讨论这些理论的根据,而只是指出了这些根据,就责怪他,说他在自己的阐述中没有切合导师的心意,而且在他顶多可以对缺乏明晰性提出意见的地方,却看出了失误。

在这里,我只想谈谈您在来信中提出的责难。对于这个主题以及它的根据和结论,我将留待在另一个地方作更详细的阐述。

1."您无法相信,如果男子**由于婚姻关系**与女子交媾,他就把女子变成了物,et vice versa(反过来说也是一样)。在您看来,这无非是一种 mutuum adiutorium(互相帮助)。"

当然,如果交媾已经被假定为**由于婚姻的关系**,也就是说,被假定为合法的,虽然仅仅是根据自然权利,那么,这方面的权限已经是不言而喻的了。但是,问题在这里却只是:一种出自婚姻关系的交媾是否可能,以及它如何可能。因此,在这里必须仅仅谈论肉体的**交媾**(融合)以及它的权限的条件。因为 mutuum adiutorium(互相帮助)只不过是婚姻关系的法律必然结果,而这种结果的可能性以及条件却应当首先加以研究。

2. 您说:"康德的理论似乎完全是建立在**享受**这个词的 fallacia(手腕)之上。当然,就**真正地**享受一个人来说,例如吃人,人被当作了物。但是,夫妻双方却不会由于交媾而成为 res fungibiles(可以消费掉的东西)。"

要是能让享受这个词把我拖累住,那我就太软弱无力了。这个词可以随时删去,而代之以对**一个可以直接**(也就是说,通过感官,但是,这个感官在此是与其他一切感官不同的特殊感官)**令人欢娱的**物的**使用**。在谈到对这个物的享受时,我同样也把这个物看作可以消费掉的(res fungibiles)。事实上,当事双方互相之间使用性器官也就是这么回事。由于传染病、消耗以及怀孕(它可能和一种置人于死地的分娩联结起来),这一方或另一方就可能被耗尽生命(被消费掉)。在利用性器官这方面,一个食人者的欲望与一个自由意志者[libertin(纵欲者)]的欲望只不过形式上不同罢了。

男子和女子的关系就谈到这里吧。父亲(或者母亲)同孩子的关系则放到可能的地方再谈。

276

3."如果康德把主人对仆人,或者对家奴的权利证明为一种人身——物的权利(应该说,是以物的方式,因而纯粹是形式上的)表现出来的人身权利,因为人们可以把家奴重新捉起来,那么,您觉得这是一个 petitio principii(循环论证)吗? 不过,问题就在这里。人们想从哪里证明,按照自然权利可以做这种事呢?"

当然,这种权限只是合法**占有**的结果和标记。在这种占有中,一个人把另一个人当作他自己的,尽管后者是一个人。但是,把一个人当作他自己的(家用的),这表明了一种 jus in re(对物的权利)[contra quemlibet huius rei possessorem(反对这个物的其他任何占有者),即反对这个人的其他占有者]。把这个人当作家庭必需品使用的权利,类似于一种对物的权利,因为这个人不能自由地作为一个成员与这个家庭社会分离开来,因而可以用暴力把他带回这个家庭社会。对于一位中途离开了工作的雇佣劳动者来说,如果他没有拿走雇主的什么东西,就不会发生把他捉起来这种情况,因为他不像仆人和婢女那样,属于主人自己的东西,而后者则是家产的必然组成部分。

不过,其他的东西以后再说吧。现在,我没有什么要说的了,只再补充一句:在任何时候,关于您的健康、您的声誉以及您对我的友好态度的任何消息,都将使我非常高兴。

87 | 致雅可布·林德布罗姆[1]

1797 年 10 月 13 日

尊贵的主教先生

极为尊敬的先生：

有劳尊驾探究我的族系，并把您的研究结果通知我，这是完全值得感谢的。尽管从事情的状况来看，无论对于我，还是对于别的什么人，都不可能从中得到任何一种现成的好处。

我的祖父[2]来自苏格兰，住在普鲁士——立陶宛的城市梯尔西特。上世纪末和本世纪初，许多人成群结队地从苏格兰流亡国外，我的祖父是其中的一个，至于流亡的原因是什么，我就不知道了。流亡者中的相当一部分中途散居于瑞典，剩余的人便散居于普鲁士，主要是在梅默尔河这边。那里还存在着的辛普里森、麦克利恩、道格拉斯、汉密尔顿等许多家族可以证明这一点。我的祖父是他们中间的一员，他是在梯尔西特去世的。[3]就我还在世的父系亲属来说，除了我的兄弟姐妹的子女之外，我的家谱也就完全终结了（因为我本人是独身的）。关于我的族系，也就只能说这些了。按照您草拟的家谱图表，我的族系是从东戈特兰的善

278

良农民(这是我引以为荣的事情)一直到我的父亲(其实顶多说到我的祖父)。此外,我也没有忽视阁下对那些人抱有的仁爱的兴趣,即想劝说我资助这些所谓的亲属。

在同一时间,我还收到从拉卢姆寄来的一封信,信尾的日期是 1797 年 7 月 10 日。这封信谈到了我的族系类似的发展,不过,它同时还提出了以下的无理要求,要我给这个自称是我堂弟的写信人"在几年内提供八千或一万塔勒铜币供他盈利,使他能够生活幸福"。

阁下,如果我告诉您以下的事实,您就会认为这一无理要求或者其他类似的无理要求是完全不容许的了。我还有一个妹妹在世,以及我死去的姐妹留下的 6 个子女,他们中间有几个自己已经有孩子了。我另有一个弟弟在世,这就是库兰德的埃尔特拉登的康德牧师,他有 4 个孩子,其中只有一个儿子,已经长大成人。这几个孩子中,有一个最近已经结婚。我在晚年的孤独感已经被这些最接近的自然候选人大大冲淡了,以致没有什么东西再留给一个远房亲戚,何况这个亲戚本身还是成问题的。

不过,在任何时候我都对您怀有极大的敬意。

阁下您的康德

1797 年 10 月 13 日

于哥尼斯贝格

[1] 林德布罗姆(Jakob Axelsson Lindblom, 1746—1819),瑞典主教。
[2] 康德在这里弄错了,应该是他的曾祖父。
[3] 我的父亲是在哥尼斯贝格去世的,当时我在场。

279

88 | 致约翰·亨利希·蒂夫特隆克[1]

1797 年 10 月 13 日

尊敬的朋友：

得悉您与贝克先生（请代我向他致敬）的商谈，我很高兴，但愿商谈的结果能够使双方达成一致。同样使我高兴的是，得知您打算从我的**批判著述**中搞一个解说性的摘要。此外，您同意我不参与此事，对此，我表示感谢。值此机会，我请您谨慎地对待我的超批判朋友费希特和莱因霍尔德，他们为这门科学作出的成就完全值得享有这种谨慎。

我的法学理论由于违犯了一些被看作定论的原则，从而招来了许多对手，这并没有出乎我的意料。得知它赢得了您的赞赏，这更使我感到高兴。《哥廷根学报》第 28 期的一篇评论，从整体上来看，对我的体系并非不利，它给我提供了诱因，使我在一个附录中澄清了一些误解，有时还对整个体系进行了补充和完善。

请您在有机会的时候，友好地对待我的朋友珀尔施克[2]先生，他在表述中风格过于激烈，但性情却是温顺的。他的基本规律**人是人**大概没有什么别的意思，只不过是想说，人作为动物的

280

存在,应该把自己提高为道德的存在。关于您的这个判断,以及我的辩护词,他是一无所知的。

*　　*　　*

您建议搜集和出版我的短篇著作,我表示同意。不过,我希望其中所收的文章不要早于 1770 年,以我的论文《论可感世界和理知世界的形式及其原则》为开端吧。关于出版商,我不提出任何条件,也不要求任何应归于**我**的好处。我的唯一要求是,请您把选用的文章事先通知我。

里边所附的几封信请您费心转寄。其中有的信是寄往普鲁士邮政辖区之外的地方,必须付一部分邮资。请您先垫支上,然后把总数告诉我,以便偿付。

在做这件事的过程中,很可能死亡会意外地光顾我。如果出现这种情况,我们的根济欣[3]教授先生将会在我的抽屉中找到两篇文章,其中一篇已经完成,另一篇也差不多要完成了(大约是两年多以前完成的)。至于如何利用它们,根济欣教授先生会告诉您的。不过,这件事我们知道就行了,也许我在世的时候就能把它们出版。

在回复您的来信这方面,请您不要把我的迟缓都归结为我的过错。由于工作繁多,我的健康状况又不佳,使我不得不经常迟缓。请您相信我在任何时候都对您怀有真诚的敬意。

您从命的忠实仆人伊·康德
1797 年 10 月 13 日
于哥尼斯贝格

[1] 蒂夫特隆克(Johann Heinrich Tieftrunk, 1760—1837),哈勒大学哲学教授。
[2] 珀尔施克(Karl Ludwig Pörschke, 1751—1812),哥尼斯贝格大学诗学教授。
[3] 根济欣(Johann Friedrich Gensichen, 1751—1807),哥尼斯贝格大学数学编外教授,康德的餐友。

89 | 致约翰·哥特利布·费希特

1797 年 12 月

极为尊敬的朋友：

对您的来信，我的答复耽搁了九个月，如果您把这看作缺乏友谊和不礼貌，我对您也几乎不能责怪什么。不过，如果您知道了我的健康状况以及年迈所引起的虚弱，您就会认为我的行为是可以原谅的。一年半以来，这种身体状况迫使我放弃了一切讲演活动，这当然不是为了追求安逸。尽管如此，我还是不时地通过《柏林月刊》的渠道，最近又通过《柏林报》的渠道宣告我的存在。我这样做，是把它当作通过激发我微薄的生命力来维持生命的一种手段，尽管这种手段缓慢而且费劲。在这方面，我认为自己已经几乎完全沉溺于实用专业，而甘愿把理论思辨的玄妙托付给别人，尤其是当这种玄妙涉及它异常尖锐的新顶点的时候。

为了发表最近写成的东西，除了《柏林报》之外，我没有选择其他报刊，请您和我的其他哲学朋友原谅我这个老迈无能的人。因为以这种方式，我可以最迅速地看到我的作品的发表，以及对它的评价。这家报纸就像一家政治性报纸一样，几乎每个邮政日

282

都可以准时得到。我不知道，我到底还能够工作多长时间。

您 1795 年和 1796 年送我的著作，我已经通过哈同[1]先生收到了。

我的法学理论赢得了您的赞赏，这使我感到特别高兴。

如果您对我在回信方面拖延的不满不是太大，那么，就请您不要受我影响，继续赏光给我写信，告诉我文献方面的消息。我也将振作起来，以后在这方面勤奋一点。尤其是由于我看到，您在自己的新作中发挥了生动、通俗的阐述的杰出才能。由此，您已经穿过了经院哲学布满荆棘的小道，没有必要再重新回顾它了。

我任何时候都对您怀有崇高的敬意和友谊。

伊·康德

[1] 哈同(Gottfried Lebrecht Hartung, 1747—1797)，哥尼斯贝格书商。

90 | 致约翰·亨利
希·蒂夫特隆克

1797 年 12 月 11 日

极为尊敬的朋友：

尽管我被各种各样互相干扰的工作搅得思想难以集中，但我仍然不让完成这些工作的最终目的在这最后的时刻从我的视野里消失。您于 11 月 5 日给我的来信使我感到非常愉快，其中有一段话就是："如何理解《纯粹理性批判》第 177 页那个介绍怎样把范畴运用于经验或者现象的命题。"现在，再也没有什么东西比摆脱纠缠着这段话的困难更加受到我的重视了。我相信自己能够以一种令人满意的方式做好这件事，这种方式还会给批判体系的这个部分带来新的解释。不过，眼下的东西只能看作粗糙的大纲，只有等我们在第二封信中取得一致之后，才能够对它加以修饰。

一般**组合物（das Zusammengesetzte überhaupt）**的概念并不是个特殊范畴，而是（作为统觉的**综合**统一）包含在一切范畴之中。也就是说，作为这样一种东西，组合物不能**被直观**，相反，**组合**的概念或者意识（组合是一种功能，一切范畴作为统觉的综合统一都以它为基础)必须在先,以便能够设想给予直观的杂多在一个意识中连结起来,也就是说,把客体设想为某种组合的东西。由于**组合**有意识地成为内感觉,一方面是依据时间表象,另一方面又与在直观中被给予的杂多相联系,某种组合的东西也就通过判断力的图式产生了。一切范畴都是针对某种先天组合的东西,如果这种东西是同质的,范畴就包含了数学的功能,如果这种东西是异质的,范畴就包含了动力学的功能。例如:就第一种功能来说,扩展的数量的范畴涉及多中之一;就量或者深入的数量来说,则是**一中之多**。前者是同质事物的**集合**(例如一个平面上的许多个平方英寸),后者则是**程度**(例如一间屋子的照明)。但是,动力学功能涉及的东西是杂多的组合,它或者是在规定的存在中彼此隶属(因果性范畴),或者是彼此并列成为经验的统一(样式作为现象在时间中的存在的必要规定性)。

在此,请您代我向贝克先生致以友好的问候,他在这方面可能也会采取从范畴出发到现象(作为先天的现象)的立场。杂多**组合**的综合需要一个先天直观,以便纯粹的知性概念能有一个客体,这就是空间和时间。但是,由于这种立场的变化,作为一切范畴基础的组合这个概念自身却是空洞的,也就是说,人们看不出来有某一个客体与它一致,例如看不出来能够**被给予**某物,无论它是扩展的数量,还是深入的数量(现实性),或者在动力学的一组概念里,无论对于因果性概念(一种关系,即通过它自己的存在而成为另一个物存在的根据)还是对于样式概念,都是可能经验的一个客体。因为这些东西纯粹是组合(杂多的综合统一)的形式,它们属于思维,而不属于直观。因此,事实上存在着以先天直观(空间和时间)为基础的先天综合命题,这样,在一个非经验的表象中,就有一个客体与这些命题一致了(直观形式可以被置于思维形式之下,它们给思维形式提供了内容和意义)。这些命题何以可能呢?并不是说,组合的这些形式在直观中按照客体自身的自在存在来表现客体,因为我不能借助我关于一个对象的概念先天地超越关于这个对象的概念。因此,这仅仅是说,直观形式不是直接被看作客观的,而是(间接地)纯粹被看作直观的主观形式,即主体根据自己的特性如何被对象刺激,也就是说,是按照对象向我们表现的样子,而不是按照对象自在的存在。因为,如果在直观的时候,表象被限制在主体的表象方式和表象能力的条件下,那么,就很容易理解先天综合(超越给予的概念)判断何以可能的问题了,同时也可以理解,这样的先天扩展判断不可能以另外一种方式作出。在此基础上,建立了那个重大的命题:我们不能以别的方式认识感官(无论是外感官还是内感官)的对象,只能按照它们表现给我们的样子,而不能按照它们自身的自在存在;此外,对我们来说,超感性的对象不是我们的理论认识的对象。但是,由于这种超感性对象的观念至少不能被当作或然的(研究的价值)来对待,若不然,感性的东西就会缺乏非感性东西这种相对物。因此,这后一种认识就成为纯粹的(摆脱了一切经验条件)实践认识,但对于理论认识来说,它必然被看作超验的,因此,这种认识的位置将不会是完全空洞的。

至于《纯粹理性批判》第 177 页那个最困难的地方,可以用下面这种方式解决:在逻辑上把一个概念归属于一个更高的概念,依据的是**同一性**规则。在这里,较低的概念必须被看作与较高的概念同质的。相反,先验地,即通过一个中间概念,也就是说,通过内感官表象的组合概念把一个经验概念归属于纯粹知性概念,这是属于一个范畴的,在内容方面,其中包含有某种异质的东西。如果这是直接发生的,那么,它就是违背逻辑的;但是,只要就内感官的表象依据时间条件,先天地按照一个普遍的法则描述了一种组合的东西而言,一个经验的概念通过一个中间概念,即内感官表象的组合概念包含在纯粹知性概念之下,它就是可能的。一种组合的东西与一个一般组合(每个范畴都是这种东西)的概念是同质的,它以一个**图式**的名义,使人们有可能把现象按照其(复合的)综合统一归属于纯粹知性判断。后来的图式论的例子就没有错过这个概念。*

　　尊贵的人,为了不错过邮班,我不得不住笔了。此外,我还附上了一些说明,是关于您计划为我的短篇著作出集子的。请您代我向雅可布教授先生致以谢意,感谢他给我寄来《哲学编年史》。我希望,不久就能荣幸地读到您的来信,至于我回信方面的迟缓,请您把它归咎于我虚弱的身体状况,以及我总是受到别人提出的各种要求的干扰。此外,我向您保证,我非常乐意参与您那可行的计划。任何时候,我都对您怀有崇高的敬意。

您最从命的伊·康德

1797 年 12 月 11 日

于哥尼斯贝格

---

* 在这里,您将会发现写得草率、简短,这种弊病可以在另一篇文章中得到弥补。

91 | 致约翰·亨利希·蒂夫特隆克

1798 年 4 月 5 日

尊贵的朋友！非常高兴能读到您的来信。尤其使我高兴的是，我看到您如此坚决地维护批判事业的纯洁性，澄清批判哲学，并且勇敢地捍卫它。您的成就已经表明，您永远不会有理由对此感到后悔的。关于我的短篇著作集，如果您能在撰稿前，或者在交付出版前，把它寄给我，使伦格尔书店也对此感到满意，那么，我很乐意给它附上一个前言，不仅说明我允许您出版这本书，而且也对您所做的某些注释谈谈看法。现在，我仍然有这样的愿望。

几年前，我曾经写了一部作品，题名为《伊·康德论学科之争》。但是，它没有通过赫尔墨斯和希尔默的书报检查，只好搁置起来了。现在，虽然这部作品已经可以出版了，但是，我的天才的降生又遇到了另一桩麻烦事。我的一篇新作题名为《重新提出的问题，人类是否处在向善的不断进步之中》，我把它寄给了图书馆长比斯特尔先生的《柏林报》。不知怎么搞的，1797 年 10 月 23 日，也就是说，还在前国王在世之日，这部作品被送交市长爱森贝

288

格[1]检查,爱森贝格拒绝同意付印。我简直无法理解,比斯特尔先生怎么可能直到 1798 年 2 月 28 日才通知我这件事。众所周知,在著述事宜中,我一直小心谨慎地遵循着法令的限制。但是,我不能无缘无故地抛弃艰辛写就的作品,却又好像什么也没有抛弃,在咨询了精通法律的人士之后,我决定,通过我的出版人尼科罗维,把这部作品,连同爱森贝格的检查所作出的拒绝,一起寄到哈勒,麻烦您送交检查。我坚信,在那里我是不会再度受挫的。请您把这两部作品当作一个整体,出一本书。如果您愿意,也可以把后者单独放在我的短篇著作集中。

您对费希特先生的一般知识学有什么看法?很久以前,他曾寄给我这样一本书。但是,由于我认为这本书涉及面很广,读这本书会过度打断我的工作,就把它放在一边了。现在,我也只是通过《文学总汇报》上的书评认识了它。我现在已经没有余暇再把它拿起来了。不过在我看来,支持费希特的书评(书评者在写这篇书评时,持有许多偏爱)就像是一种精灵,人们相信已经捕捉到它了,却又毫无对象,只能发现自己,发现自己去捕捉它的手。单纯的自我意识,仅仅依照思维形式,却没有质料,因此,对这种自我意识的反思也就不能发现自我意识可以运用于其上的某物,也就不能超出逻辑学,这样的自我意识,只能给读者造成一个奇特的印象。由于任何系统的学说都是科学,所以,仅仅标题(知识学[2])就使人很少期望能得到什么东西了,因为它暗示了一种**科学的科学**,也就把人引向了无限。我很想知道您对此的判断,以及它对您那个地区其他人的影响。

尊贵的朋友,祝您生活幸福。

伊·康德

1798 年 4 月 5 日

用急件寄出

[1] 爱森贝格(Friedrich Philipp Eisenberg, 1756—1804),柏林市市长。

[2] 知识学(Wissenschaftslehre)在德文中由科学(Wissenschaft)和学说(Lehre)组成,因此又可译作科学学。由于康德认为系统的学说就是科学,所以在下文中,他又谈到科学的科学(Wissenschaftswissenschaft)。

92 | 致弗里德利希·尼科罗维

1798 年 5 月 9 日

阁下：

对您 1798 年 5 月 2 日的来信，我的答复如下：在给胡弗兰德教授先生的杂志寄去"哲学—医学"部分的时候，我就曾经告诉他，他可以做主把这篇文章刊登在杂志上，如果他愿意，也可以把它单独刊行。当时，我还没有计划把这本《学科之争》写成 3 个部分，即哲学院与神学院的争论、哲学院与法学院的争论，以及哲学院与医学院的争论，并且把这 3 个部分汇编成一个体系。在您离开此地之前，我一直是这样对您讲的。现在，请您向胡弗兰德教授先生通报这件事。并且，由于把本来奉献给他的那一部分又登载在这本书中了，出自以上的原因，请他原谅我。

关于《法学形而上学原理》的第二版，我还要作出以下的说明：这里必须使用两种标题，第一种标题只用附加上"第二版"字样，第二种标题则必须是《伊曼努尔·康德对法学形而上学原理的解说性注释》。这样，已经有前一本书的读者，就只需要买后一本了。

您来信说,您还没有《学科之争》这整部作品的标题,我记得已经告诉过您,那就是:

学科之争
共分 3 章
伊曼努尔·康德著

此外,这三章的每一章都单独使用一张封面,例如:《第一章,哲学院与**神学院**的争论》、《第二章,哲学院与**法学院**的争论》,等等。

还要请您指示排字工和校对人员,由于我经常用字母 c 代替字母 k,例如用 practisch 代替 praktisch,所以,请他们把这两者看作等同的,并且请他们按照前几页所看到的书写方式对后面的部分加以纠正。此外,我已经及时地收到了寄来的勘误表。

在这本书的末尾,您会看到有一段话的标题是《决疑论的问题》,请您把它改为《圣经史的问题》。

您从命的朋友和仆人伊·康德
1798 年 5 月 9 日
于哥尼斯贝格

93 致格奥尔格·克里斯多夫·利希滕贝格

1798 年 7 月 1 日

极为尊敬的人！现在，我荣幸地介绍给您的冯·法伦海德[1]先生，将要在我过去的学生、应考生勒曼[2]的陪同下，到您的大学里就读。他的父亲尚还健在，是一位非常幸运，在才能和思维方式等方面天赋都很高的人。法伦海德先生要求我把他介绍给一位导师，这位导师不仅要在他的主科、即财政学的领域内，能够就一切直接或间接与此有关的东西（例如数学、自然科学、力学、化学等等）给他提供指导，而且还要给他介绍那些能够使他在这门科学和艺术中得到周密教育的专家们。

哥廷根的官廷顾问利希滕贝格先生，除了您，还有谁能够做好这件事呢？您功绩卓著，对我特别友好，经常惠赐予我以支持，并且赠送给我教益丰富、妙趣横生的著作。对您，我有义务怀有感激之情和高度的敬意。

前一段时间，勒曼先生从神学专业转到了法学专业，尽管如此，由于他已经作好了一切必要的准备，并将十分勤奋地利用这些准备材料，所以，他虽然离开了原来的专业，但无论是在社会上,即在他参加的课堂上,还是在家庭中,即作为家庭补习教师,他都会很快获得成功的。

对于我来说,我希望能够通过这种关系,经常听到关于您身体康健、学问进展的消息。这些消息不仅使我非常愉快,而且也使我受益匪浅。我已经 75 岁了,虽然还没有完全衰弱,但却谈不上身体康健、学问进展了,尤其是谈不上后者了。我之所以急于在这次米迦勒节博览会上提交最后几个作品[3],原因就在于此。不过,关于我现在正写的东西,是否能圆满完成,我委实有点怀疑。

任何时候,我都对您怀有崇高的敬意、爱慕和顺从。

您的伊·康德

1798 年 7 月 1 日

于哥尼斯贝格

[1] 法伦海德(Friedrich Heinrich Johann von Fahrenheid, 1780—1849),普鲁士最大的农场主之一,普鲁士第一个纯种马场的创立人。其父(Johann Friedrich Wilhelm von Fahrenheid, 1747—1849)系普鲁士军事顾问。

[2] 勒曼(Johann Heinrich Immanual Lehmann, 1769—1808),康德的学生和秘书。

[3] 指《学科之争》和《实用人类学》

94 | 致克里斯蒂安·伽尔韦

1798 年 9 月 21 日

尊贵的朋友！我必须马上向您报告：9 月 19 日，我收到了您情意深长、鼓舞人心的书和信（非常遗憾，我找不到这封信的日期）。

关于您的病体的描述，实在令人震惊。您置此于不顾、依然乐观地为世界福利而工作的精神力量，在我心中激起了极大的敬佩。如果您设身处地为我着想一下，那么，由于我们具有同样的追求，不知在您看来，我目前所遭受的命运是否更加令人痛苦？我的身体还算得上健康，但动起脑子来却像是一个残疾人。在一切涉及哲学整体（无论是在目的方面，还是在方法方面）的事情上，我再也不能有所进展，永远看不到它们的完成了。虽然我清楚地知道这个任务的可行性，但是，却不是没有可能要遭受一种坦塔罗斯的痛苦。[1]

我现在正在解决的任务涉及"从自然科学的形而上学原理向物理学的过渡"。这个任务必须解决，若不然，批判哲学的体系中就会留下一个漏洞。理性对此的要求没有减弱，对这方面的能力

295

的意识也没有减弱，但是，虽然不是由于生命力的彻底瘫痪，却由于不断出现的障碍，我不得不把这些要求的满足推到不能再推的时候了。

就像别人告诉您的那样，我的健康状况并不是一个做学问的人的健康状况，而是一个混日子的人的健康状况（能吃、能行、能睡）。您要求我，把我现在对哲学的见解与我们友好地互相争论时期的见解加以比较，可我已经75岁了，如果我的健康状况没有什么起色，那么，我实在是不足以当此大任了。不过，由于我现在的紊乱状态起始于大约一年半以前的一次感冒，所以，对此我并没有完全绝望。

我承认，如果出现这种情况，那么，寻求我们之间的一致是我非常乐意做的事情之一。我指的不是信念的一致，在这方面，我认为我们之间是一致的。我指的是阐述方式的一致，在这方面，我们之间也许有点相互误解。在慢慢地读您的书的时候，我已经在开始寻求这种一致了。

但是，在粗略地翻阅您的著作时，在第339页，我发现了一个脚注，对此，我不得不提出异议。我的出发点不是对上帝存在、灵魂不朽等等的研究，而是纯粹理性的二律背反："世界有一个开端，世界没有一个开端"，等等。直到第四个二律背反："人有自由；以及相反地：没有任何自由，在人那里，一切都是自然的必然性。"正是这个二律背反，把我从独断论的迷梦中唤醒，使我转到对理性本身的批判上来，以便消除理性似乎与它自身矛盾这种怪事。

任何时候，我都对您满怀崇高的爱慕和敬意。

您极从命的忠实仆人伊·康德
1798 年 9 月 21 日
于哥尼斯贝格

[1] 坦塔罗斯(Tantalus)是古希腊神话中人物,因把自己的儿子剁成碎块给神吃,触怒主神宙斯。宙斯罚他永世站在水中,水深至下巴,他口渴想喝水时,水就消退。他头上有果树,腹饥想吃果子时,树枝就升高。

95 致约翰·戈特弗里德·卡尔·克里斯蒂安·基塞维特尔

1798 年 10 月 19 日

尊贵的朋友！通过您那详尽的来信，您不断地给我足够的机会，使我甜蜜地回忆起我们那始终不渝的友谊。现在，由于特尔托夫萝卜，请允许我再次激起这种周而复始的回忆。我期望，今年冬天，您仍然能够费心供给我这种萝卜。不过，我不愿意让您花许多钱，我很乐意自己承担这笔费用。

我的健康状况属于一个年老却无疾病、但已失去工作能力、尤其是已经退出真正的和社会的公务的人。不过，虽然如此，他仍然自觉有几分力量，可以完成他长期从事的工作，并以此来结束批判事业，弥补遗留下来的漏洞。这也就是说，完成"从自然科学的形而上学原理向物理学的**过渡**"，这是 philosophia naturalis（自然哲学）的一个独特部分。在体系中，它是不可缺少的。

从您这方面来说，至今为止，您始终坚定地忠实于批判哲学，对此，您不会感到后悔的。但是，还有另一些人，他们也把自己奉献给了批判哲学，然而，他们追求特异性的创新欲实在令人发笑。

他们竟像休蒂布亚[1]那样，企图在鸡蛋里面挑骨头，把不久前还平静着的局面再度搅乱。

现在，我得到一个（还没有经过充分证实的）消息，说是向费希特转让了自己的基本原理的莱因霍尔德，最近又重新变更了思想，又变回去了。我将静观这种把戏，让更年轻、精力更加旺盛的一代去判定他们的价值吧，这一代人将不会被这种昙花一现的事物所迷惑。

如果您愿意借这个机会，以您那个地区的新闻，尤其是文献领域的新闻缮我，我将感到非常高兴。任何时候，我都对您满怀崇高的敬意、友谊和顺从。

您的伊·康德

1798 年 10 月 19 日

于哥尼斯贝格

[1] 休蒂布亚(Hudibras)，英国诗人巴特尔(Samuel Butler 1612—1680)同名长诗中的人物。

96^[1] 关于与费希特知识学关系的声明

1799 年 8 月 7 日

1799 年 1 月 11 日，在《埃尔兰根文学总汇报》第 8 期上，布勒[2]的《先验哲学大纲》一书的评论者以学术界的名义向我提出了郑重的要求，对此，我声明如下：我把**费希特的知识学**看作完全站不住脚的体系。因为纯粹的知识学不多也不少，恰恰就是单纯的**逻辑**。单纯逻辑的原则并不涉及认识的质料，而是作为**纯粹的逻辑**，把认识的内容抽象掉。要从纯粹的逻辑中提炼出现实的客体，是一件白费力气的工作，因而从来也没有人尝试过。相反，在先验哲学起作用的地方，人们必须首先超越到形而上学。但是，对于依照费希特的原则建立起来的形而上学，我委实没有任何兴趣。在一封回信中，我曾经建议他，不要徒劳无功地钻牛角尖[apices（尖顶）]，而要培养自己优秀的阐述才能。在《纯粹理性批判》中，这种阐述方式已经被有效地使用过。但是，这个建议被他客气地回绝了。他认为，"他将不会让经院哲学式的东西落在视野之外"。因此，**我**是否把费希特的哲学看作真正的批判主义,这个问题应该由他自己来回答。至于他的哲学有无价值,我没有必要妄加评论。在这里,涉及的不是一个被判断的客体,而是一个作出判断的主体。我宣布对那种哲学毫无兴趣,这也就够了。

在这里,我必须说明:有人要把下面这种意图强加给我,认为我只打算搞出一个先验哲学的**初级准备**,而不是这种哲学的**体系**本身,这种无理取闹我实在是无法理解。在《纯粹理性批判》中,我自己曾经把纯粹哲学完成了的整体赞美为纯粹哲学真理的最好标志,因此,我从来也没有想到过上述这种意图。由于评论家最后还断言,鉴于批判哲学在字面上关于感性所教导的东西,不能**逐字逐句地**对待批判哲学,每一个想理解批判哲学的人,必须首先把握有关的(贝克的或者费希特的)**立场**,因为**康德**的词句与亚里士多德的词句完全一样,扼杀了精神。对此,我必须再次说明,必须逐字逐句地理解批判哲学,而且只能从被培养得能够进行这种抽象研究的、共同知性的立场出发去考察批判哲学。

意大利人有句格言,叫做"上帝只需要在我们的朋友面前保护我们,而敌人我们自己就会留心"。有这样一种朋友,他们乐于助人,待人亲切,但在选择赞助我们的意图的方法时,却举止不得体(笨手笨脚)。但是,有时还有这样一种所谓的朋友,他们鬼话连篇,阴险狡诈,心中企望我们遭到不幸,嘴上却是甜言蜜语[aliud lingua promptum, aliud pectore inclusum gerere(嘴上一套,心里一套)]。对于这样的朋友,以及他们设下的圈套,人们并没有保持足够的警惕。但是,尽管如此,批判哲学不仅在理论方面,而且还在道德实践方面将使理性感到满足,这是一个不可遏止的趋势。由此,批判哲学必然深信不疑地自觉到,它没有必要进行任何观点的更改、修订、或者体系形式的改变。批判哲学的体系是建立在完全可靠的基础之上的、是永远固定了的、在未来的一切年代里都是人类最高目的所不可缺少的。

伊曼努尔·康德
1799 年 8 月 7 日

[1] 该信选自《康德全集》第 12 卷，公开信第 6 封。
[2] 布勒(Johann Gottlieb Buhle, 1763—1821)，哥廷根大学哲学教授。

97 | 致约翰·本亚明·艾哈德

1799 年 12 月 20 日

尊贵的朋友：

收到您从柏林的来信，得悉您在那里不是为了听课，而是为了在那里居住，这使我很开心。一方面，这是由于我那很糟的健康状况，我并没有疾病，更多的是感到不适；另一方面，是由于有了这样的前景，即可以不断地通过文献方面的新闻得到消遣，并且焕发新的精神。

我的不适主要是一种阵发性的头痛，简直可以说是一种脑痉挛。不过，关于这一点我可以说，尽管自 1796 年到现在，这种症状已经持续很长时间了，但这正好是流传很广的大气放电现象（对此，《埃尔兰根学报》曾经有过说明，并且把它和猫的死亡联系起来）所持续的时间。由于这种大气现象总有一天要变化的，所以，我对摆脱这种症状总是还抱有希望。

您试图吸收布劳恩[1]的体系，并且对它表示信任，在我看来，尽管这个体系的质料原则有点轻率盲目，但就其形式原则来说，您的计划还是很有道理的。也许，按照这个体系，人们可以

303

说,疾病是一个未知数,医生只需要和症状作斗争。为了认识这些症状,医生需要有能够找出其相应疾病的智慧。不过,从我的领域出发,我感到迷惑。

但是,使我高兴的是,目前在柏林学习医学的威廉·莫瑟比先生也同时在场。请您与他建立联系。这位先生与他可敬的父亲一样,是我杰出的朋友,是一位开朗的、很有思想的年轻人。他把去年在艾蒂姆堡作的博士论文[de Epilepsia(论癫痫)]**题献**给我,请您代我向他致以谢意。正直是他和他的家族的天赋性格,无论对您,还是对他,你们的交往都会是令人愉快、令人满意的。方便时,请代我向爱尔斯纳[2]先生致意,他是医学博士、我们现在的校长阁下的儿子,是一位很有才能的年轻人。向您致以顺从和敬意。

您忠实的朋友和仆人伊·康德
1799 年 12 月 20 日
于哥尼斯贝格

[1] 布劳恩(John Brown, 1735—1788),英国医学家。
[2] 爱尔斯纳(Christoph Johann Heinrich Elsner, 1777—1834),哥尼斯贝格大学医学教授爱尔斯纳(Christoph Friedrich Elsner, 1794—1820)之子。

98 | 致卡尔·戈特弗里德·哈根[1]

1800 年 4 月 2 日

　　一位自称陶里纽斯*的印刷商写了一部游记。他到过日本，对这部游记的真实性，人们是可以信赖的。书中有这样一段描述："如果把熔化了的铜倒在水上，铜就会平安无事地冷却起来，相反，如果把水倒在融化了的铜上，水就会全部爆炸开来。"对此，维滕贝格的艾伯特[2]教授（这部游记的出版人）在注释中说："这对他来说是无法理解的，肯定是一个印刷错误。"他怀疑这个观察的正确性。但是，人们在指责这个试验或者观测的现实性之前，把它与其他观察进行对比，然后再加以检验，这似乎是明智的。冯·鲁姆福德伯爵作过以下的试验：用碎木屑作为支撑物，把一块冰片压在容器的底部，保持在水中。若不然，由于冰比水轻，它就会在水中升起，浮出水面。这时，浮在水面上的冰很快就化掉了。这证明：热的物质，或者产生热的原因（为此不允许设定一种

---

* 这本书的作者原来叫施蒂里施，陶里纽斯这个名字是根据 Stier（Taurus）（公牛）这个词的类比取的。

假设的物质)是向上作用的,就是说,是在与重力作用相反的方向上起作用的。这样,就可以理解,熔化了的铜何以能够被倒在水上(当然是在表面上滑动,而不是滴入)。这是因为熔化了的铜的热,或者这种热所产生的物质,是向上运动的,也就是说,是在离开水面向上的方向上运动的。这样,熔化了的铜浮在水上。就会造成一种平安无事地冷却的现象。

因此,无论公牛的叙述是否真实,以我尊敬的亲爱朋友哈根先生的技巧,完全可以进行这个试验。如果这个试验成功,那么,在物理学中,这将会导致一个重大的扩展。

伊·康德

1800 年 4 月 2 日

[1] 哈根(Karl Gottfried Hagen 1749—1829),哥尼斯贝格大学医学教授。

[2] 艾伯特(Johann Jakob Ebert,1737—1805),维滕贝格大学哲学和数学教授。

99 | 致约翰·戈特弗里德·卡尔·克里斯蒂安·基塞维特尔

1800 年 7 月 8 日

尊贵的老朋友：

两卷本的《驳赫德尔的后批判》[1]（它使您获得了全面的荣誉）这个礼物，在我心中唤起了我们一起度过的令人愉快的岁月。那时，我们曾经历了真、善，以及我们两人永远不会忘却的事情。我现在已经 77 岁了。由于身体虚弱（尽管如此，这并没有暗示着马上就要谢世了），我最后的工作变得困难起来。但是，我希望，过去的事情是不应该消失的——当然也丝毫不会再加强。我认为，在我目前这种状况下，这个礼物使我感到加倍的高兴。

您担心，由于去年早临而且持久的严寒，您去年秋天送来的萝卜会被冻坏。实际上，这件事情并没有发生。直到前天，也就是星期日，我才在两个朋友之间例行的聚餐时，把最后一点吃光了。味道真是好极了。

祝您幸运。此外，如果您还在爱着我这个始终不渝的朋友，那么，就请您什么时候给我讲一讲您那里的情况以及文献界的事态。

向您致以顺从、友谊和敬意。任何时候,我都是您始终不渝的、忠实的朋友和仆人。

伊·康德

1800 年 7 月 8 日

于哥尼斯贝格

[1] 指基塞维特尔的《关于赫德尔对纯粹理性批判的后批判的考察》。

100 | 致卡尔·克里斯多夫·许恩[1]

1802 年 4 月 28 日

高贵的牧师先生

极为尊敬的先生：

我于 4 月 17 日收到了阁下于 3 月 16 日惠赐我的来信。在来信中，我得悉了两个使我感到欣慰的消息，不仅得悉了阁下对我侄女的照料，而且得悉了您同她的结合。对这两件事，我都怀有真诚的关心，此外还有最好的祝愿。

我的力量一天天地衰减，我的肌肉也消损了。虽然我从未患过什么真正的疾病，即使现在我也不惧怕什么疾病，但是，到现在为止，我已经两年来没有走出我的房子了。不过，我现在勇气十足地等待着那即将来临的变化。我将始终不渝地把我对亲戚们的善良意向保持到那个时刻。即使在我死后，这种意向也会得到证明。您很快就会进入这个圈子了，除了您，我再也找不到一个更合适的人，以便把我对亲戚们的问候托付给他了。我感到非常荣幸。

阁下您最顺从的仆人伊曼努尔·康德

1802 年 4 月 28 日

于哥尼斯贝格

[1] 许恩(Karl Christoph Schoen, 1775—1855),库兰德牧师,康德后来的侄婿。

附录

关于一种出自世界公民意图的
普遍历史的观念 *

　　无论人们出自形而上学的意图制造出一个什么样的**意志自由**概念,意志的**现象**,即人的行动,也与其他任何自然事件一样,都是按照普遍的自然规律被规定的。无论这些现象的原因多么隐蔽,以叙述这些现象为己任的历史仍然可以使人产生以下的期望:如果历史**从总体上**考察人的意志自由的表现,那么,它就能够发现这种自由的一个合规律的进程。而且以这种方式,它也就能够把在单个主体那里显得错综复杂、毫无规则的东西,看作整个类的原初禀赋的发展,这种发展虽然缓慢,但却是始终向前进的。所以,虽然由于人的自由意志对于婚姻、由

---

* 毫无疑问,在今年第 12 期《哥达学刊》的简讯栏内,有一段话出自我与一位旅行经过此地的学者的一次会谈。它使我不得不作出以下阐述,没有这些阐述,那段话就会令人无法理解。

　　康德所说的这段话为:"康德先生特别钟爱的思想是:人类的终极目的就是达到最完善的国家制度,而且,他希望有那么一位具有哲学头脑的历史学家,能够尝试从这个角度描述人类历史,并且指明,在各个时期,人类向这个终极目的的接近到了什么程度,或者离开这个终极目的的有多远,以及为达到这个终极目的应该做些什么。"——译者注

此而来的生育以及死亡有很大的影响，似乎这些事情不服从任何能使人们事先通过计算控制其数量的规则，但是，在那些大国中，婚姻、生育和死亡的年表却证明，这些事情与很不稳定的气候一样，是遵从稳定的自然规律的。人们不能预先逐一地规定气候的各种结果，但是，在总体上，气候却不会不把植物的生长、江河的奔流以及其他自然事物维持在一个齐一的、不间断的进程中。单个的人，甚至整个民族都很少能想到：由于他们每一个都是依照自己的心意、而且经常是违背他人的心意，追求着自己的意图，因此，他们都是不知不觉地，就像依照一根导线那样，依照他们并不知道的自然意图前进，并且为促进这个自然意图而工作。即使他们知道了这个自然意图，也不会对它发生兴趣。

在奋斗中，人们不像动物那样，仅仅依照本能行事，但在总体上，人们也不像理性的世界公民那样，依照一个商定的计划行事。因此，人们似乎也不可能（像蜜蜂和海狸那样）有一个依照计划发展的历史。如果把人们的所作所为放在世界大舞台上加以考察，那么，我们就不能摆脱某种不满。虽然在单个的人身上偶尔会表现出智慧来，但从总体上来看，归根结蒂一切事物都是由愚蠢、幼稚的虚荣心，而且经常是由幼稚的恶意和破坏欲交织而成的。在这种情况下，我们最终也不知道，应该为我们这个因自己的长处而十分自负的类创造出一个什么样的概念。在这里，没有任何适合于哲学家的答案。除非在考察人及其活动的时候，由于在总体上根本不可能以理性的**自身意图**为前提，哲学家们试图在人类事物的这种荒诞进程中发现一个**自然意图**，从这个自然意图出发，自身行事不依照计划的造物，却可以有一个依照自然的某种既定计划发展的历史。我们要看一看，能否为这样的历史找到一根导线，我们还要依仗自然，为我们创造一个能够依照这根导线去撰写历史的人物。自然已经创造了一个刻卜勒,他以一种出人意料的方式把行星的离心轨道置于一定的规律之下;自然也已经创造了一个牛顿,他从一种普遍的自然原因出发解释了这些规律。

命 题 一

一种造物的自然禀赋注定有朝一日要完全地、合目的地发展出来。在所有的动物那里,无论是外在的考察,还是内在的、或者分析的考察,都证实了这一点。在目的论的自然学说中,一个不再被使用的器官,一项没有达到自己目的的安排,都是一种矛盾。因为如果我们背离了那个基本原则,我们就不会再有一个合规律的自然,而只会有一个在茫无目的地戏耍着的自然,令人沮丧的盖然性就会取代理性的导线。

命 题 二

人是尘世间唯一具有理性的造物。**在人这里,目的在于运用理性的那种自然禀赋,不可能在个人身上,而只能在类中完全发展出来。**一个造物所具有的理性是一种能力,这种能力把运用自己全部力量的规则和意图扩展到远远超过自然本能的程度。在设计自身这方面,理性是无限的。但是,理性自身发挥作用不是出自本能,而是需要试验、练习和传授,以便从认识的一个阶段逐渐地前进到另一个阶段。因此,要想学会完全地运用自己的全部自然禀赋,每一个人都必须长生不死。或者说,既然像现实中所发生的那样,自然规定了人们有限的生涯,那么,这就需要有一个也许无限延续的生育系列,其中每一代都对下一代进行启蒙教育,以便最终把我们类的自然胚芽推进到完全符合自然意图的那个发展阶段。这个时刻必须是人们奋斗的目标,至少在人们的观念中应该如此。若不然,自然禀赋必然会大部分被看作白白浪费掉的、无的放矢的。这样,就会取缔一切实践的原则,自然也就会仅仅在人这里招来儿戏之嫌。而在评判其他所有事物时,通常都必须把自然的智慧当作基本的准则。

命 题 三

自然希望,人应该完全从自身出发,创造出超越机械地安排自己的动物性存在的一切,并且除了不依赖本能、运用自己的理性自己创造的幸福或者完善之外,不再分享其他任何幸福或者完善。也就是说,自然不做任何多余的事情,在运用各种手段来达到自己的目的这方面,自然并不挥霍无度。自然赋予人理性以及建立在理性之上的意志自由,所以,就人的装备来说,就已经清晰地标明了自然的意图。也就是说,人不应该由本能来引导,或者说,不应该由生而俱有的认识来关照自己、教导自己。毋宁说,人应该由自己本身出发去创造出一切。人的食品、衣着、外部安全和防卫的发明(自然为此而赋予人的既不是公牛的尖角,也不是狮子的利爪,也不是狗的锐齿,而仅仅是双手)、一切使生活变得舒适起来的享受,甚至人的知识和聪明,乃至人的意志的善,都应该是人自己的作品。在这里,自然似乎是在炫耀自己的节约精神,它十分吝啬、十分精确地根据一个原初存在的最高需求来衡量它的动物性装备,好像自然希望,如果人要想通过努力,有朝一日从极度的粗野状态达到极高的技艺,达到思维方式的内在完善,并且只要在世间有这种可能,就由此而达到幸福,那么,人就应该独自作出成就,而且这些成就也只应该归功于人自己。同时,自然的目的似乎更多地在于人的理性的自我评估,而不是在于人的福利。因为在人类事务的这种进程中,有大量的艰辛在等待着人。但是,人的生活是否幸福,这似乎与自然毫无关系。相反,人应该努力工作,以便通过自己的所作所为配得上享有生活和幸福,这才是自然所关心的。已往的世代似乎只是为了后来的世代才从事艰辛的活动,是为了给后者准备一个阶段,让他们从这个阶段出发,把自然当作自己意图的那个建筑物进一步加高;只有最后那一代才应该享有住进这座大厦的幸福,他们的无数先祖只能为建造这座大厦而工作,虽然这并不是出自他们的意图,但却不能分享自己为之付出了努力的幸福,这样的情况总是令人感到惊讶的。不过,无论这种情况多么令人困惑不解,但是,如果我们有朝一日承认,一种动物的类应该具有理性,作为理性存在物的类,虽然他们的个体都会死亡,但他们的类却是不死的,并且终将完全地发展自己的禀赋,那么,上述情况就是必然的了。

命 题 四

自然用来发展人们全部禀赋的手段就是人们在社会中的对立。这种对立最终成为合法的社会制度的原因。在这里,我把对立理解为人们的**非社会的社会性**(die ungesellige Geselligkeit),也就是说,人们倾向于进入社会,但是,这种倾向又同一种时刻要分裂这个社会的普遍对抗紧密相连。这方面的禀赋明显地表现在人的本性中。人有**彼此组成社会**的爱好,因为在这样一种状态中,人能够更多地感到自己是人,即能够更多地感到自己的自然禀赋的发展。但是,人还有另外一种很强的倾向,即**使自己个体化**(把自己隔离开来),因为在自身中,人同时也发现了非社会的特性,即一切仅仅以自己的心意为准绳。因此,就像他从自己本身知道他自己乐意对抗别人一样,他也到处遇到别人的对抗。正是这种对抗,唤醒了人的全部力量,使他克服掉自己的懒惰倾向,并且在求名欲、统治欲或者占有欲的推动下,在自己的同类中争取一席之地。他并不乐意**忍受**这些同类,但是又离不开他们。这样,就实现了从粗野状态到文化的真正的第一步,而文化本来就存在于人的社会价值中。于是,一切才能都逐渐地发展出来了,鉴赏力也形成了,甚至通过不断的启蒙,也开始建立起一种思维方式,这种思维方式可以使在道德上进行分辨的粗糙的自然禀赋转化为一定的实践原则,使构成一个社会的、**病态的**、勉强的一致最终转化为一个**道德的**整体。每一个人在提出自私的非分要求时都必然遇到的对抗,正是产生于非社会性。这种特性自身并不怎么可爱,但是,如果没有这种特性,那么,在一种田园牧歌式的生活中,尽管充满了完全的和睦一致、心满意足和互相友爱,然而,一切才能终将永远藏匿在胚芽状态中。人们即使善良得犹如自己放牧的绵羊,也很难使自己的存在具有比家畜的存在更高的价值。就自己的目的来说,人们将不能作为理性的自然填补创造的空白。为了难以共处的特性,为了妒忌的、互相竞争的虚荣心,为了无法满足的占有欲或者统治欲,还真得要感谢自然才是。没有这些东西,人类一切优秀的自然禀赋将会永远沉睡,发展不出来。人希望和睦一致,但是,自然更知道什么东西对人类更有益,它希望的是不和。人希望生活舒适惬意、轻松愉快,但是,自然却希望人能够超越懒惰和无所作为的心满意足,投身于工作和辛劳之中,以便最终找到机智地重新摆脱工作和辛劳的手段。造成这种状况的自然动力,即那产生了许多不幸、但却又使人们鼓足干劲、因而也就促使人们更多地发展自然禀赋的非社会性和普遍对抗的泉源,清楚地揭示出一个智慧的创造者的安排,而不是一个在他的壮丽事业中马虎从事,或者以妒忌的方式毁掉这个事业的恶意的精灵的手。

命 题 五

对于人类来说,自然迫使人不得不解决的最大难题,就是实

现一个**对权利实行普遍管理的公民社会**。这个社会拥有最大的自由,因而也就拥有它的成员们的普遍对立,当然,也拥有对这种自由的界限最精确的规定和保证,以便使这种自由能够与他人的自由共存。由于只有在社会中,确切地说,只有在这样的社会中,自然的最高意图,即发展人们的全部禀赋,才能在人类中实现;还由于自然也希望人类,就像实现它的规定性的其他所有目的一样,也实现这一目的,所以,在一个社会中,就可以发现**外在的法律之下的自由**与不可违抗的强权尽可能紧密地结合在一起,这样一种社会,即一种完全**公正的公民制度**,必然是自然为人类规定的最高任务,因为只有通过解决和完成这个任务,自然才能借助我们的类实现自己的其他意图。是困境迫使那些通常对无拘无束的自由颇有好感的人们进入这种强制状态的,而且这是所有困境中最大的困境,因为它是人们互相之间强加给对方的困境。人们的爱好使他们无法在野蛮的自由中长期共存。然而,在这样一种樊笼中,只要存在着公民的联合,那么,恰恰就是这些爱好造成了最好的结果。就像森林中的树木一样,正是由于它们中每一个都试图摄取其他树木的空气和阳光,于是,它们互相迫使对方超出自身去寻求这些东西,从而长得高大笔直。相反,那些能够自由地、互不干涉地、称心如意地把自己的枝杈伸展开来的树木,却长成了畸形,又歪斜、又弯曲。一切装扮人类的文化和艺术、最美好的社会制度,都是非社会性的果实。非社会性迫使人们自己建立起纪律,并且运用被迫采用的艺术,把自然的胚芽完全发展出来。

命 题 六

这个难题是最不容易解决的难题,同时也是人类最后才能解决的难题。甚至仅仅这个任务的观念,就已经把困难揭示出来了。这个困难就是：人是这样一种**动物**，如果它生活在自己的类的其他个体中间，那么，它就**必须有一个主人**。因为人肯定会滥用他相对于自己的同类所拥有的自由，而且，虽然作为理性的造物，他希望有一种给自由规定全部界限的法律，但是，他的动物性的自私爱好却诱使他，一旦有可能，就使自己成为法律的例外，所以，人需要一个主人，这个主人能够战胜人自己的意志，强迫他服从一个普遍有效的意志，从而使每一个人都能够得到自由。但是，到哪里去寻找这样一个主人呢？只能从人类自身寻找，舍此别无他途。然而，这个主人同样是一个需要主人的动物。人尽可以按照自己的心愿着手这件事，但无论如何也看不出他怎样能为自己寻获一个自身公正的、同时主持社会公正的元首；不管是寻找一个单独的个人，还是一个由许多为此精选出来的个人组成的团体来担任这个元首。在人们中间，如果没有一个高高在上、依照法律对自己实施控制的人，那么，每一个人都将滥用自己的自由。但是，最高元首应该**自身就是公正的**，然而，他又得是一个**人**。因此，这个任务是所有任务中最困难的，要完全解决这个任务，甚至是不可能的事情。就像从弯曲的木料中，是无法加工出笔直的东西的。只有接近这个理念，才是自然交付给我们的任务*。此外，说这个任务最后才能着手解决，其根据在于：为此需要对一种可能制度的本性有一个**正确的概念**，要求见多识广、**经验丰富**，而且在所有这些东西之上，还要求有一个准备接受这种制度的**善良意志**。这三个条件是很难在某一天齐备的，即使能够齐备，也会很晚很晚，要等到

---

* 因此，人的作用是很不自然的。我们并不知道其他行星上的居民及其本性如何。但是，如果我们很好地实现了自然的这个委托，那么，我们就能够夸口说，在这个世界大厦的邻居中间，我们可以维持一个并非微不足道的地位。也许在这些邻居那里，每一个个体都能够在自己的生涯中完全地实现自己的规定性，但是，在我们这里情况完全不同，只有我们的类才能够希望做到这一点。

许多次徒劳无功的尝试之后。

命 题 七

建立一种完善的公民制度的难题，取决于国家之间合法的外部关系这个难题，没有后者，前者是不可能解决的。 在单个的人中间建立一种合法的公民制度，也就是说，建立一个**共同体**的秩序，这有什么意义呢？正是迫使人们这样做的那种非社会性，也使每一个共同体在外部关系中，即作为一个国家在与其他国家的联系中，拥有无拘无束的自由，而且还使一个国家必须考虑到其他国家会给自己造成的灾难，正是这种灾难给单个的人施加压力，迫使他们进入合法的公民社会。因此，自然再次利用人们之间的难以共处，甚至利用这种造物的各大团体之间和国家机构之间的难以共处，把它当作一种手段，以便在他们之间不可避免的对立中，找到一种安宁、安全的状态。也就是说，自然通过战争，通过极度紧张的、从来不会放松的战备活动，通过每一个国家由于战争和战备甚至在和平时期也必然能够感到的那种急迫感，促使人们进行一些开始时并不完善的尝试。但到了最后，在经历了多次蹂躏、破坏，甚至在内部把自己的力量消耗殆尽之后，自然促使人们认识到理性无需这诸多悲惨的经历就可以告诉人们的那种道理：必须超越没有法律的野蛮状态，建立一个各民族的联盟。在这个联盟中，每一个国家，甚至最小的国家，都可以不依靠自己的力量或者自己的法律裁决，而只依靠这个**各民族的大联盟**（**Foedus Amphictyonum**，阿姆斐克通联盟[1]），依靠一个**联合起来的力量**，依靠以联合起来的意志的法律为根据所做出的决定，来获得自己的安全和权利。尽管这种观念有点耽于幻想，而且阿贝·冯·圣比埃尔或者卢梭类似的观念[2]也已经遭到过嘲笑（也许是由于他们过于相信这种观念的可行性了),但是,这种观念却是人们摆脱彼此造成的困境的不可避免的出路。这种困境必然迫使各个国家作出过去野蛮人同样不情愿地被迫作出的那个决定,无论这对它们来说是多么难以接受。这个决定就是:放弃自己残酷的自由,在一个合法的制度中寻求安宁和安全。依此说来,一切战争都同样地是在尝试建立国家之间的新关系,并且通过摧毁、至少是肢解一切组织,建立起新的组织,尽管这不是出自人的意图,但却是出自自然的意图。不过,或者是由于自身的原因,或者是由于相互之间的影响,新的组织又无法继续维持自身,因而又必须经受新的、类似的革命,直到最终有一天,一方面在内部通过公民制度的最佳安排,另一方面在外部通过共同的商谈和立法,从而建立起一种类似于公民共同体的、像自动装置那样可以自我维持的状态为止。

从伊壁鸠鲁所说的各种作用因的汇合中,人们是否可以得出如下的结论,即国家就像微小的物质尘埃一样,通过它们相互之间的偶然碰撞来尝试着各种各样的形态,这些形态又由于新的碰撞而重新解体,直到有一天,最终**偶然地**形成了一个能够保持住自己的形态(这是一种很难在任何时候都会出现的幸运)为止呢?或者说,人们是否应该这样认为:在这里,自然追求的是一个合规律的进程,即把我们人类从动物性的低级阶段开始,逐渐引导到人类的最高阶段;自然这样做的时候,利用的是人类自己的、尽管是被迫采用的艺术;在这个表面上有点野蛮的安排中,自然把那些原初的禀赋合规律地发展出来呢?或者说,人们是否更加希望:从人与人之间所有这些作用与反作用中,不要产生出任何东西,至少不要产生出任何聪明的东西;事物应该保持自古以来的样子;人们因此也就不能够预言,我们人类所天生具有的不和,是否会由于它也许将通过野蛮的蹂躏重新毁灭这个还相当文明的状态本身以及一切文化进步,从而在这个文明状态中为我们最终准备一个灾难的深渊呢(这是人们在盲目的偶然性统治下无法担保的命运。如果人们不能给无法律的自由附加上一根秘密地与智慧紧密相连的导线,那么,在事实上,无法律的自由与盲目偶然性的统治是一回事)? 这几个问题最终归溯到下面这个问题:部分地相信自然事物的**合目的性**,但在整体上却相信**无目的性**,这是否合乎理性? 野蛮人的无目的状态所造成的结果是:这种状态抑制了我们人类的全部自然禀赋,但是,最终又通过这种状态给我们的类所带来的灾难,迫使我们的类超越这种状态,进入公民制度。在公民制度中,所有那些自然禀赋的胚芽都将得到发展。已经形成了的国家的野蛮自由也造成了同样的结果。由于把共同体的全部力量都运用在相互之间的扩充军备之上,由于战争所造成的蹂躏,更多地是由于随时准备扩充军备、进行战争的必然性,虽然完全地发展自然禀赋的进程受到了阻碍,但是,由此产生的灾难却迫使我们的类,为许多国家之间的、产生自这些国家的自由的、本身有益的对抗寻求一种平衡的法律,建立起一种联合起来的、强调平衡的力量,建立起一种国家公共安全的世界公民状态。为了使人类的各种力量不致逐渐消退,这种状态不能不包含任何**危险**;而为了使这些力量不致互相抵消,也不能没有一个使各种力量相互之间的**作用和反作用相等**的原则。在实现这最后一个步骤(即各国的联合)之前,也就是说,在造成这种联合的途中,在外在幸福的虚假外表下面,人的本性还要经受最艰苦的灾难。一旦我们删去了我们人类必须达到的这一最后阶段,那么,卢梭偏爱野蛮状态就不是毫无道理的了。在很大程度上,我们是由于艺术和科学而具有了文化,在各种各样的社会礼仪方面,我们甚至文明得有点过分,但是,要说我们已经有道德了,实在还相差甚远。因为道德的理念属于文化,但是,运用这种理念的结果,却仅仅导致了在求名欲和外在的礼仪方面类似习俗的东西,这种运用只不过是构成了文明化。然而，只要各个国家还把自己的全部精力运用在自命不凡的、残酷的扩张意图上，只要它们还在不断地阻碍在内部塑造其公民思维方式的缓慢努力，并且取消出自这种意图对其公民的所有支持，那么，对这种态度就不要抱什么希望。因为要做到这一点，就要求每一个共同体在内部进行长期的努力来塑造自己的公民。但是，一切与道德上善的意念没有互相结合起来的善，都无非是纯粹的假象和硬装的体面。人类将永远停留在这种状态之中，直到它以我所说的这种方式摆脱了它的国家关系的混乱状态为止。

命 题 八

在总体上，我们可以把人类的历史看作自然的一个隐秘计划的实施，其目的是建立一个内部完善的、并且为此目的外部也是完善的国家制度，这也是自然在其中能够把人类的全部自然禀赋完全地发展出来的唯一状态。 这个命题是从前一个命题得出的结论。人们可以看到，哲学也能够拥有自己的**千年福王国**(Chiliasmus)，为了它的实现，哲学的理念虽然离得很远，但却是非常有益的。哲学的千年福王国一点也不耽于幻想，问题仅仅在于，从自然意图的这样一种进程中，经验是否能够发现些什么。我认为**希望甚微**。因为要等到这种圆周运动完成，似乎需要很长时间，以致我们只能从人类出自这种意图已经走过的一小部分出发，毫无把握地规定自己轨道的形象以及各个部分与整体的关系，就像从迄今为止的天体观察出发，规定我们的太阳以及它的整个行星体系在大的恒星系统中的运行轨道一样，尽管从宇宙有条不紊的状态的普遍根据中，以及从人们已经观察到的少数现象中，足可以准确地推算出这样一个圆周运动的现实状况。然而，人的本性本身就具有这样的特点：甚至就我们人类应该经历的最遥远时代来说,只要人们能够有把握地预料它的到来,它就不是无关紧要的事情,尤其是由于我们似乎可以通过自己的理性活动,加速这个对我们的后代非常有利的时刻早日到来,所以,在我们这个实例中,就更不能说那个时代对于我们无关紧要了。出自这种原因,甚至接近那个时刻的微弱迹象也是非常重要的。现在,各个国家相互之间已经处在一种非常人为的关系之中,以致没有任何一个国家,如果它在内部文化方面落后,却能够不在其他国家面前失去力量和影响。不过,尽管如此,在缺乏进步的地方,对自然目的的维护依然可以通过这些国家追求声誉的意图得到相当的保障。此外,现在也不可能会出现如下的情况,即侵犯了公民的自由,却感觉不到这样做给各行各业,尤其是给商业带来的弊病,以及对国家在外部关系中的力量的削弱。但是,这种自由是逐渐地发展的。如果人们阻碍公民以他自己所喜爱的、能够与其他公民的自由和平共处的一切方式去寻求他自己的幸福,那么,人们也就阻碍了一般经营活动的活性,因而也就阻碍了整体的力量。因此,对公民的所作所为的人身限制逐渐被削弱,对普遍的宗教自由逐渐作出了让步。因此,夹杂着偶尔出现的幻觉和怪念头,启蒙也就逐渐地产生了。如果人类的统治者们只懂得自己的利益,那么,启蒙就是人类从其统治者们自私的扩张意图中获得的巨大财富。但是,这种启蒙,以及与这种启蒙一起产生的、开明的人对自己已经完全理解的善的不可避免的向往,必然逐渐地上达诸侯王公,甚至对他们的统治原则产生影响。例如,虽然我们的世俗统治者们由于事先把一切都用来支付未来的战争了,因此,目前已经没有余钱来兴办社会的教育事业以及其他与社会福利有关的事业,但是,如果他们起码不妨碍自己的人民在这些事情上作出虽然微薄的、缓慢的努力,那么,他们仍然可以从中发现自己的利益。最后,甚至战争也逐渐地不仅是一种人为的、战争双方对其结局都没有把握的行动,而且还由于国家在日益加重的、无望清偿的债务压力(一种新发明)下所感到的恶果,战争成为一种令人担忧的行动。由于这种情况,在我们这个由于国家的活动而彼此息息相关的地区,国家的任何动荡都将影响到其他国家。这种影响是如此显而易见,以致其他国家虽然没有法律上的声威,但却由于自身的危险,被迫出来做仲裁人,并且遥遥地为一个史无前例的大型国家组织做准备。目前,虽然这个国家组织还仅仅处在粗略的草拟阶段,但是,在对于维护整体感兴趣的全体成员那里,似乎已经开始产生了这样一种感情。这种感情使人们可以期望,在经历了一次次为改组而进行的革命之后,被自然当作最高意图的东西,即一种普遍的世界公民状态,总有一天会实现的。这种状态也就是人类全部原初禀赋将在其中发展出来的母腹。

命 题 九

按照一个以人类完善的公民联合为目的的自然计划撰写普遍的世界历史,这样一种哲学尝试必须被看作可能的,甚至是有益于这种自然意图的。如果世界的进程应当符合某种理性目的,那么,按照这种进程必然会如何发展的观念撰写**历史**,虽然是一种令人诧异的、表面上荒谬绝伦的事情,似乎出自这样一种意图只能写一部**小说**。但是,如果我们可以设想,甚至在人类自由的表现中,自然也不是没有计划、没有终极意图,那么,上述观念还是有可能成为实用的。而且,虽然我们目光短浅,不能发现自然活动的隐秘机制,但是,上述观念却可以作为我们的导线,至少在总体上,把人类行动的通常是毫无计划的**集合体**描绘成为一个**系统**。因为,如果我们从**古希腊**历史——只是由于古希腊历史,其他更古老的历史或者与它同时发生的历史才为我们保存下来,至少是得到证明*——开始,如果我们把古希腊历史对于吞并了古希腊城邦的**罗马**民族国家形成和变迁的影响、把罗马民族的历史对于摧毁了罗马国家的**蛮族**的影响,一直追溯到我们这个时代,而把其他民族的国家历史,按照对这些民族的认识通过上述开化民逐渐流传到我们手中的方式,**当作插曲**来安排,那么,在我们这个地区(它很可能将为其他地区立法),就可以发现一个有规律的改善国家制度的进程。此外,由于公民制度及其法律、以及国家之间的关系自身所包含的善,在一定时间内,它们有助于提高和美化各个民族(与此同时,还有各门艺术和科学)。但是,由于它们自身固有的弊端,它们又导致这些民族的毁灭。不过,尽管如此,总还要剩下一点启蒙的胚芽。通过每一次革命,这种胚芽得到进一步的发展,同时又为下一个更高的改革阶段作好准备。因此,只要人们在任何地方都注意公民制度及其法律,注意国家之间的关系,我相信可以发现一根导线,它不仅可以用来说明人类事物混乱不清的表现,或者用来当作在政治上预卜国家未来变革的艺术(虽然人们把人类的历史看作是无规则的自由的不连贯结果,但是,人们已经从历史中得到了上述好处),而且还将开启对未来的一种令人慰藉的展望(不以一种自然的计划为前提,我们就不能有根据地期望这种事情)。在此,我们将遥遥地设想,人类是如何通过努力,最终达到将自然赋予自己的全部胚芽完全地发展出来、在世间实现自己规定性的那种状态的。对自然的——或

---

* 唯有一个有学问的学术界才能证明古老的历史,这个学术界从一开始一直不断地绵延到我们。在这个学术界之外,一切都是 terra incognita(未知领域)。在这个学术界之外生活的各民族的历史,只能从它们进入这个学术界的时刻算起。托勒密时代的犹太人就是这样。这个民族是通过圣经的希腊文译本进入这个学术界的。没有这个译本,人们就很难相信那些与世隔绝的消息。在目前,如果这个开端被彻底查明,那么,我们就可以继续向上考察他们的叙述。这一点也适用于其他民族,按照休谟的说法,修昔底斯是一切真正历史的唯一开端。

者更恰当地说,对天意的——这样一番**辩白**,正是选择一个考察世界的特殊角度的重要动因。因为,最高智慧的大舞台的这一部分包含了这一切的目的,即人类的历史,如果它不停地对这个智慧提出异议,它的情景迫使我们不情愿地把视线从它身上移开,而且,还由于我们对于将来在其中发现一个实现了的理性意图感到失望,从而使我们期望到另一个世界去发现这样一个意图,那么,赞美无理性的自然王国中的创造之壮丽和智慧,并且对此进行考察,又有什么意义呢?

认为我想利用关于世界历史的这种观念——在某种程度上,这一观念提出了一根先天的导线——来取代对真正的历史、纯粹经验地撰写的历史的研究,这是对我的意图的曲解。一个具有哲学思维的人物(此外,他还必须非常熟悉历史)还可以从另一种考察角度出发进行尝试,这里只是对此的一种想法。此外,人们撰写当代历史所采用的烦琐手法,通常还是值得赞赏的,但是,它将会使每一个人自然而然地产生以下的顾虑:几个世纪之后,我们的后代将如何容纳我们留给他们的历史重负呢?毫无疑问,他们只会从自己感兴趣的、即从出自世界公民意图各民族和各政府所贡献或损害的东西的观察角度出发,来评价最古老时代的历史,对于他们来说,也许关于这个时代的文献早已不复存在了。基于这种考虑,同时考虑到国家元首及其仆从们的求名欲,为了使他们注意到唯一能够将他们的光荣业绩带到最遥远的未来时代的手段,于是产生了试图撰写这样一部具有哲学思维的历史的**微不足道**的动因。

(译自《康德全集》第 8 卷第 15—31 页)

[1] 阿姆斐克通(amphiktiones)原为"周围居民"之意。在古希腊时代,常有一些相邻的城邦出于共同利益,以一个神庙为中心结成联盟,称为"阿姆斐克通

联盟"。它负责保护神庙,管理祭祀,但也介入政治活动。其中以德尔斐的阿波罗神庙为中心形成的阿姆斐克通联盟最为著名。——译者注

[2] 圣比埃尔(Abbé von, St.Pierre, 1658—1743)在 1713 年发表了他的《永久和平论纲》,其中提出了通过国家联盟实现永久和平的思想。1760 年,卢梭(Jean Jacques Rousseau, 1712—1778)又出版了该书的节选本。——译者注

回答一个问题：什么是启蒙？

启蒙就是人从他自己造成的未成年状态中走出。未成年状态就是没有他人的指导就不能使用自己的知性。倘若未成年状态的原因不在于缺乏知性，而在于缺乏无须他人指导就使用自己知性的决心和勇气，那么，这种状态就是**自己造成的。Sapere aude!**（要敢于认识!）要有勇气使用**自己的**知性！这就是启蒙的格言。

为什么有这么大一部分人，在自然早就使他们不再依赖他人的指导之后[naturaliter maiorennes（自然方面已成熟）]，却乐意终生羁留在未成年状态？为什么另一些人那么容易自命为他们的监护人？之所以如此，原因就在于**懒惰和胆怯**。未成年状态是如此之舒适，如果我有一本书代替我拥有知性，如果我有一位牧师代替我拥有良知，如果我有一位医生代替我判断饮食起居，如此等等，那么，我就根本不需要再操劳了。我没有必要进行思维，只要会付款就行了，其他人会代替我承担这种伤脑筋的工作。走向成年这一步是艰辛的，此外，绝大部分人（其中包括整个女性）还把这一步看作非常危险的。于是，那些监护人也就为此而操心劳神。他们友善地肩负起指挥这些人的任务。他们首先使自己的家畜（Hausvieh）变得愚蠢，小心翼翼地提防这些安静的造物胆敢从禁锢他们的婴车哪怕走出一步，在这之后，向他们指出如果他们试图独自行走所面临的危险。本来，这种危险并不那么严重，因为在摔几次跤之后，他们总能学会走路的。但是，这样一种例证却会使他们变得胆怯，吓得他们一般来说再也不敢做其他任何尝试了。

对于每一个人来说,要从几乎已经成为他的天性的未成年状态中挣脱出来,都是困难的。他甚至会喜欢上这种状态,暂时的确没有能力使用自己的知性。因为人们从来没有让他做过这样的尝试。章程和公式,这种合理地使用或者滥用自己天赋的机械的工具,是一副永久性未成年状态的脚镣。即使有人甩掉了它,在越过狭窄的小沟时,也只能迈出信心不足的步子。因为他还不习惯于这种自由的运动。因此,只有少数人能够通过自己修正自己的精神,挣脱这种未成年状态,迈出信心十足的步伐。

但是,让公众自己给自己启蒙,这与其说是可能的,倒不如说,如果赋予他们自由,这几乎是不可避免的。因为在这里,甚至在那些受命监护群氓的人中,总有一些自己思维的人,他们在甩掉了自己的未成年状态的束缚之后,就会在自己周围传播一种合理地评价每一个人独特的价值和天职的精神,即自己思维的精神。特别是,事先被他们置于束缚之中的公众,事后却迫使他们也来承受这种束缚,如果公众的一些自身没有能力进行任何启蒙的监护人煽动他们这样做的话。培植偏见是非常有害的,因为偏见最终会报复那些偏见的发起人或者他们的后继人。因此,公众只能逐渐地得到启蒙。通过一次革命,也许会造成个人独裁、利欲熏心的或者唯重权势的压迫制度的倒台,但却永远不会实现思维方式的真正变革,反而会使新的偏见像旧的偏见一样成为无思想的群氓的引导。

为了这种启蒙,除了**自由**之外,不需要任何别的东西。而且,所需要的自由是一切能够被称作自由的东西中最无害的自由,即在一切事物中**公开地使用**自己理性的自由。但是现在,我听到四面八方都在呐喊:**不要议论**!军官在说:不要议论,只管训练!财政官在说:不要议论,只管纳款!神职人员在说:不要议论,只管信仰!(在这个世界上,唯有一位主人在说:随便议论吧,议论什么都行，**但是要服从！**）在这里，到处都有对自由的限制。但是，什么样的限制才会阻碍启蒙？什么样的限制不会阻碍启蒙，反而会促进启蒙？我的回答是：理性的**公开**使用必须在任何时候都是自由的，唯有这样的使用才能在人群中实现启蒙。但是，对于理性的**私下使用**，可以经常加以严格的限制，由此并不会特别阻碍启蒙的进步。我把公开地使用自己的理性理解为：某人作为**学者在学术界**的全体公众面前使用自己的理性。至于这位学者在某个委托给他的**公民岗位**或者职位上使用自己的理性，我称之为私下使用。这样，对于一些涉及共同体利益的活动，某种机械方式是必要的。借助这种机械方式，这个共同体的一些成员必须纯粹被动地行事，以便由政府安排，通过一种人为的一致服从公众的目的，或者至少能够阻止这些目的的破灭。在这里，当然不能够允许议论，人们必须服从。但是，如果机器的这一部件同时表现为整个共同体的成员，甚至表现为世界公民社会的成员，那么，以一位在真正的知性中通过著述面向公众的学者的品质，他当然能够议论，这样做，不会使他部分地作为被动的成员着手的活动受到损害。如果一个接到上司命令的军官，在执行中对这个命令的合目的性和有用性喋喋不休，这是非常有害的，他必须服从。但是，要做到公平合理，就不能阻止他作为学者说明军务中的错误，并把这种错误公之于世，由公众加以评判。公民不能够拒绝缴纳规定给他的捐税，甚至可以说，如果规定给他一项捐税，而他却对此滥加指摘，那么，这也可以当作一种丑行加以惩罚。尽管如此，如果一个公民作为学者，对这样的安排的不合适或者不公正公开地表明自己的思想，这并不违背他的义务。同样，一个神职人员有义务按照他所服务的教会的信条向他的学生和信徒们宣讲，因为他是根据这个条件被录用的。但是作为学者，他有充分的自由，甚至有这样的使命，把他关于这种信条中的错误的经过谨慎检验的、善意的想法，以及关于更好地安排宗教事务和教会事务的建议告诉公众。在此,这绝不是某种可以归咎于他的良知的事情。因为他把自己依据作为教会代理人的职务宣讲的东西,看作他没有自由的权利按照自己的判断宣讲的东西,看作他被录用来按照另一个人的规定、以另一个人的名义宣讲的东西。他将会说:我们的教会有这样那样的教导;这就是教会使用的论据。他从那些章程中为他的教徒们谋得了实际的利益,但他自己却并非深信不疑地赞同那些章程。尽管如此,他仍然自告奋勇去宣讲那些章程,因为其中并非完全不可能包含着某种真理,至少在里面找不到与内在宗教相矛盾的东西。因为,如果他相信在里面能够找到与内在宗教相矛盾的东西,那么,他就不能凭良知履行自己的职务了,他必须放弃自己的良知。一个被录用的牧师在自己的教徒面前使用自己的理性,纯粹是一种**私下的使用**。因为这种教徒的聚会虽然很大,但毕竟只是一定范围内的聚会。鉴于此,作为一个牧师,他不是自由的,而且也不允许是自由的,因为他是在履行别人的委托。相反,作为通过著述向真正的公众,即向世人讲话的学者,**公开使用**自己理性的神职人员享有无限制的自由来使用自己的理性,并且以他本人的身份讲话。因为,民众(在精神事务中)的监护人自己竟然是未成年的,这是一种旨在使未成年状态永恒化的无稽之谈。

但是,难道不是一个神职人员的团体,例如一个教会会议,或者一个值得尊敬的 Classis(等级)(在荷兰人那里它是这样自称的),有权利宣誓对某种不可变更的信条承担义务,以便对其每一个成员执行不间断的最高监护权,并且借此对民众执行这种监护权,使这种监护权永恒化吗? 我认为:这是完全不可能的。这样一个旨在阻止人类其他一切启蒙而缔结的契约,即使是由最高权力、由帝国议会和最隆重的和约批准的,也是绝对无效的。一个时代不能使自己肩负义务,策划将以后的时代置于必然不可能扩大自己的(尤其是非常紧迫的)知识、不能肃清错误、继续启蒙的状态之中。这是一种违背人性的犯罪。人性的原初规定性正在于进步。后代完全有权利把那些决议看作无效的、违法的,并且加以抛弃。一切被决定出来作为一个民族的法令的东西,其试金石就在于下面这个问题:一个民族是否能够自己给自己加上这样一种法令? 在一定的短时间内,似乎是本着对一种更好的法令的期望,这种情况还是可能的,目的是要实行某种秩序。但在这同时,还要让每一个公民,尤其是让神职人员自由地、以一个学者的品质公开地,即通过著述,对当时的安排的缺陷作出自己的说明。不过,实行了的秩序还要继续保持,一直保持到对这些事情的洞见公开地达到下面这种程度并得到证明为止,即它能够通过人们意见(尽管不是所有人的意见)的一致为君主提出一种建议,以便使那些根据自己对更好的洞见的理解一致同意一种改变了的宗教安排的教徒受到保护,同时又不会阻碍那些守旧的人。但是,即使在一个人的寿命这样一段时间内,统一在一个顽固的、没有被任何人公开怀疑过的宗教观点上,并且由此而在人类向善的进程中抹掉一个时代,使它徒劳无功,甚至由此而遗祸于后代,这是绝对不能允许的。虽然一个人可以对他个人,而且也只是在一段时间内,就他应该知道的东西推迟启蒙,但是,对他个人来说,更多的是对后代来说,放弃启蒙就是侵犯和践踏人的神圣权利。不过,一个民族甚至连自己都不能为自己作出决定的东西,更不应试由一位君主来为它作出决定了。因为君主的立法威望的基础正是在于:他在自己的意志中统一了民族的意志。只要他注目于让一切真正的和所谓的改良与公民秩序一起存在,那么,他就只能让他的臣民去做他们为了自己的灵魂得救认为必须做的事情,这些事情与他无关。但是,应该提防,不要让一个人粗暴地阻碍另一个人努力按照自己的全部能力去规定和促进自己的事情。如果他插手其间,认为对他的臣民用来澄清自己见解的著述应该加以政府的监督,那么,这甚至还会损害他的至上权威。如果他这样做是出自自己的最高洞见,那么,他就会给自己招致这样的指责:Caesar non est supra grammaticos(恺撒并不比语言学家更高明),更甚者,他会把自己的最高权力降低到如此程度,以致在他的国家中,支持一些暴虐狂的精神专制迫害他的其他臣民。

如果现在要问:我们生活在一个**启蒙了的**时代吗?回答是:不!但是,我们生活在一个**启蒙**的时代。正如事情本身所显示的那样,从整体上来看,要说人们已经能够在宗教事务中不用他人的指导就可以有信心地、正确地使用自己的知性,或者说人们已经被置于这样的状况,实在还相差甚远。然而,要说这个领域现在已为人们敞开,可以自由地探讨,普遍地启蒙、或者说从他们自己造成的未成年状态走出的障碍已经逐渐在减少,对此,我们却看到了清晰的迹象。由此看来,这个时代是启蒙的时代,或者是**弗里德利希**的世纪。

一个君主,如果他认为,说他把自己的**义务**看作在宗教事务中不给人们规定任何东西,而是给予人们充分的自由,这并不有失身份;如果他自己拒绝接受**宽容**这个高傲自大的头衔;那么,他自己就是启蒙了的,就应该被世人以及后世颂扬为首先使人类摆脱了未成年状态的人,至少是从政府方面这样做了。他使人们在涉及良知的事情上自由地使用自己的理性,在他领导下,值得尊敬的神职人员在不损害自己职责的条件下,自由地、公开地向世人阐述自己在某个地方背离设定的信条的判断和见解,供世人检验。其他不受职责约束的人就更加如此了。这种自由精神还要向外扩展,一直扩展到它同一个误解自身的政府的外在障碍进行争斗的地方。因为它给政府提供了一个范例:虽然有了自由,但却不必对社会的安定和一致有丝毫的担心。人们将自动地努力,逐渐超越粗鲁状态,只要不是有人故意想方设法把人们保持在这种状态之中。

我在这里规定了启蒙的要点,即人从自己造成的未成年状态

333

走出的启蒙。这主要是针对**宗教事务**而言,因为对于艺术和科学来说,我们的统治者没有兴趣对他的臣民实行监护。此外,宗教事务上的未成年状态也是所有未成年状态中最有害的一种,因而也是最有损声誉的一种。但是,一个庇护这种未成年状态的国家元首,他的思维方式还是要继续发展的,他会看到,甚至在他的立法事务上,允许他的臣民公开地使用自己的理性,向世人公开地阐述自己关于一个更好的宪法的想法,甚至对现行宪法提出大胆的批评,并不会有什么危险。在这方面,我们有一个光辉的榜样,还没有任何一个君主能够超过我们敬爱的君主。

但是,只有自身已经启蒙了的、不再惧怕阴影的、同时为了保证社会的安定手中握有众多训练有素的军队的君主,才能够说:**随便议论吧,议论什么都行,但是要服从!** 在这里,展示了人类事务的一个令人惊讶的、并非意料之中的进程。甚至如果人们从总体上考察它,其中几乎一切东西都是似是而非的。更大程度的公民自由似乎有益于民族的**精神**自由,但又为它设下了不可逾越的障碍。相反,较小程度的自由却使这个领域获得了按照自己的一切能力展开自身的自由。如果自然使它精心照料的这颗种子,即自由思维的爱好和使命,在这个坚硬的外壳下面发芽生长,那么,它将会逐渐地反过来影响到民族的性情(这个民族由此将逐渐地更加有能力自由地行动),并最终影响到政府的基本原则,政府会认为按照人的尊严来对待人是非常有益的。而现在,**人更多地是机器** *。

1784 年 9 月 30 日

(译自《康德全集》第 8 卷第 33—42 页)

---

* 今天,即 9 月 30 日,我在 9 月 13 日的《毕兴周报》上读到本月的《柏林月刊》的预告。其中,有门德尔松先生对这同一个问题的答复。我至今还没有看到这期月刊,若不然,我就不写目前这个答复了。现在,只好用它去尝试一下,看巧合能在多大程度上造成思想的一致性。

重新提出的问题：人类是否在
不断地向善进步？[1]

1. 人们在这里想知道什么？

人们要求有一部人的历史，不是关于过去时代的历史，而是关于未来时代的历史，因此，它也就是一部**预告的**历史。如果它不是按照已知的自然规律（例如日食和月食）安排的，那么，它就被称作**预卜的**但却是自然的；然而，如果它仅仅是通过超自然地通报和扩充对未来时代的展望而获得的，那么，它就被称作是**预言的**（先知的）＊。此外，如果要问，人类是否在不断地向善进步？那么，这里所讨论的也不是人的自然史（例如将来是否会产生新的人种），而是人的道德史；而且也不是依据[singulorum（各个个人的）]**类概念**，而是依据在世间联合成为社会的、划分成为各个民族的人们的[universorum（全体人们的）]**整体**。

2. 人们如何能够知道这些？

作为对未来时代中将要发生的事件预卜的历史描述，也就是

＊　对于那种在预卜的时候马虎行事（做这件事既无知识，又不真诚）的人，就可以说，他这是占卦；从皮提亚（Pythia，古希腊德尔斐神庙女祭司，后成为女预言家、女巫的代名词——译者注）到吉卜赛女人都是这样。

作为对应该发生的事件的一种**先天**可能的阐述。但是，一种**先天**历史何以可能？回答是：如果预卜者自己**制造**并且实现了他预先报道的事件。

犹太先知们曾经准确地预言道：或迟或早，他们的国家不仅将要衰败，而且将要彻底解体。之所以准确，是因为他们自己就是这种命运的发起人。——作为民族的领袖，他们却使自己的制度承受起如此众多的宗教方面以及由此而产生的民事方面的负担，以致使自己的国家根本无法独立地存在，尤其是无法与邻近的民族共存。因此，他们的祭司们的哀歌自然要徒劳无功地消散在空中。这些人顽固地坚持自己的意图，决心维护他们自己制造的无法持续的制度，这样，他们已经明白无误地预见到了事情的终结。

我们的政治家们在自己影响所及的情况下做着同样的事情，在预卜这方面，他们有着同样的幸运。——他们认为，我们必须根据人们的现状，而不是像对世界一窍不通的学究或者好心肠的幻想家的梦幻那样，去设想人们应该怎样。但是，**人们是怎样的**，这就等于是说，我们通过不公正的强迫、通过告密的、提供给政府的报告**使**人们**成为**什么样的，即成为固执的、容易发怒的。在这种情况下，倘若这些政治家稍稍放松自己的缰绳，当然就会发生悲惨的结局，这将实现那些自以为聪明的国务活动家们的预言。

有时，神职人员也预言宗教的彻底衰败以及基督的敌人即将出现。在这种情况下，他们恰恰是做了导致宗教衰败所必需的事情。因为他们关心的不是给自己的教徒灌输直接导向善的道德原则，而是使间接导向善的戒律和历史信仰成为本质性的义务。虽然由此也能够产生机械的一致，但是，这种一致只能在一种公民制度中产生，却不能在道德信念中产生。不过，这些神职人员转眼又去抱怨自己造成的无信仰现象，这种现象是他们在这之前无须特殊的预卜才能就能够预告的。

3. 关于人们预知未来事物的概念的划分

能够包含一种预告的情况共有三种。人类在道德规定上或者是在不断地向**恶倒退**,或者是不断地向善**进步**,或者永远**停留**在它现今在创世的诸成员中间所拥有的道德价值阶段上(在圆周中环绕同一个点所做的永恒旋转与这种停顿是一回事)。

我们可以把**第一种**断言称作道德上的**恐怖主义**,把**第二种**断言称作**幸福主义**(从宏观上考察进步的目的,也可以把幸福主义称作千年福王国)。但是,**第三种**断言可以被称作**阿布德拉主义**。[2]因为在道德事务中,真正的停滞是不可能的,而一种经常变化多端的上升与同样经常、同样深刻的倒退(仿佛是一种永恒的摇摆)的结论只能是,似乎主体停留在同一个地方,处于停滞之中。

a. 人类历史的恐怖主义表象方式

在人类中,向恶的堕落不可能不间断地持续,因为这种堕落在某种程度上,人类自己就会绝灭。因此,在堆积如山的巨大恶行以及与此相应的灾难的增长过程中,将会听到这样的声音:再也不能继续变恶了,世界末日即将来临。在这个世界毁灭在火中之后,虔诚的幻想家已经在梦幻着万物和一个新世界的复兴。

b. 人类历史的幸福主义表象方式

在禀赋中,来自我们本性的善和恶的数量总是保持同一,在同一个个人身上,它们既不能增多也不能减少,这也许是被人们一直承认的。为了通过主体的自由使禀赋中善的这种限量增加,主体需要拥有比以前更大的善的基础,因此,这种限量是怎么增加的? 结果不能超越作用因的能量,因此,在人身上与恶混杂的善的限量不能超越此人努力达到的、并且由此继续向更善进步的某种善的尺度。所以,幸福主义,以及它的乐观主义希望,似乎是站不住脚的,至于在善的轨道上持久的进步,似乎也很难指望它为一种预卜的人类历史说什么好话。

c. 从人类的阿布德拉主义假说
到人类历史的预定

这种意见大约会得到多数人的赞同。忙碌的愚蠢是我们这个类的特征。迅速地踏上善的轨道,但却又不坚持这一轨道,而是逆转进步的计划,以便自己不被束缚在一个唯一的目的上,哪怕是通过轮换来实现这一点也在所不惜;建设,是为了拆除;担负起把西绪福斯[3]的石头推上山去这种毫无希望的辛劳,是为了让这石头再重新滚下山来。——在此,人类自然禀赋中恶的原则与善的原则不仅互相融合(交融),而且互相中和,其结果就是无所作为(在此,这就叫做停滞)。通过前进和后退使善与恶互相交替,以致使我们的类在这个星球上与自身交往的全部活动必然被看作纯粹的闹剧,真是碌碌无为。在理性看来,这并不能为我们的类创造比其他动物族类更大的价值。其他动物族类从事这种活动,只需要付出很少的代价,而且无须知性这种奢侈品。

4. 进步问题不能通过经验直接解决

虽然从总体上看,人类曾有很长一段时间被视为是在向前推进,被视为处在进步之中,然而,谁也不能担保,由于我们的类的物理禀赋,倒退的时代并非恰恰现在来临。反过来说,即使人类加速向恶倒退,我们也不应感到气馁,认为并非恰恰在此时就可以发现一个转折点[punctum flexus contrarii(向相反方向转折的点)],在那里凭借着我们的类的自然禀赋,人类的进程重新转而向善。因为我们所研究的是能够自由行动的存在物,尽管可以事

338

先**规定**他们**应该**做什么,但却无法**预告**他们**将**做什么;他们善于在事情变得相当糟糕时从对自己给自己带来的灾难的感受中获取一种强化了的动力,把事情做得比过去更好。但是"可怜的终有一死的人,在你们中间,除了反复无常之外,没有什么常驻的东西"(修道院院长科耶尔[4]语)。

也许,毛病出在我们选错了考察人类事物进程的观测点,以致在我们看来,这种进程显得有点荒谬。从地球上看,行星时而后退,时而停滞,时而前进。但是,选取太阳为观测点,按照哥白尼的假说,它们的运行是有规则的,不过,这种选取只有理性才能做到。一些人,往往还不是不明智的人,即使自己由此而陷入第谷[5]的循环和本轮循环[6],乃至陷入荒唐无稽,也喜欢僵死地固守在自己解释现象的方式上和曾经选取过的观测点上。——但是,不幸恰恰在于:在涉及预告自由行动的时候,我们没有能力使自己处于这种观测点上。因为这是**天意**的观测点,它超越了人类的一切智慧。人类的智慧也涉及人的**自由**行动,但是,人虽然能够**观看**这种自由行动,却不能准确无疑地**预见**它们(对神的眼力来说,这里不存在任何差别)。因为为了能够预见,人需要依照自然规律的联系,但在涉及未来的**自由**行动时,人却必然缺乏这种引导或者指示。

如果我们赋予人一种生而俱有的、虽然有限但却始终不渝的善良意志,那么,人就会能够有把握地预告人类向善的进步,因为这涉及一件他自己能够制造的事情。但是,由于禀赋中善与恶的混杂,而他并不认识这种混杂的程度,所以,他自己也不知道,他能够从这中间期望得到什么样的结果。

5. 然而,预卜的人类历史必须 以某种经验为出发点

在人类中,必须有某种经验,它作为事件,能够指示出,人类

的某种性质和某种能力是人类向善进步的**原因**和(由于这应该是一种赋有自由的存在物的业绩)**作者**。当然,如果共同起作用的情况发生,那么,由一个给定的原因出发,是可以预告作为结果的事情的。但是,就像在赌博中的概率统计一样,上述共同起作用的情况总有一天会必然发生,这在大体上是可以预告的,但却不能确定,在我有生之年是否会发生,我从中是否会获得将证实那种预告的经验。——因此,必须寻求一件事,它将在时间方面不确定地指示出这样一种原因的确实存在以及它在人类中的因果性的行动,它将使人推论出向善的进步是不可避免的结果。这一结论还可以扩展到过去时代的历史(过去一直处在进步之中),以致那件事本身并不必须被看作进步的原因,而是必须被看作指示性的,看作历史的征兆[signum rememorativum, demonstrativum, prognosticum(记忆的、指示性的、预测的征兆)]。因此,从整体上看来,也就是说,不是根据个人来看(因为这会成为一种无休无止的列举和计算),而是像这个整体在世间被划分为各个民族和国家那样来看,那件事情将能够证明人类的**趋势**。

6. 关于我们时代将证明人类道德趋势的一件事情

这件事情不在于由人做出的重大业绩或者罪行,这些业绩或者罪行使伟大的东西在人那里变得渺小,或者使渺小的东西变得伟大,例如,就像玩魔术一样,古老的辉煌的国家消失了,另一些国家就像从地底下冒出来的一样代替了它们。不,根本不是这一切! 它仅仅是观众的思维方式,它在这伟大转变的过程中**公开地**表现出来;它是对一派参与者在与另一派参与者的对立中的普遍的、然而并不谋私利的同情,甚至甘冒这种派性会给他们带来很大危害的危险;它(由于普遍性)证明了人类在总体上的一种特性,同时(由于无私性)也证明了人类的一种道德特性,至少在禀赋中是这样。这种特性不仅使人期望向善的进步,而且就进步的能力目前已经足够来说,它本身就是一种进步。

在我们这个时代,我们已经看到过一个思想丰富的民族进行了革命,这种革命可能会成功或者失败,它可能会充满了不幸和残暴行为,以致如果第二次进行这种革命,那么一位心地善良的人可能会希望它顺利地进行,但他永远也不会决定进行这种代价高昂的试验。——我认为,这种革命如愿以偿地在所有观众(他们自己并没有卷入这种活动中去)的心灵中找到了一种**同情**,这种同情几乎接近于狂热,它的表现是非常危险的,它的原因不可能是别的,只能是人类的道德禀赋。

这种倾注的道德原因是两方面的:第一,权利的原因,其他势力决不能去阻碍一个民族建立它自己认为好的公民制度;第二,目的(它同时也是义务)的原因,在本性上,一个民族的制度唯有能够按照原则避免侵略战争(至少在观念上,这种制度不可能是别的,只能是共和主义制度*),因此能够阻止战争(一切灾难和道德败坏的源泉),否定性地保障尽管有各种缺陷的人类向善的进步,至少使它在进步中不受干扰,才是自在地**合法的**、在道德上是善的。

因此,虽然由于一切激情本身都是应该受到指责的,所以

---

* 这并不是说,一个君主制的民族可以自认为有权利改变这种制度,哪怕是仅仅私下怀有这种愿望。因为它在欧洲也许很疏散的态势会劝告它,把这种制度看作唯一能够使它在强大的邻国之间自保的制度。甚至臣民们的牢骚——这种牢骚不是由于政府的内部政策,而是由于政府对外国人的态度,如果政府阻碍外国人的共和化进程的话——也根本不是这个民族对自己的制度不满的证明,而是对这种制度的爱,因为其他民族越是共和化,它在自己的危险面前得到的保障也越多。——尽管如此,造谣中伤的诽谤家们为了使自身显得重要,企图把这种无害的政治闲谈诬陷为革新欲、雅各宾派、聚众闹事危害国家安全。对于这种诬陷,他们甚至没有丝毫的根据,尤其是在一个远离革命场地一百多英里之遥的国家里。

也不能完全赞同狂热,但是,上述情况以及对善的富有**激情**的同情,即狂热,却借助这段历史为对人类学十分重要的说明提供了动因:真正的狂热总是只涉及理想的东西,而且只涉及道德的东西,这些东西是权利的概念,不能被嫁接到自私自利上去。通过金钱酬报,并不能使革命者的敌手充满纯粹的权利概念在革命者心中所产生的热情和崇高思想,在那些注意到自己所属民族的权利*,并且把自己看作这种权利的维护者的人的武器面前,甚至古代军事贵族的荣誉概念也消失了。甚至在丝毫没有参与发挥作用的意图的情况下,在外部观看的公众也赞同这种激昂的情绪。

---

* 关于这样一种维护人类权利的狂热,我们可以说:Postquam ad arma Vulcania Ventum est——mortalis mucro glacies ceu futilis ictu dissiluit(在掌握了伏尔甘的武器之后,凡人的刀剑在打击下像脆冰一样碎裂了)。为什么从来没有一位统治者敢于公然地宣布,他根本不承认人民反对他自己的任何权利,人民的福祉完全归功于政府的善行,是政府把这种福祉给予了人民,臣民们对一种反对这个政府的权利的一切无理要求(因为这一权利在自身包含了允许反抗的概念)都是荒唐无稽的,甚至是应该受到惩罚的?——原因就在于:即使所有的臣民都像温顺的绵羊一样,由一位善良、明智的主人来引导、饲养,并且给予有力的保护,他们对于自己的福祉欠缺的东西没有任何怨言,但是,这样一种公开的声明仍然会激怒他们起来反对这位统治者的。——具有自由天赋的存在物不满足于享受由他人(在这里是由政府)分配给他的生活的舒适,问题在于创造这种舒适生活所依据的原则。但是,福利并没有原则,无论对于接受福利的人还是对于分配福利的人都没有原则(前后两种人在不同的意义上理解福利),因为这里的问题在于意志的质料,意志的质料是经验的,没有能力构成一种规则的普遍性。除了自己在其中也参与立法的那个政府之外,一个具有自由天赋的存在物由于意识到自己对于无理性动物的这种优越性,能够而且必须根据自己的任性的形式原则,不为自己所属的民族要求任何别的政府。这就是说,应该服从者的权利必须先行于对福利的任何考虑。这种权利是一种神圣的东西,超越一切价值。任何政府,无论它怎样一直行善,都不可以侵犯这种权利。——但是,这种权利始终只是一个观念,其实现局限于它的手段与道德观念互相一致的条件,一个民族是不可以超越这种条件的。决不允许通过革命而发生这种情况,在任何时候,革命都是不义的。——实行独裁统治,然而同时也是共和主义的统治,就是说,以共和主义的精神,像共和政体那样进行统治,这就是使一个民族对它的制度感到满意的东西。

7. 预卜的人类历史

在基本原理中,必须有某种道德的东西,理性把它看作纯粹的,但同时,由于巨大的、划时代的影响,还把它看作某种说明为此而承认的人类灵魂义务的东西,它涉及人类在总体上的统一〔non singulorum, sed universorum(不是各个个人的,而是全体人们的)〕,它的预期的成功和成功的尝试赢得了普遍的、无私的同情。——这件事物是现象,但不是一场革命的现象,而是(像艾哈德先生所说的那样)一种**自然法**制度**进化**的现象。虽然在野蛮的争斗中,这种制度本身还没有实现——因为内部的和外部的战争摧毁了所有迄今为止存在过的法制——但是,它却可以引导人们为一种能够没有战争嗜好的制度而努力奋斗,即为共和主义制度而努力奋斗。共和主义制度或者是就其**国家形式**来说的,或者是在元首(君王)统一的**治理方式**上,类似于一个民族根据治理国家的普遍权利原则制定的法律。

现在,我向人类宣布,根据我们时代的外貌和征兆,无须先知者的头脑就能预告这种目的的实现,因而同时也就能够预告人类向善的进步从今以后不再完全逆转。人类历史中的这样一种现象**不会再忘掉自身**,因为在人的本性中发现了一种向善的禀赋和能力,这是任何一位政治家从事物迄今为止的进程中所不能玄思出来的。按照人类内在的权利原则,唯有它把自然与自由统一起来,但是,就时间来说,它是不确定的,它只能从偶然中预告事物。

但是,即使现在仍然没有实现在这种事情中预期的目的,即使一个民族制度的革命或者改革最终归于失败,或者说,在这场革命或者改革持续了一段时间之后,一切又重新回到旧日的轨道(就像政治家们目前预卜的那样),那种哲学预告也没有损失任何

343

效力。——因为那种事情太重大了,与人类的利益关系太密切了,根据它对世界的影响,在世界的任何地方都扩散太广了,以致不会不以任何有利状况的诱因使各民族再想起它,唤起它们重复这种方式的新尝试,因为在对人类如此重要的事情上,预期的制度必然会最终在某个时刻获得那种稳固性,这种稳固性必然会在所有人的心灵中通过经常的经验造成教诲。

因此,认为人类始终处在向善的进步中,以后将继续进步,这不仅是一个心地善良的、出自实践意图值得推荐的命题,而且是违背所有无信仰者的意愿,即使对于最严格的理论也站得住脚的命题。如果我们不仅注意到在某一个民族可能发生的事情,而且也注意到在地球上所有将逐渐地参与其事的民族中的扩散,那么,这一点将开启对一个无法预测的时代的展望。例如,在人出现之前,自然革命的第一个时代(按照卡姆佩和布卢门巴赫的说法)仅仅埋葬了动物王国和植物王国,假若在这个时代之后,不会出现第二个对人类如法炮制,以便让其他造物登上这个舞台的时代,那么,上述情况是成立的。因为对于大自然的无上威力或者对于我们无法认识的大自然的最高原因来说,人只不过又是一种微不足道的存在。但是,如果人类的统治者也这样看待人,也把他当作微不足道的存在对待,一方面把人纯粹当作实现自己意图的工具,使他像动物一样地承受重负,另一方面又使人们陷入彼此之间的争斗,以便使他们任人宰割,这就不是微不足道的小事了,而是逆转了创世本身的**终极目的**。

8. 关于公布着眼于向最佳世界进步的公理的困难

人民启蒙就是公开地教给人民相对于它所属的国家的义务

和权利。因为在这里仅仅涉及自然的、从共同的人类理智产生的权利,所以,这些权利的自然宣示人和解释人在一个民族中就不是由国家指定的有官职的权利教师,而是自由的权利教师,也就是说,是哲学家。虽然哲学家们的意见不是**秘密地**向**民众**提出的(作为民众,他们很少注意或者根本不注意哲学家的意见和著述),而是**恭敬地**向国家提出的,虽然国家受到恳求要铭记人民合法的需求,而如果整个民族都想陈述自己的疾苦(gravamen),那么,除了公布于众这种途径之外,没有其他任何实现的途径。但是,由于哲学家们允许自己享有的自由,对于始终只追求统治的国家来说,他们仍然有伤风化,仍然被称作**启蒙者**,被诋毁为危害国家的人。因此,禁止公布于众,将阻碍一个民族向善的进步,甚至在仅仅涉及他们的最低要求、仅仅涉及他们的自然权利的事情上,也是如此。

另一种隐讳就是隐讳一个民族制度的真正特性,尽管这种隐讳很容易被识破,但是,要求一个民族遵守这种隐讳是合法的。说大不列颠民族是一种**无限制的君主制**,是对这个民族尊严的伤害。他们乐意让人们说自己是通过议会两院作为人民的代表来**限制**君王意志的制度。不过,每一个人都清楚地知道,君王对这些议员们的影响是如此大,如此毋庸置疑,以致除了君王所意欲的事情以及他通过自己的大臣所建议的事情之外,所说的两院不会决定任何别的东西。在这种情况下,君王有时候也建议作出一些决定,他知道,这些决定将会使他自己遭到反对(例如由于黑奴买卖),这也正是他自己**制造**的。他的目的在于给议会的自由一个虚假的证明。——事物特性的这种表象自身包含了虚假的东西,以致根本不能再寻找真正正当的制度。因为人们自以为在一个已经存在的例证中找到了这种制度,而且一种骗人的公论也用虚构一种受到出自人民的法律限制的君王来迷惑人民＊。而在此时,人民的代表们却被贿赂收买,背地里使人民听命于**一个绝对的君王**。

一种与人的自然权利相吻合的制度的观念,即服从法律的人们同时也应该联合起来成为立法者,是一切国家形式的基础。在观念上通过纯粹的理性概念想到的共同体,叫做柏拉图的理想[respublica noumenon(国家的本体)],它不是一个空洞的幻影,而是市民制度本身永恒的规范,它清除了一切战争。按照这一规范组织起来的市民社会是这一规范通过一个实例按照自由规律在经验中的体现[respublica Phaenomenon(国家的现象)],它只有在各种各样的争斗和战争之后才能艰难地实现。但是,如果这种社会制度有朝一日得以实现,那么,为了消除战争这种一切财富的毁坏者,这种社会制度有资格成为一切制度中最好的制度。因此,实现这样的制度是一种义务,但是,(由于这一点并不能马上实现)虽然实行**独裁**统治,但却按照**共和制**(不是民主制)进行治理,这在目前是君王们的义务。这就是说,按照符合自由规律精神的原则(就像一个具有成熟理性的民族会为自己规定的那样)对待人民,尽管在条文上并不征求人民的赞同。

＊ 人们不能直接认识其特性的某种原因可以通过它必然带来的结果表现出来。——什么是一个绝对的君王? 绝对的君王是这样一种君王,如果他说,应该进行战争,那么,按照他的命令战争马上开始进行。——相对来说,什么是一个受限制的君王? 它是这样一种君王,事先,他必须询问人民是否应该进行战争,如果人民认为不应该进行战争,那么,就不进行战争。因为战争是一种状态,在这种状态中,国家的一切力量都必须供国家元首支配。大不列颠君王曾经进行过相当多的战争,却没有为此寻求过那种赞同。因此,这位国王是一个绝对的君王,虽然按照制度他不应该是一个绝对的君王,但是,他始终能够无视这一制度。因为正是通过国家的那些力量,即他有权分配官职和威严,他可以指望得到人民代表们的赞同。但是,为了成功,这种贿赂体系是不能公开的。因此,它始终隐蔽在秘密的非常透明的面纱之下。

9. 人类向善的进步将会取得什么样的收益?

不是信念中的**道德观念**的日益增长的量,而是在合乎义务的行动中它们的**合法性的**结果的增长,无论它是通过什么动力引起的。也就是说,只有在人们做出的越来越数不清、越来越好的**优秀业绩**中,因此,只有在人类的道德特性的现象中,才能规定促使人类向善的收益(结果)。——因为我们用来论证这种预告的只有经验的材料(经验),就是说,这种预告是以我们的行动产生的物理原因为基础的。我们的行动本身是现象,但不是道德现象。道德现象包含了应该产生的事物的义务概念,唯有这个概念才能被纯粹地、先天地提出。

渐渐地,强者方面的暴行将会减少,对法律的服从将会增多。一方面出自荣誉心,另一方面出自对自己在共同体中的利益的正确理解,善行增多了,诉讼中的争吵减少了,诺言的可靠性也增多了。最终,这种状况也扩展到了各民族互相之间的外部关系,直至一个世界公民的社会。而在这同时,人类的道德基础却不会有丝毫的增长,为此,必须还有某种新的创造(超自然的影响)。——因为在人类向善的进步这一问题上,我们不能许诺过多,以免遭到政治家有道理的嘲弄,政治家总是喜欢把进步的希望看作一个发疯的人的梦幻*。

---

* 设想一种符合理性要求(尤其是出自合法的意图)的国家制度,这是非常**甜美的**;但是,推荐这样一种制度,就是**胆大妄为的**了;煽动人民废除现存的国家制度,就是应该受到惩罚的。

柏拉图的"阿特兰惕克"、莫尔的"乌托邦"、海灵顿的"大洋洲"、阿兰的"塞瓦兰比亚"陆续问世,但是,却从来没有人尝试过这些东西(克伦威尔那个不成功的专制共和国怪胎除外)。——创造国家就像创造世界一样,没有一个人在场,也没有一个人能够参与这样一种创造活动,若不然,他就必须是自己的创造者。希望无论在将来什么时候,迟早实现这里所设想的政治产品,这是一个甜蜜的梦幻。但是,不断地接近这一目标,却不仅是**可以设想的**,而且就此与道德规律可以共处来说,也是**一种义务**,但不是国家公民的义务,而是国家元首的义务。

10. 唯有在什么样的秩序中才
可以期待向善的进步？

　　回答是：不是通过事物**自下而上的**进程，而是通过**自上而下的**进程。——期望通过在家庭传授以及在学校（从最低级的学校开始一直到最高级的学校）中教育青年掌握精神文化、道德文化以及由宗教学说加强的文化，最终不仅能够教育优秀的国家公民，而且能够使优秀的东西继续进步，并且保存下来，这是一个很难希望获得预期成果的计划。因为尽管人民认为，教育青年人所需的经费并不必然给自己带来负担，而是必然给国家带来负担，但是，从国家这方面来说，由于它把一切都用于战争，因而也就没有余钱来为勤奋的、乐意履行自己职责的教师发薪（就像毕兴[7]所抱怨的那样）。不仅如此，而且整个教育机构如果不按照最高政权的审慎计划、不按照它的这种意图设置、运行，并且始终保持同一，那么，它也就没有任何连贯性。为此，就要求国家不断地进行改革，虽然不能进行革命，但可以尝试着进行变革，不断地向善进步。但是，由于进行这种教育的还是**人**，因而这些人自己也必须受教育，所以，由于人类本性的这种缺陷，鉴于有利于造成这样一种效果的各种事态的偶然性，只能期待在一种自上而下的智慧（如果它是我们看不见的，就叫做天意）中得到人类进步的希望，这种智慧就是肯定的条件。但是，为了**人们**在此能够期待、能够要求的事物，只能期待否定的智慧来促进这个目的。也就是说，人们将被迫使道德的最大障碍，即总是使道德退步的战争，首先逐渐地更符合人性，然后日益减少，最后使侵略性的战争彻底消失，以便选择一种能够坚持不懈地向善进步的制度。按照这种制度的本性，它建立在真正的权利原则之上，不会削弱自身。

[1] 本文原为《学科之争》的第二章"哲学院与法学院的争论"。这实际上是一篇独立的短文,康德最初也没有打算把《学科之争》写成一个有机的整体(参见第91、92封信),现把本文单独译出,以飨读者。——译者注

[2] 阿布德拉主义得名于古希腊城市阿布德拉(Abdera),该城市由尼奥尼亚人建于公元前656年,曾多次在战火中被摧毁。该城居民被视为头脑简单的蠢人。——译者注

[3] 西绪福斯(Sisyphus),古希腊神话中的科林斯国王,因生前犯罪,死后受到惩罚。在地狱,他被迫把一块巨石推上山,刚到山顶,石头就坠下来,坠而复推,推而复坠,永无止境。——译者注

[4] 科耶尔(Gabriel Francois Coyer, 1759—1813),法国耶稣会会士,南锡科学院和英国皇家学会成员。——译者注

[5] 第谷(Tycho Brahe, 1546—1601),丹麦天文学家,在他建立的宇宙体系中,地球是宇宙的中心,太阳、月亮绕地球运转,其他行星绕日运转。——译者注

[6] 一种古代天文学观点,认为行星的轨道是一个圆[本轮上其圆心的运行轨道又构成一个以地球为圆心的圆(均轮)]。——译者注

[7] 毕兴(Anton Friedrich Büsching, 1724—1793),柏林一教会中学校长,地理学家。——译者注

结 束 语

一位医生天天用空话敷衍自己的病人,他告诉病人们,他们不久就会好转。他告诉第一个病人,说他脉搏跳动好转了;他告诉第二个病人,说他的痰预示着好转;他告诉第三个病人,说他的汗预示着好转。一天,病人的一位朋友来访。第一个问题就是:"朋友,您的病怎么样了?"——"还能怎么样? 好转这种说法吵得我要死。"——如果有人在政治灾难方面开始对人类的解脱和人类向善的进步丧失信心,我并不会为此而责怪他。然而,我相信休谟开出的英雄的药方,它是一种快速的疗法。——"如果我现在(休谟说道)看到各个民族正在进行互相敌对的战争,那么,这就好像我看到两个醉鬼在瓷器店里大打出手。因为不仅他们互

相造成的鼻青脸肿需要很长时间才能治好,而且他们事后还必须赔偿自己所造成的一切损失。"Sero sapiunt Phryges(特洛伊人明智起来已经太晚了)。但是,当代战争的惨痛后果却能够迫使政治预卜家承认即将来临的人类向善的转变,现在已经可以预期这种承认了。

（译自《康德全集》第 7 卷第 79—94 页）

图书在版编目(CIP)数据

康德书信百封/(德)康德著;李秋零编译.—上
海:上海人民出版社,2019
ISBN 978 - 7 - 208 - 15915 - 0

Ⅰ.①康…　Ⅱ.①康…②李…　Ⅲ.①康德(Kant,
Immanuel 1724 - 1804)-书信集　Ⅳ.①B516.31

中国版本图书馆 CIP 数据核字(2019)第 122586 号

责任编辑　毛衍沁
封面设计　零创意文化

康德书信百封
[德]康德　著
李秋零　编译

出　　版　上海人民出版社
　　　　　(200001　上海福建中路 193 号)
发　　行　上海人民出版社发行中心
印　　刷　常熟市新骅印刷有限公司
开　　本　635×965　1/16
印　　张　22.75
插　　页　2
字　　数　267,000
版　　次　2019 年 7 月第 1 版
印　　次　2019 年 7 月第 1 次印刷
ISBN 978 - 7 - 208 - 15915 - 0/B · 1410
定　　价　82.00 元